Deutsch als Fremdsprache

Grammatik aktiv

ÜBEN · HÖREN · SPRECHEN

D1727662

Grammatik aktiv

ÜBEN · HÖREN · SPRECHEN

von
Friederike Jin
Ute Voß

Redaktion: Maria Funk (verantwortliche Redakteurin), Andrea Mackensen
Redaktionelle Mitarbeit: Regin Osman
Beratende Mitwirkung: Carmen Dusemund-Brackhahn

Layout und technische Umsetzung: SOFAROBOTNIK, Augsburg und München

Illustrationen: Laurent Lalo

CD Sprechtraining
Studio: Clarity Studio Berlin
SprecherInnen: Denis Abrahams, Marianne Graffam, Kim Pfeiffer, Felix Würgler
Regie und Aufnahmeleitung: Susanne Kreutzer
Tontechnik: Christian Marx, Christian Schmitz
Redaktion: Maria Funk

www.cornelsen.de

Die Webseiten Dritter, deren Internetadressen in diesem Lehrwerk angegeben
sind, wurden vor Drucklegung sorgfältig geprüft. Der Verlag übernimmt keine
Gewähr für die Aktualität und den Inhalt dieser Seiten oder solcher, die mit ihnen
verlinkt sind.

1. Auflage, 6. Druck 2017

Alle Drucke dieser Auflage sind inhaltlich unverändert
und können im Unterricht nebeneinander verwendet werden.

© 2013 Cornelsen Schulverlage GmbH, Berlin
© 2017 Cornelsen Verlag GmbH, Berlin

Druck: Mohn Media Mohndruck, Gütersloh

ISBN 978-3-06-023972-6

PEFC zertifiziert
Dieses Produkt stammt aus nachhaltig
bewirtschafteten Wäldern und kontrollierten
Quellen.

PEFC
PEFC/04-31-1033

www.pefc.de

Vorwort

Liebe Deutschlernende,

Sie möchten die Grundstrukturen der deutschen Grammatik kennenlernen, Ihre grammatischen Kenntnisse systematisch erweitern und verbessern oder einzelne Strukturen nachschlagen und üben? Dann haben Sie richtig gewählt:

Grammatik aktiv ÜBEN · HÖREN · SPRECHEN

ist das Ergebnis unserer langjährigen praktischen Erfahrung im Unterricht Deutsch als Fremdsprache. Die Grammatik erklärt die wichtigsten grammatischen Themen bis zur Niveaustufe B1 des Gemeinsamen europäischen Referenzrahmens mit einfachen Worten und zeigt sie in Tabellen, Bildern oder Grafiken. Sie bietet vielfältige Übungen, in denen die Themen, die erfahrungsgemäß mehr Schwierigkeiten bereiten, besonders intensiv geübt werden können. Zusätzlich liegt dem Buch eine CD mit über 80 Nachsprechübungen im MP3-Format bei, die durch Hören und Nachsprechen das Grammatiklernen effektiv unterstützen.

Grammatik aktiv ÜBEN · HÖREN · SPRECHEN

enthält 80 Kapitel, die nach einem klaren Prinzip aufgebaut sind. Auf der linken Seite finden Sie die Erklärung und auf der rechten Seite die Übungen. Die Lösungen befinden sich im Anhang.

Alle Grammatikthemen können Sie auch unabhängig voneinander bearbeiten.

Auf den Partnerseiten können Sie anhand von Sprechübungen die gelernte Grammatik beim Sprechen trainieren und selbst korrigieren. So üben Sie wichtige grammatische Strukturen auch für die mündliche Kommunikation.

Die weiteren Vorteile auf einen Blick:
- ▶ vollständige Grundstufengrammmtik (A1–B1)
- ▶ einfache und anschauliche Erklärungen mit vielen Zeichnungen
- ▶ abwechslungsreiche Übungen von „leicht" bis „schwieriger"
- ▶ niveaugerechter Wortschatz aus verschiedenen thematischen Bereichen
- ▶ hilfreiche Merksätze zu vielen Regeln
- ▶ elf Partnerseiten für kooperative Sprechübungen
- ▶ gut geeignet für das Selbststudium oder als kursbegleitendes Material für den Unterricht

Die Autorinnen, die Redaktion und der Verlag wünschen Ihnen viel Spaß und viel Erfolg!

(A2) (B1) Diese Übung entspricht dem Niveau A2/B1 (Wortschatz und/oder Grammatik).

⚠ Das ist eine Ausnahme.

💡 Hier finden Sie einen Merksatz.

 1 Unter dieser Tracknummer finden Sie eine Nachsprechübung auf der CD.

Häufig gestellte Fragen

Inhalt

Inhalt

1

Ich, du, er, sie, es, wir, ihr, sie *und* Sie
Personalpronomen

Pronomen für Personen

ich

wir

	Singular	Plural
1. Person	ich	wir
2. Person	du	ihr
	Sie	Sie
3. Person	er	
	sie	sie
	es	

du

Sie
usted

ihr

Sie

er

sie

es

sie

Pronomen für Sachen

das Messer → es   *die Gabel → sie*   *der Löffel → er*   *die Tassen → sie*

---

1   Ergänzen Sie die Pronomen.

1. _Wir_ sprechen Deutsch.

2. Haben _Sie_ Zeit?

3. Hilfst _du_ mir?

4. _Er_ ist Programmierer.

2   Ergänzen Sie die Pronomen.

1. Das ist Herr Gupta, _Er_ kommt aus Indien.

   Das ist Frau Kioka, _Sie_ kommt aus Japan.

   Herr Gupta und Frau Kioka sind in Berlin. _Sie_ lernen Deutsch.

2. ◖ Hallo, Anna, woher kommst _du_ ?   ◖ _Ich_ komme aus New York.

3. ◖ Marc und Dominic, wo wohnt _ihr_ ?   ◖ _Wir_ wohnen in Frankfurt.

4. ◖ Guten Tag, wie heißen _Sie_ ?   ◖ Guten Tag, _Ich_ heiße Berger, Roland Berger.

3 Ergänzen Sie die Pronomen.

1. Frau Meier geht einkaufen. _Sie_ kauft Gemüse und Obst.

2. Peter und Paul gehen heute nicht zur Schule. _Sie_ haben Ferien.

3. ◖ Frau Meier, wo arbeiten _Sie_? ◖ _Ich_ arbeite in einer Bank.

4. ◖ Marie, kommst _du_ bitte? ◖ Nein, _Ich_ habe keine Zeit.

4 In der Wohnung. Ergänzen Sie die Pronomen.

1. Der Schrank ist teuer. _Er_ kommt aus Italien.

2. Das Regal ist praktisch. _Es_ kostet nur 49 Euro.

3. Die Lampe ist neu. _Sie_ ist modern.

4. Das sind vier Stühle. _Sie_ kosten nur 100 Euro.

5. Die Sessel sind sehr bequem und _sie_ sind günstig.

6. Der Tisch da ist schön, aber _er_ ist klein.

5 In der Stadt. Ergänzen Sie die Pronomen.

Elena: Hallo, Mario, wo ist Marie?

Mario: _Sie_ kommt später. Und wann kommt Peter?

Elena: _Er_ kommt heute nicht. _Er_ hat keine Lust.

Mario: Dann gehen _wir_ alleine ins Café und

trinken einen Kaffee.

Kellner: Guten Tag, was möchten _Sie_?

Elena und Mario: _Wir_ nehmen einen Kaffee.

Kellner: Möchten Sie auch Kuchen? _Er_ ist sehr gut.

Elena: Nein, danke, _Ich_ möchte keinen Kuchen. Möchtest _du_, Mario?

Mario: Nein, _Ich_ nehme auch nur einen Kaffee.

der = er die = sie das = es
ich und du = wir
du und du = ihr
Sie und Sie = Sie
er und sie und es = sie

6 Formell oder informell? *Sie* oder *du*? *Sie* oder *ihr*? Ergänzen Sie.

1. ◖ Anna, was machst _du_? ◖ Ich surfe ein bisschen im Internet.

2. ◖ Frau Schmidt, was machen _Sie_? ◖ Ich schreibe gerade eine E-Mail.

3. ◖ Daniel und Anna, was macht _ihr_? ◖ Wir surfen im Internet.

4. ◖ Herr Meyer und Frau Schmidt, was machen _Sie_? ◖ Wir lesen gerade eine E-Mail.

7 Was bedeutet *sie* und *Sie*? Schreiben Sie die Person oder Sache.

(A2)

Herr Lindner: Kommen <u>Sie</u> bitte herein. Das ist meine Frau, Karina.   _Frau Peneva_

Und das sind unsere Kinder. Das ist Anne, <u>sie</u> ist   _____

zwei Monate alt und das ist Lukas, er ist drei.

Frau Peneva: Oh, <u>sie</u> sind süß.   _____

Herr Lindner: Und Karina, das ist Olga Peneva, <u>sie</u> ist eine   _____

Kollegin von mir. <u>Sie</u> kommt aus Bulgarien.   _____

Frau Lindner: Guten Tag Frau Peneva, oh danke, ich mag

Blumen sehr gerne. <u>Sie</u> sind wunderschön.   _____

Setzen <u>Sie</u> sich doch bitte,   _____

möchten <u>Sie</u> etwas trinken?   _____

2 Ich komme, du kommst
Konjugation Präsens 🔊 2+3

	kommen		⚠	arbeiten	heißen
ich	komme	e		arbeite	heiße
du	kommst	st		arbeitest	heißt
er, sie, es	kommt	t		arbeitet	heißt
wir	kommen	en		arbeiten	heißen
ihr	kommt	t		arbeitet	heißt
sie, Sie	kommen	en		arbeiten	heißen

auch: *antworten, reden ...* **auch:** *tanzen ...*

1 Kleine Dialoge. Ergänzen Sie die Endungen.

Marc: Woher komm___ du?

Alice: Ich komm___ aus Brasilien. Das ist mein Freund, er komm___ aus Russland.

Marc: Und wo wohn___ ihr?

Alice und Yuri: Wir wohn___ ganz in der Nähe. Wo arbeit___ du?

Marc: Ich arbeit___ bei der Post.

Frau Schröder: Guten Tag, wie heiß___ Sie?

Herr Sato: Ich heiß___ Sato.

Frau Schröder: Woher komm___ Sie?

Herr Sato: Ich komm___ aus Japan und meine Frau komm___ aus den USA. Wir wohn___ jetzt in Berlin.

2 Was passt zusammen? Kombinieren Sie.

Ich	1 ○		○ A	arbeitest in Frankfurt.
Du	2 ○		○ B	kommen aus Italien.
Er	3 ○		○ C	heißt Schmidt.
Wir	4 ○		○ D	wohnt im Hotel.
Sie	5 ○		○ E	arbeite in Deutschland.
Ihr	6 ○		○ F	komme aus China.
			○ G	wohnen in Berlin.

3a Ergänzen Sie die Endungen.

> ℯ • e • e • est • e • en • t • t • t • t • t • t • t

Wie heiß___ du?	1 ○	○ A	Ja, aber mein Freund tanz___ leider nicht.
Komm___ ihr mit ins Kino?	2 ○	○ B	Ich heiß_e_ Alexander.
Frau Tan komm___ heute.	3 ○	○ C	Ich versteh___ dich nicht.
Geh___ Sie zum Flughafen?			
Warum antwort___ du nicht?	4 ○	○ D	Nein, leider nicht. Ich arbeit___ heute bis acht und Jana besuch___ ihre Eltern. Vielleicht morgen?
Tanz___ du gerne?	5 ○	○ E	Ja, sie komm___ um 19 Uhr an, dann bring___ ich sie zum Hotel.

3b Was passt zusammen? Kombinieren Sie in 3a.

4 Im Deutschkurs. Ergänzen Sie die Endungen.

Maria komm___ aus Spanien. Pedro und Angelo komm___ aus Südamerika. Maria, Pedro und Angelo lern___ zusammen Deutsch. Pedro schreib___ gerne. Maria hör___ gerne CDs und Angelo lern___ gerne Grammatik. Sie mach___ zusammen Hausaufgaben und dann geh___ sie in die Disko. Maria tanz___ und Angelo und Pedro red___ und trink___ eine Cola. Sie tanz___ leider nicht gerne. Schade!

5 Eine E-Mail. Ergänzen Sie die Endungen.

(A2)

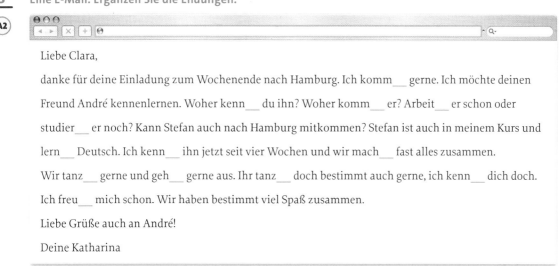

Liebe Clara,

danke für deine Einladung zum Wochenende nach Hamburg. Ich komm___ gerne. Ich möchte deinen Freund André kennenlernen. Woher kenn___ du ihn? Woher komm___ er? Arbeit___ er schon oder studier___ er noch? Kann Stefan auch nach Hamburg mitkommen? Stefan ist auch in meinem Kurs und lern___ Deutsch. Ich kenn___ ihn jetzt seit vier Wochen und wir mach___ fast alles zusammen.

Wir tanz___ gerne und geh___ gerne aus. Ihr tanz___ doch bestimmt auch gerne, ich kenn___ dich doch.

Ich freu___ mich schon. Wir haben bestimmt viel Spaß zusammen.

Liebe Grüße auch an André!

Deine Katharina

6 Mein Arbeitstag. Ergänzen Sie die Endungen.

(A2)

Ich komm___ meistens gegen acht Uhr ins Büro und schalt___ erst einmal den Computer ein. Die erste Stunde ist noch ganz ruhig. Ich öffn___ meine Mailbox und beantwort___ meine E-Mails. Frau Richter, meine Kollegin, komm___ eine halbe Stunde später. Sie bring___ erst ihre Kinder in den Kindergarten. Wir red___ ein bisschen, telefonier___ mit Kunden und schreib___ E-Mails. Mittags geh___ wir zusammen mit ein paar Kollegen aus einer anderen Abteilung essen. Meistens trink___ wir auch noch einen Kaffee zusammen. Das mach___ immer Spaß, weil die Kollegen lustige Geschichten von ihrer Arbeit erzähl___. Manchmal frag___ ich sie: Arbeit___ ihr eigentlich auch?

3 Ich bin, du hast, er möchte

Sein, haben und besondere Verben 🔊 4̄

Italien?

Kein Geld …

Sie ist verheiratet.
Sie hat fünf Kinder.

	sein	haben
ich	bin	habe
du	bist	hast
er, sie, es	ist	hat
wir	sind	haben
ihr	seid	habt
sie, Sie	sind	haben

Sie mag Italien.
Sie möchte Urlaub machen.
Aber sie weiß, sie hat kein Geld.
Was tut sie jetzt?

	„möchten"	mögen	wissen	tun
ich	möchte	mag	weiß	tue
du	möchtest	magst	weißt	tust
er, sie, es	möchte	mag	weiß	tut
wir	möchten	mögen	wissen	tun
ihr	möchtet	mögt	wisst	tut
sie, Sie	möchten	mögen	wissen	tun

---

1   *Sein* – Ergänzen Sie.

Herr Schneider: Guten Tag, wie _ist_ ↗ Sie Ihr Name?

Frau Misterek: Mein Name _ist_ Misterek.

Herr Schneider: _Sind_ Sie neu hier?

Frau Misterek: Nein, ich _bin_ schon ein Jahr in Hamburg.

Herr Schneider: _Sind_ Sie Studentin?

Frau Misterek: Nein, ich _bin_ Schülerin.

2   Schreiben Sie Sätze.

Ich	**bin**	15 Jahre alt.
Du	**bist**	in München.
Er		Herr Wang.
Sie	**ist**	Kolakowski.
Wir		ein Wörterbuch.
Ihr	**sind**	Lehrer.
Frau Tannberg	**seid**	glücklich.
Mein Name		im Büro.
Das		aus Japan.

3   *Haben* – Ergänzen Sie.

1. ◖ _Hast_ du Geld? ◖ Nein, aber ich _habe_ Zeit.

    ◖ Du _hast_ Glück, ich _habe_ kein Geld und keine Zeit.

2. ◖ _Habt_ ihr schon eine Wohnung hier in Mainz?

    ◖ Nein, wir _haben_ noch keine Wohnung, wir wohnen im Hotel.

3. Herr Kim _hat_ viel Arbeit, er _hat_ auch am Wochenende keine Freizeit.

4   *Sein* oder *haben* – Ergänzen Sie.

1. Das _sind_ Angela und Pascal. Sie _sind_ Schüler. Sie _haben_ einen Hund.

   Er heißt Snoopy und er _ist_ fünf Monate alt.

2. ◖ Was _sind_ Sie von Beruf?   ◖ Ich _bin_ Lehrer.

3. ◖ _Sind_ Sie verheiratet?   ◖ Ja, ich _bin_ verheiratet und ich _habe_ vier Kinder.

4. ◖ _Haben_ Sie ein Auto?   ◖ Ja, natürlich _haben_ wir ein Auto.

5. ◖ _Hast_ du ein Handy?   ◖ Ja, meine Nummer _ist_ 0171/1234987.

5   *Sein* oder *haben* – Ergänzen Sie.

Das _ist_ Mikunda. Sie _ist_ meine Katze. Sie _ist_ 3 Jahre alt und _hat_ grüne

Augen. Jetzt _ist_ sie Mutter. Sie _hat_ drei Katzenbabys. Sie _sind_ alle süß und

haben grüne Augen wie die Mutter. Mikunda _ist_ sehr glücklich und ich _bin_ auch glück-

lich.

6   „Möchten" – Ergänzen Sie.

1. **Kellner:**   Guten Tag, was _möchten_ Sie?

    Frau Taylor: Wir _möchten_ etwas trinken.

             Ich _möchte_ einen Kaffee.

    Kellner: Und was _möchtest_ du?

    Ben Taylor: Ich _möchte_ eine Cola.

2. Frau Taylor und ihr Sohn Ben

   möchten etwas trinken.

   Frau Taylor _möchte_ einen Kaffee

   und Ben _möchte_ eine Cola.

7   *Mögen* – Schreiben Sie Sätze.

Ich Meine Freundin Mein Freund Meine Eltern Wir	**mögen** **mag**	(keinen) Kaffee. (keine) Kartoffeln. (keinen) Käse. (keinen) Fisch.

8   *Wissen* – Ergänzen Sie.

(A2)

1. ◖ _Wissen_ Sie, wo der Bahnhof ist?

   ◖ Tut mir leid, das _weiß_ ich nicht. Fragen Sie doch den Polizisten, der _weiß_ es bestimmt.

2. Niemand _weiß_, ob Herr Sorodin heute kommt.

3. ◖ _weißt_ du, warum Anne heute so spät kommt?   ◖ Keine Ahnung.

4. Die Kinder _wissen_ heute viel mehr als wir früher.

9   *Tun* – Ergänzen Sie die Endungen.

(A2)

1. **Arzt:**   Was tu _t_ denn weh?

    Patient: Meine Ohren tu _n_ weh. Was kann ich tu _n_ ?

    Arzt: Nehmen Sie Tabletten und bleiben Sie zu Hause.

          Arbeiten Sie nicht, räumen Sie nicht auf, tu _n_ Sie ganz wenig.

2. ◖ Was tu _st_ du?   ◖ Frag nicht, was ich tu _e_. Ich will einfach mal nichts tu _n_.

4 Ich esse wenig, aber du isst viel!

Verben mit Vokalwechsel 🔊

	e – i	a – ä
ich	esse	schlafe
du	isst	schläfst
er, sie, es	isst	schläft
wir	essen	schlafen
ihr	esst	schlaft
sie, Sie	essen	schlafen

Bei Verben mit Vokalwechsel wechselt bei *du* und *er, sie, es* der Vokal.

Nicht bei allen Verben mit *e* oder *a* wechselt der Vokal:
ich gehe – du gehst, ich lache – du lachst ...

Er isst und isst und isst.

Wichtige Verben mit Vokalwechsel

e – i

empfehlen – er empfiehlt • essen – er isst • geben – er gibt • fernsehen – er sieht fern • helfen – er hilft • lesen – er liest • mitnehmen – er nimmt mit • nehmen – er nimmt • sehen – er sieht • sprechen – er spricht • vergessen – er vergisst • werden – er wird

a – ä

abfahren – er fährt ab • anfangen – er fängt an • einladen – er lädt ein • einschlafen – er schläft ein • fahren – er fährt • gefallen – es gefällt • laufen – er läuft • schlafen – er schläft • tragen – er trägt • waschen – er wäscht

---

1 Wie heißt der Infinitiv? Schreiben Sie.

1. du gibst _geben_
2. er läuft _laufen_
3. sie hilft _helfen_
4. du nimmst _nehmen_

5. er wäscht _waschen_
6. du siehst _sehen_
7. er spricht _sprechen_
8. sie vergisst _vergessen_

9. er empfiehlt _empfehlen_
10. wir lesen _lesen_
11. er isst _essen_
12. du fährst _fahren_

2 Ergänzen Sie die Verben.

1. **essen** **Elke:** _Esst_ ihr abends immer zusammen?

   Claudia: Ja, wir _essen_ zusammen, aber heute nicht. Dimitri _isst_ mit Kunden und die Kinder _essen_ bei Freunden. Und du? _isst_ du abends mit Roland zusammen?

   Elke: Ich _esse_ abends nichts und Roland _isst_ nur eine Kleinigkeit.

2. **lesen** **Elke:** Was _lest_ ihr gerne?

   Iliana: Ich _lese_ gern Romane und Petro _liest_ gar nicht.

   Petro: Das stimmt nicht. Ich _lese_ auch!

   Iliana: Was _liest_ du denn? Nur Zeitungen oder Kataloge.

3. nehmen   Kellnerin: Bitte, was _nehmen_ Sie?

Claudia: Ich _nehme_ Hähnchen mit Reis. Iliana und Petro, was _nehmt_ ihr?

Iliana: Wir _nehmen_ auch ein Schnitzel.

Petro: Nein, du _nimmst_ ein Schnitzel, aber ich _nehme_ Spaghetti!

4. schlafen   Reporter: Entschuldigung, ich habe eine Frage. Wie lange _schlafen_ Sie in der Nacht meistens?

Claudia: Wir _schlafen_ meistens ungefähr acht Stunden.

Dimitri: Ja, du _schläfst_ immer acht Stunden. Ich _schlafe_ nur sechs Stunden.

5. fahren   Reporter: Wie kommen Sie zur Arbeit? _Fahren_ Sie mit der U-Bahn?

Claudia: Nein, ich _fahre_ mit dem Auto.

Reporter: Und ihr, Kinder, wie _fahrt_ ihr?

Petro: Ich _fahre_ immer mit dem Fahrrad. Aber Iliana _fährt_ immer mit dem Bus.

---

3 Claudias Tag. Ergänzen Sie die Verben.

Claudia steht immer um 6 Uhr auf. Um 7 Uhr _isst_ (*essen*) sie mit ihrer Familie Frühstück und _liest_ (*lesen*) die Zeitung. Ihr Mann Dimitri und sie _fahren_ (*fahren*) mit dem Auto in die Stadt. Da kaufen sie zusammen ein und Dimitri _trägt_ (*tragen*) alles ins Auto.

Claudia _läuft_ (*laufen*) noch ein bisschen durch die Stadt und Dimitri _fährt_ (*fahren*) zur Arbeit. Um 11 Uhr _nimmt_ (*nehmen*) Claudia den Bus zurück nach Hause. Zu Hause _wäscht_ (*waschen*) sie Wäsche und _hilft_ (*helfen*) ihrer Mutter.

Am Nachmittag _gibt_ (*geben*) Claudia Deutschunterricht. Sie _spricht_ (*sprechen*) nur Deutsch mit den Schülern. Die Schüler _lesen_ (*lesen*) Texte und _sehen_ (*sehen*) manchmal einen Film. Claudia _sieht_ (*sehen*) auch gerne Filme.

---

4 Vokalwechsel oder nicht? Ergänzen Sie die Verben.

1. leben   er _lebt_
2. kaufen   er _kauft_
3. machen   er _macht_
4. lesen   er _liest_
5. gehen   er _geht_
6. waschen   er _wäscht_
7. laufen   er _läuft_
8. geben   er _gibt_
9. verstehen   er _versteht_

---

5 Eine Einladung. Ergänzen Sie die Verben.
A2

| gefallen · mitnehmen · ~~einladen~~ · ankommen · laufen · besichtigen · zurückfahren · schlafen |

Liebe Elke,

ich _lade_ dich zu meinem Geburtstag _ein_. Die Party ist am 9.3. abends bei uns im „Amalias".
Ich habe eine Idee: Du _kommst_ erst am Sonntag _an_ und _schläfst_
eine Nacht bei uns. Du _nimmst_ am besten bequeme Schuhe _mit_, dann
können wir am Sonntag zusammen durch die Stadt _laufen_ und alles _besichtigen_
Das _gefällt_ dir doch, oder?
Wann _fährst_ du in Pirgos _zurück_? Wann bist du dann bei uns? Komm nicht so spät!

Viele Grüße
Claudia

5 Ich muss, ich kann, ich will

Modalverben: Konjugation und Position im Satz 🔊))) 6̄

	müssen	können	dürfen	wollen	sollen	„möchten"
ich	muss	kann	darf	will	soll	möchte
du	musst	kannst	darfst	willst	sollst	möchtest
er, sie, es, man	muss	kann	darf	will	soll	möchte
wir	müssen	können	dürfen	wollen	sollen	möchten
ihr	müsst	könnt	dürft	wollt	sollt	möchtet
sie, Sie	müssen	können	dürfen	wollen	sollen	möchten

Im Singular wechselt bei *müssen, können, dürfen* und *wollen* der Vokal.
Die 1. und 3. Person Singular haben keine Endung.

	Position 2		**Ende**
Ich	muss	am Montag um 6 Uhr	aufstehen.
Am Sonntag	können	wir zusammen	frühstücken.
Meine Kinder	dürfen	nicht oft	fernsehen.
Meine Tochter	will	oft am Computer	spielen.
Mein Sohn	soll	Hausaufgaben	machen.
Er	möchte	aber ins Kino	(gehen).

Die Modalverben stehen auf Position 2, das andere Verb im Infinitiv am Ende.
Wenn es im Kontext klar ist, ist der Infinitiv nicht obligatorisch.

---

1 Ergänzen Sie die Verben.

1. „möchten"

Mutter: Was **möchtest** du essen, Annika?

Annika: Ich **möchte** Spaghetti.

Mutter: Und was **möchte** deine Schwester?

Annika: Juliane **möchte** Pizza.

Mutter: Ich **möchte** nicht zwei Essen kochen.

Also, was **möchtet** ihr, Annika und Juliane?

Annika und Juliane: Wir **möchten** Eis!

Mutter: Oh weh, die Kinder **möchten** Eis!

2. können

Juliane: Ich **kann** viel besser schwimmen als du!

Annika: Du **kannst** vielleicht besser schwimmen, aber ich **kann** besser Fußball spielen!

Mutter: Hoffentlich **könnt** ihr beide gut Englisch, Mathematik und Deutsch!

Juliane und Annika: Wir **können** sehr gut Englisch und Deutsch und Mathematik. Und Juliane **kann** viel besser Computer spielen als du!

Mutter: Und die Kinder **können** schneller laufen, besser tanzen, besser lernen, länger schlafen.

3. müssen

Mutter: Es gibt viel Arbeit. Alle _müssen_ helfen. Frank, du _musst_ einkaufen.

Und ihr, Kinder, ihr _müsst_ putzen.

Annika und Juliane: Wir _müssen_ putzen! Und Papa _muss_ nur einkaufen! Das ist nicht fair!

Mutter: Nicht fair! Nicht fair! Ich _muss_ kochen, waschen und die Wohnung aufräumen.

Das ist nicht fair!

4. wollen

Eltern: Wo _wollt_ ihr Urlaub machen?

Annika und Juliane: Wir _wollen_ zu Oma fahren!

Eltern: Juliane, _willst_ du nicht im Urlaub schwimmen?

Juliane: Doch, ich _will_ schwimmen. Aber Annika _will_ zu Oma fahren.

Vater: Die Kinder _wollen_ zu Oma fahren. Das ist gut. Das kostet nicht viel.

5. dürfen

Mutter: Annika, du _darfst_ jetzt nicht Computer spielen!

Annika: Warum _darf_ ich nicht?

Mutter: Du musst Hausaufgaben machen.

Annika: _Darf_ Juliane Computer spielen?

Mutter: Nein, ihr _dürft_ nicht Computer spielen und ihr _dürft_ auch nicht fernsehen.

Juliane: Wir _dürfen_ nicht fernsehen? Dann _dürfen_ Mama und Papa auch nicht fernsehen!

6. sollen

Mutter: Der Arzt sagt, ich _soll_ nicht arbeiten.

Vater: Du _sollst_ nicht arbeiten? Wer _soll_ die Arbeit machen?

Mutter: _Sollen_ wir deine Mutter fragen?

2 Welches Verb passt? Kreuzen Sie an.

	möchte	kann	wollen	dürft	müsst	können	muss	
ich	X	X					X	
er, sie, es, man	X	X					X	Urlaub machen
wir			X			X		
ihr				X	X			
sie, Sie			X			X		

3 Am Sonntag. Schreiben Sie Sätze.

1. Am Sonntag • wir • lange • können • schlafen • .
2. eine Freundin • Meine Tochter • besuchen • will • .
3. sehen • Mein Mann • möchte • Fußball • .
4. ich • muss • kochen • leider auch • Am Sonntag • .
5. Am Nachmittag • wir • spazieren gehen • zusammen • möchten • .

4 Auf dem Ausländeramt. Schreiben Sie Sätze.

(A2)

Herr Guzman: möchten: ich • meine Aufenthaltserlaubnis • verlängern • .

Portier: müssen: Sie • in den dritten Stock • in Zimmer 325 • gehen • .

Herr Guzman: können: ich • meinen Hund • mitnehmen • ?

Portier: dürfen: Hunde • nicht ins Haus • gehen • .

Herr Guzman: sollen: wo • der Hund • bleiben • ?

6 Kann ich oder muss ich?
Modalverben: Gebrauch

Modalverb	Erklärung	Beispiel	
müssen	keine Alternative	Ich muss arbeiten.	
		Ich muss auf die Toilette (gehen).	
können	1. Ich habe das gelernt.	Ich kann Englisch (sprechen).	
	2. Es gibt die Chance / die Möglichkeit.	Hier kann man essen und trinken.	
	3. Dürfen: Es ist nicht verboten.	Hier kann man parken.	
nicht dürfen	Es ist verboten.	Hier dürfen Sie nicht rauchen.	
dürfen	Es ist erlaubt.	Heute dürfen meine Kinder fernsehen.	
„möchten"	Es ist mein Wunsch (höflich).	Ich möchte einen Kaffee (trinken), bitte.	
wollen	Es ist mein Wunsch (direkt). (Nicht höflich, wenn wir etwas von einer Person möchten.)	Ich will gerne Ski-Urlaub machen.	
sollen	1. Möchtest du, dass ich ...? (nur in Fragen)	Soll ich dir einen Kaffee machen?	
	2. Eine andere Person hat zu mir gesagt: „Sie müssen ..." und ich erzähle das.	Der Arzt sagt, ich soll die Tabletten nehmen und ich soll nicht arbeiten.	

1 *Müssen, „möchten" oder können?* Ergänzen Sie die Verben.

Susi ist 7 Jahre alt. Sie __möchte__ jetzt gerne in Urlaub fahren, aber sie __muss__ in die Schule gehen. Sie __kann__ erst im Juli wegfahren. Ihr Bruder Markus ist vier Jahre alt. Er __kann__ noch nicht in die Schule gehen, aber er __möchte__ gerne in die Schule gehen wie Susi. Er __kann__ noch nicht schreiben und lesen. Susis Mutter ist ledig. Sie __muss__ arbeiten. Sie __kann__ sechs Wochen pro Jahr Urlaub machen und dann __möchte__ sie mit Susi und Markus ans Meer fahren. Heute ist sie krank. Sie __muss__ (kann) nicht arbeiten, sie __muss__ zum Arzt gehen.

2 *Müssen oder dürfen?* Ergänzen Sie die Verben und ordnen Sie die Bilder zu.

H 1. Hier __dürfen__ nur Damen hineingehen.

B 2. Hier __muss__ man nach rechts fahren.

C 3. Das __muss__ (darf) man nicht trinken.

C 4. Hier __dürfen__ Kinder spielen und laut sein.

D 5. Hier __darf__ man rauchen.

E 6. Hier __darf__ man keine Krawatte tragen.

A 7. Hier __muss__ man langsam fahren.

F 8. Hier __muss__ man stoppen.

3 *Können* – **1** (Ich habe das gelernt.), **2** (Es gibt die Chance / die Möglichkeit.) oder **3** (Es ist nicht verboten.)? Markieren Sie.

1. Ich kann gut Ski fahren (①2 3), aber es gibt hier keinen Schnee. Man kann nicht Ski fahren. (1 ②3)

2. Können Sie Englisch? (①2 3) Dann können Sie den Job in England machen! (1 ②3)

3. Können Sie nicht lesen? (①2 3) Hier ist Parken verboten. Aber da kann man parken! (1 2 ③)

4. Ich kann das Auto nicht kaufen (1 ②3), ich kann das nicht bezahlen (1 ②3) und ich kann auch nicht Auto fahren! (①2 3)

4 *Wollen* oder „*möchten*"? „*Möchten*" ist immer möglich, wann kann man *wollen* sagen? Ergänzen Sie.

1. ◖ Herr Meier, was nehmen Sie? ◖ Ich **möchte** gern einen Apfelsaft.

2. Lisa **will** heute nicht in die Schule gehen.

3. ◖ Was **möchten** Sie? ◖ Wir **möchten** ein Kilo Tomaten, bitte.

4. Peter ist 14 Jahre alt und **will** schon in die Disko gehen. Aber seine Eltern **wollen** das nicht.

5. Sie können um 8 Uhr oder um 9 Uhr kommen, wie Sie **möchten**

6. Entschuldigung, ich **möchte** das Fenster öffnen. Ist das okay für Sie?

5 Susi ist krank. *Müssen* oder *sollen*? Ergänzen Sie.

Susi ist krank. Sie **muss** zum Arzt gehen. Der Arzt sagt: „Du **musst** im Bett bleiben und du **musst** viel schlafen und viel trinken." Susi sagt zu ihrer Mutter: „Der Arzt sagt, ich **soll** im Bett bleiben und schlafen. Ich **soll** nicht in die Schule gehen." Die Mutter fragt: „ **sollst** du Medizin nehmen?" Susi antwortet: „Nein, aber ich **soll** viel trinken."

6 Machen Sie Vorschläge mit *sollen*.

1. Ich möchte den neuen Film sehen.
2. Wir brauchen Getränke.
3. Ich habe Kopfschmerzen.
4. Es ist kalt hier.
5. Ich möchte nach Paris fahren.

> 1. Sollen wir zusammen ins Kino gehen?

7 Ergänzen Sie *müssen, können, dürfen,* „*möchten*" oder *wollen.* Es gibt mehrere Möglichkeiten.

(A2) **In der Bibliothek:** Sie **können** Bücher leihen. Sie **dürfen** nicht essen, Sie **müssen** Ihren Bibliotheksausweis zeigen und Sie **dürfen** nicht laut sprechen.

Im Museum: Sie **können** Bilder sehen. Sie **müssen** bezahlen, Sie **dürfen** manchmal nicht fotografieren, aber Sie **dürfen** laut sprechen.

Sie sind krank: Sie **müssen** im Bett bleiben, Sie **dürfen** nicht rauchen, Sie **müssen** viel trinken.

Sie sind zu dick: Sie **dürfen** nicht viel essen, Sie **müssen** Sport machen, Sie **müssen** viel Wasser trinken und Salat essen.

Kinder mit 10 Jahren: Sie **dürfen** nicht rauchen und nicht Auto fahren. Sie **müssen** in die Schule gehen. Sie **wollen** oft keine Hausaufgaben machen.

Im Auto: Sie **können** vielleicht Ihre Brille tragen, Sie **dürfen** nicht schlafen und auch nicht telefonieren, aber Sie **dürfen** essen und sprechen.

7 Ich kaufe im Supermarkt ein

Trennbare Verben 🔊 7+8

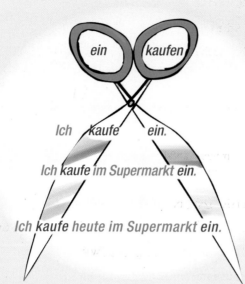

ein kaufen

Ich kaufe ein.

Ich kaufe im Supermarkt ein.

Ich kaufe heute im Supermarkt ein.

Trennbare Verben:
ein kaufen

	Position 2		Ende
Ich	kaufe	im Supermarkt	ein.

Modalverben und trennbare Verben

	Position 2		Ende
Ich	muss	morgen	einkaufen.

Trennbare Verben im Nebensatz

Ich gehe jetzt ins Bett, weil ich morgens immer schon um 6 Uhr aufstehe.

trennbare Präfixe

ab-	um-
an-	vor-
auf-	weg-
aus-	weiter-
ein-	zu-
fern-	zurecht-
her-	zurück-
mit-	zusammen-
statt-	
teil-	

Der Wortakzent ist immer auf dem Präfix: *einkaufen*

---

1 Lesen Sie die Verben laut. Der Akzent ist auf dem Präfix.

<u>auf</u>stehen, <u>ein</u>laden, <u>ein</u>kaufen, <u>ab</u>fahren, <u>an</u>kommen, <u>um</u>steigen, <u>auf</u>hören, <u>zu</u>machen, <u>mit</u>kommen

2 Der Arbeitstag fängt an. Ergänzen Sie die Verben.

1. ein steigen: Ich _steige_ an der Station „Westend" in die U6 _ein_.

2. um steigen: An der Station „Hauptwache" _steige_ ich _um_ und nehme die U1.

3. aus steigen: Am Südbahnhof _steige_ ich _aus_.

4. an kommen: Pünktlich um 8 Uhr _komme_ ich im Büro _an_.

5. auf machen: Es ist sehr warm. Ich _mache_ das Fenster _auf_.

6. rein kommen: Mein Kollege _kommt_ _rein_ und sagt:

7. zu machen: „Es ist kalt hier. _Machen_ Sie doch das Fenster _zu_.

8. zu machen: Ich _mache_ das Fenster wieder _zu_ und

   an fangen: _fange_ mit der Arbeit _an_.

3 Mein Tag. Schreiben Sie Sätze.

1. auf stehen müssen: ich • immer • um 6 Uhr • .

2. an fangen: ich • mit der Arbeit • um 7.30 Uhr • .

3. ein kaufen: am Montag • ich • nach der Arbeit • .

4. zurück kommen: am Abend • um 19 Uhr • nach Hause • ich • .

5. aus gehen möchten: heute • ich • .

6. mit kommen möchten: du • ?

> 1. Ich muss immer um 6 Uhr aufstehen.

Ich stehe um 7 Uhr auf.
Ich muss vor der Arbeit einkaufen,
weil ich erst um 20 Uhr zurückkomme.

4 Unser nächster Urlaub. Ergänzen Sie die Verben.

> anfangen • ~~einladen~~ • mitnehmen • mitkommen • abfahren •
> zurückfahren • abholen • ankommen • umsteigen

Meine Freundin wohnt an der Nordsee und sie _lädt_ mich _ein_ . Meine Kinder _kommen_
auch _mit_ . Die Ferien _fangen_ am Montag _an_ , aber wir _fahren_ schon am Freitag _ab_ .
In Hannover müssen wir _umsteigen_ Um 20.18 Uhr _kommen_ wir dann in Sankt Peter Or-
ding _an_ . Meine Freundin _holt_ uns am Bahnhof _ab_ .
Im Norden ist es immer ein bisschen kälter, also <u>müssen</u> wir warme Kleidung _mitnehmen_ Nach zwei
Wochen <u>müssen</u> wir nach Hause _zurückfahren_ Schade!

5 Hausarbeit. Ergänzen Sie die Verben.

(A2)

> ~~aufstehen~~ • vorbereiten • abwaschen • anmachen • einkaufen • zurückkommen • mitbringen •
> aufräumen • anrufen • fernsehen • aufhängen • ausleeren

Jeden Morgen muss ich früh _aufstehen_ . Jeden Tag _bereite_ ich das Frühstück _vor_, danach
wasche ich das Geschirr _ab_ und _mache_ die Waschmaschine _an_ . Dann muss ich _einkaufen_
und kochen. Um 13.00 Uhr _kommen_ die Kinder aus der Schule _zurück_ . Manchmal _bringen_ sie
Freunde zum Essen _mit_ . Sie spielen dann und ich _räume_ die Küche _auf_, putze, bügle, _rufe_
beim Arzt oder in der Schule _an_ . Später _sehen_ die Kinder _fern_ . Ich _hänge_ die Wäsche
auf und _leere_ die Mülleimer _aus_ . Was ist mein Beruf? Ich bin Hausmann!

6 Im Büro. Schreiben Sie Sätze.

(A2)

1. an schalten: den Computer • ich • Um 8 Uhr • .

2. an kommen: eine Lieferung • Um 10 Uhr • .

3. an rufen + schreiben müssen: Um 9 Uhr • ich •
   Kunden • und • E-Mails • . Um 9 Uhr rufe ich Kunden an und muss E-mails schreiben

4. arbeiten + an fangen: Ich • arbeite schnell • , weil • das Meeting • um 11 Uhr • anfängt

5. an fangen können: Nach dem Meeting • wir • können mit der Pause • anfangen

6. zurück kommen müssen: Pünktlich um 13 Uhr • muss ich • aus der Pause • zurückkommen

7. aus schalten + auf räumen: Um 17 Uhr • schalte ich • den Computer aus räume • und • den Schreibtisch auf

8. zurück gehen + aus gehen möchten: Ich • gehe schnell • nach Hause zurück • , weil • ich • heute • ausgehen möchte

9. gehen + mit kommen: alleine • ich • ins Kino • oder • Sie • ?
   Gehe ich alleine ins Kino oder kommen Sie mit?

> 1. Um 8 Uhr schalte ich den Computer an.

> 3. Um 9 Uhr rufe ich Kunden an und muss ...

21

8 Helfen Sie mir!
Imperativ

Nehmen Sie doch noch ein Stück!

Nehmt von dem Kuchen!

Nimm doch ein Stück Kuchen!

Konjugation Präsens			Imperativ
du kommst	~~du~~ komm~~st~~	→	Komm!
ihr kommt	~~ihr~~ kommt	→	Kommt!
Sie kommen	~~Sie~~ kommen Sie	→	Kommen Sie!

Der Imperativ mit *du* und *ihr* hat kein Subjekt.

Imperativ

	Infinitiv	Imperativ		
		formell	**informell Singular**	**informell Plural**
normale Verben	kommen	kommen Sie	komm	kommt
unregelmäßige Verben e→i	nehmen	nehmen Sie	nimm	nehmt
unregelmäßige Verben a→ä	fahren	fahren Sie	⚠ fahr	fahrt
trennbare Verben	mitbringen	bringen Sie … mit	bring … mit	bringt … mit
sein	sein	**seien Sie**	**sei**	seid
haben	haben	haben Sie	**hab**	habt

Einen Imperativ kann man mit *bitte* höflicher machen:
Bitte helfen Sie mir!
Helfen Sie mir bitte!

Im Imperativ sagen wir oft *mal* und *doch*:
Hilf mir doch!
Hilf mir mal!
Hilf mir doch mal!

---

1 Schreiben Sie Imperativformen mit *Sie*, *du* und *ihr*.
1. gehen • hören • singen
2. mitkommen • weggehen • mitbringen • abholen
3. geben • nehmen • essen • lesen • sprechen
4. sein • haben • fahren • waschen

1. Gehen Sie! Geh! Geht!
Hören Sie! Hör! Hört!
Singen Sie! Sing! Singt!

2. Kommen Sie mit! Komm! Kommt!
gehen Sie weg! geh weg! geht weg!
Bringen Sie mit! Bring mit! Bringt m...

3. Geben Sie! Gib! Gebt!
Essen Sie! Iss! Esst
Lesen Sie! Lies! Lest!
Sprechen Sie! Sprich! Sprecht!

2   Im Kurs. Wer sagt was? Schreiben Sie Sätze im Imperativ.

> wiederholen • langsam sprechen • ~~zu zweit sprechen~~ • einen Text lesen • in der Gruppe diskutieren •
> den Dialog spielen • das Wort erklären • ein Beispiel geben • an die Tafel schreiben

Kursleiter:

Bitte sprechen Sie zu zweit.

Bitte lesen Sie einen Text
Bitte diskutieren Sie in der Gruppe
Bitte spielen Sie den Dialog

Teilnehmer:

Bitte wiederholen Sie
Bitte sprechen Sie langsam
Bitte erklären Sie das Wort
Bitte geben Sie ein Beispiel

3   Welche Personen passen? Kreuzen Sie an.

	Herr Müller	Herr und Frau Müller	Mona und Lucas	Mona
Kommt bitte schnell.			X	
Nehmen Sie bitte Platz.	X	X		
Esst doch noch etwas.			X	
Gib mir mal den Teller.				X
Hab doch keine Angst.				X
Lassen Sie sich Zeit.	X	X		
Guck doch mal.				X

4   Ratschläge geben. Schreiben Sie Sätze im Imperativ.

> eine Aspirin nehmen • einen Tee trinken • eine Brille kaufen • Yoga machen • weniger essen •
> mehr essen • weniger arbeiten • am Abend spazieren gehen • ~~nach Hause gehen~~

1. Ich fühle mich schlecht.
2. Ich habe Kopfschmerzen.
3. Ich bin gestresst.
4. Ich kann nicht schlafen.
5. Ich bin nervös.
6. Mein Bauch tut weh.
7. Ich habe immer Hunger.
8. Ich sehe schlecht.
9. Ich möchte abnehmen.

1. Dann geh doch nach Hause.
Dann gehen Sie doch nach Hause.

5a   So kann man gut Wörter lernen. Schreiben Sie Sätze im Imperativ.

1. Karteikarten kaufen
2. die neuen Wörter auf Karteikarten schreiben
3. auf die Rückseite einen Beispielsatz mit Lücke schreiben
4. die Karten mischen
5. einen Beispielsatz laut lesen
6. das Wort für die Lücke ergänzen
7. richtig? dann die Karte in den Kasten 2 legen
8. falsch? dann die Karte wieder in Kasten 1 legen

1. Kaufen Sie Karteikarten.

5b   Erklären Sie einem Freund / einer Freundin, wie er/sie gut Wörter lernen kann.

1. Kauf Karteikarten.

23

Partnerseite 1: Konjugation
Partner A

Arbeiten Sie mit einem Partner.
Partner A sieht Seite 24, Partner B sieht Seite 25.
rot: Sie sprechen und fragen.
grau: Sie kontrollieren und antworten.

*Ich trinke viel Cola.
Und du? Trinkst du
auch viel Cola?*

Beispiel

viel Cola trinken   *Sie fragen:*

*Ja, ich trinke viel Cola.
Und du? Trinkst du
auch viel Cola?*

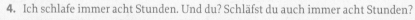

1. viel Cola trinken

2. Ich gehe gerne spazieren. Und du? Gehst du auch gerne spazieren?

3. schwimmen können

4. Ich schlafe immer acht Stunden. Und du? Schläfst du auch immer acht Stunden?

5. gerne fernsehen

6. Ich empfehle diesen Film. Und du? Empfiehlst du auch diesen Film?

7. oft Freunde einladen

8. Ich spreche Koreanisch. Und du? Sprichst du auch Koreanisch?

9. um sechs Uhr aufstehen

10. Ich rufe jeden Tag meine Mutter an. Und du? Rufst du auch jeden Tag deine Mutter an?

11. viel Freizeit haben

12. Ich bin heute müde. Und du? Bist du auch heute müde?

13. gerne Pause machen wollen

14. Ich weiß alles. Und du? Weißt du auch alles?

15. Pizza mögen

16. Ich mache sonntags immer viel. Und du? Machst du sonntags auch immer viel?

17. am Bahnhof aussteigen

18. Ich bin verheiratet. Und du? Bist du auch verheiratet?

Partnerseite 1: Konjugation
Partner B

Arbeiten Sie mit einem Partner.
Partner A sieht Seite 24, Partner B sieht Seite 25.
rot:　　Sie sprechen und fragen.
grau:　　Sie kontrollieren und antworten.

Beispiel

Ich trinke viel Cola. Und du? Trinkst du auch viel Cola?
Sie kontrollieren Ihren Partner und antworten:

> Ja, ich trinke
> auch viel Cola.

- -

1. Ich trinke viel Cola. Und du? Trinkst du auch viel Cola?

2. gerne spazieren gehen

3. Ich kann schwimmen. Und du? Kannst du auch schwimmen?

4. immer acht Stunden schlafen

5. Ich sehe gerne fern. Und du? Siehst du auch gerne fern?

6. diesen Film empfehlen

7. Ich lade oft Freunde ein. Und du? Lädst du auch oft Freunde ein?

8. Koreanisch sprechen

9. Ich stehe um sechs Uhr auf. Und du? Stehst du auch um sechs Uhr auf?

10. jeden Tag meine Mutter anrufen

11. Ich habe viel Freizeit. Und du? Hast du auch viel Freizeit?

12. heute müde sein

13. Ich will gerne Pause machen. Und du? Willst du auch gerne Pause machen?

14. alles wissen

15. Ich mag Pizza. Und du? Magst du auch Pizza?

16. sonntags immer viel machen

17. Ich steige am Bahnhof aus. Und du? Steigst du auch am Bahnhof aus?

18. verheiratet sein

9 Wer? Wie? Wo? Was?

Fragen mit Fragewort 🔊))) 9

Wer? Was? Woher? Wen? Warum? Wo? Wohin? Wie? Mit wem?

Position 1 – Fragewort	Position 2 – Verb	Position 3 – Subjekt	
Wie	heißen	Sie?	
Wer	ist	das?	
Wo	ist	er?	
Woher	kommt	er?	
Wohin	will	er	gehen?
Wann	kommt	er?	
Um wie viel Uhr	geht	er?	
Wie viele Taschen	hat	er?	
Was	hat	er	gemacht?
Was	will	er	haben?
Mit wem	spricht	er?	
Wen	sucht	er?	
Warum	trägt	er	einen Hut?

Das Fragewort steht immer auf Position 1 und beginnt immer mit w.

---

1   **Was passt zusammen? Kombinieren Sie.**

Woher kommen Sie?	1 o	o A	Müller, Edith Müller.
Wie heißt du?	2 o	o B	Das ist mein Handy.
Wo wohnen Sie?	3 o	o C	Maria.
Wer ist das?	4 o	o D	Das ist mein Mann.
Wie ist Ihr Name?	5 o	o E	Friseur.
Was sind Sie von Beruf?	6 o	o F	In Berlin.
Was ist das?	7 o	o G	Aus Hangzhou, das ist in China.

2   **Schreiben Sie Fragen.**

1. wie • Sie • heißen • ?
2. Ihr • Vorname • ist • wie • ?
3. woher • Sie • kommen • ?
4. Sie • wo • wohnen • ?
5. von Beruf • was • Sie • sind • ?

3   Ergänzen Sie die Fragewörter.

1. ◖ _Was_ ist das? ◖ Das ist Obst.
2. ◖ _Was/Wie viel_ kostet das? ◖ Ein Kilo 3,50 Euro.
3. ◖ _Wie viel_ Kinder haben Sie? ◖ Fünf.
4. ◖ _Wer_ kommt heute? ◖ Dennis.
5. ◖ _Um wie viel_ Uhr kommt er? ◖ Um halb acht.
6. ◖ _Wann_ beginnt der Film? ◖ Um acht.

4   Ergänzen Sie die Fragewörter.

Rudi Schmidt: Guten Tag, mein Name ist Schmidt, Rudi Schmidt. Und _____ heißen Sie?

Gisela Baumann: Gisela Baumann. Ich komme aus Passau und _____ kommen Sie?

Rudi Schmidt: Ich komme aus Ulm, aber jetzt wohne ich in München. Und Sie? _____ wohnen Sie?

Gisela Baumann: Auch in München.

Rudi Schmidt: Und _____ ist das?

Gisela Baumann: Das ist Daniel, mein Sohn.

Rudi Schmidt: _____ alt ist er?

Gisela Baumann: 5 Jahre.

5   *Wo – woher – wohin.* Ergänzen Sie.

(A2)

1. ◖ _____ ist denn nur mein Handy?

   ◖ Keine Ahnung, _____ warst du denn gerade?

   ◖ Im Wohnzimmer.

   ◖ Okay, dann suchen wir erst einmal dort.

2. ◖ _____ kommst du?

   ◖ Ich war gerade in der Stadt.

      Aber ich muss noch einmal weggehen.

   ◖ _____ willst du noch gehen?

   ◖ Ins Kino.

6   Was passt zusammen? Kombinieren Sie.

(A2)

Wer kommt heute?	1 o	o A	Den Lehrer.
Mit wem gehst du ins Theater?	2 o	o B	Dem Lehrer.
Wen hast du gestern besucht?	3 o	o C	Der Lehrer.
Wem gehört die Tasche?	4 o	o D	Mit dem Lehrer.

7   Was passt zusammen? Kombinieren Sie.

(A2)

Wem gehört die Brille?	1 o	o A	Meinen Bruder. Er ist gerade aus dem Bus gestiegen.
Wen hast du gesehen?	2 o	o B	Wahrscheinlich wieder in die Alpen.
Mit wem bist du nach Italien gefahren?	3 o	o C	Ich träume.
Warum bist du nicht gekommen?	4 o	o D	Ich hatte keine Zeit.
Was machst du gerade?	5 o	o E	Das ist ein Geschenk von meinen Eltern.
Wohin fahren Sie in Urlaub?	6 o	o F	Das ist meine, ich habe sie hier vergessen.
Von wem hast du die schöne Kette bekommen?	7 o	o G	Ich bin allein gefahren.

8   Ergänzen Sie die Fragewörter.

(A2)

1. ◖ _____ ist der Herr dort? ◖ Das ist ein Freund von mir.
2. ◖ _____ suchen Sie? Kann ich Ihnen helfen? ◖ Den Lehrer von meinem Sohn. Er heißt Schütz.
3. ◖ _____ kommt sie heute später? ◖ Weil die Züge Verspätung haben.
4. ◖ _____ fahrt ihr nach Berlin? ◖ Mit unseren Freunden.

10 Lernen Sie Deutsch?

Ja/Nein-Fragen 🔊 ⏵)) 10

Er 🧩 kommt 🧩 aus Berlin.

Kommt 🧩 er 🧩 aus Berlin?

(Aussage)satz	Er	kommt	aus Berlin.
Ja/Nein-Frage		Kommt	er aus Berlin?

Antworten auf Ja/Nein-Fragen

+ *Kommen Sie heute?*   😊 *Ja, ich komme heute Nachmittag.*
                        ☹ *Nein, ich kann heute nicht.*

– *Kommen Sie heute nicht?*   😊 *Doch, ich komme heute Nachmittag.*
                              ☹ *Nein, ich kann heute nicht.*

Höfliche Bitten
Könnten Sie mir bitte helfen?
Würden Sie bitte das Fenster öffnen?

---

1 Schreiben Sie Fragen und antworten Sie.

1. Sie • Schmidt • heißen • ?   ◖ _____
                                ◖ _____

2. Sie • aus Südafrika • kommen •   ◖ _____
                                    ◖ _____

3. Sie • Englisch • sprechen • ?   ◖ _____
                                   ◖ _____

4. Sie • verheiratet • sind • ?   ◖ _____
                                  ◖ _____

5. Sie • Kinder • haben • ?   ◖ _____
                              ◖ _____

2 Schreiben Sie Fragen.

1. ◖ _____   ◖ Nein, ich spreche kein Französisch.
2. ◖ _____   ◖ Nein, ich bin keine Deutsche, ich bin Türkin.
3. ◖ _____   ◖ Ja, er ist Lehrer von Beruf.
4. ◖ _____   ◖ Ja, wir wohnen schon lange hier im Haus.
5. ◖ _____   ◖ Nein, sie haben keine Kinder.

3 *Ja – nein – doch.* **Was passt? Kombinieren Sie.**

Lernen Sie Deutsch?	1 o	o A	Doch, aber ein bisschen später.
Gehen Sie gerne ins Kino?	2 o	o B	Nein, leider nicht.
Spielen Sie ein Musikinstrument?	3 o	o C	Nein, mein Name ist Westermann.
Wohnen Sie nicht in Köln?	4 o	o D	Doch, schon seit drei Jahren.
Sind Sie Herr Maier?	5 o	o E	Ja, schon seit zwei Monaten.
Kommen Sie nicht zur Party?	6 o	o F	Es geht, ich gehe lieber ins Theater.

4 **Welche Antwort passt? Kreuzen Sie an.**

(A2)

Herr Waltermann wohnt in Frankfurt. Er hat in der Schule Englisch und Spanisch gelernt. Er arbeitet in einem Büro als Programmierer. Er ist vor zwei Monaten nach Frankfurt gekommen und kennt hier noch keinen Menschen. Er kommt aus München und seine Verwandten und Freunde wohnen in der Nähe von München.

	ja	nein	doch
1. Kann Herr Waltermann kein Spanisch?			
2. Wohnt er in der Stadt?			
3. Hat er keine Verwandten in der Nähe?			
4. Hat er keine Arbeit?			
5. Kennt er in Frankfurt viele Leute?			
6. Kommt er aus München?			
7. Ist er schon lange in Frankfurt?			

5 *Würden Sie …? Könnten Sie …?* **Schreiben Sie höfliche Fragen.**

(A2)

1. (den Zucker geben)   *Würden Sie mir bitte den Zucker geben?*

   Könnten Sie mir bitte den Zucker geben?

2. (mir den Weg zum Bahnhof sagen) _____

3. (mir den Stift geben) _____

4. (das Radio leiser machen) _____

5. (mir das Wörterbuch geben) _____

6. (mir die Rechnung erklären) _____

6 **Fragen mit und ohne Fragewort. Was passt zusammen? Kombinieren Sie.**

(A2)

Wie hoch ist Ihre Miete?	1 o	o A	Ja, sie ist direkt in der Innenstadt.
Liegt Ihre Wohnung zentral?	2 o	o B	650 Euro plus Nebenkosten.
Wie lange wohnen Sie schon hier?	3 o	o C	Am liebsten möchten wir auf dem Land wohnen.
Suchen Sie eine neue Wohnung?	4 o	o D	Schon drei Jahre.
Wo suchen Sie eine Wohnung?	5 o	o E	Ja, unsere Wohnung ist zu klein.

Wörter im Satz 1 11

Ich esse heute Pizza.

Heute esse ich Pizza.

Sätze

	Position 2	
Am Abend	essen	wir Pizza.
Wir	essen	am Abend Pizza.
Ilse und Heiko	essen	zusammen 25 Hamburger.

Das Verb steht auf Position 2.
Das Subjekt steht rechts
oder links vom Verb.
Auf Position 1 können zwei
oder mehrere Wörter stehen.

W-Fragen

	Position 2		
Wo	essen	wir	heute Pizza?
Wann	essen	Ilse und Heiko	25 Hamburger?

Das Verb steht auf Position 2.
Auf Position 1 steht das
W-Fragewort, auf Position 3
steht das Subjekt.

Ja/Nein-Fragen

Essen	wir heute Abend Pizza?
Möchten	Sie Schokolade essen?

Das Verb steht am Beginn,
das Subjekt rechts vom Verb.

Imperativ

Essen	Sie doch ein Stück Schokolade!
Trink	eine Tasse Kaffee!

Das Verb steht am Beginn.

Zeit und Ort

Ich wohne seit zwei Monaten in Deutschland.
Seit zwei Monaten wohne ich in Deutschland.

Die Zeit (*Wann? Wie lange? Wie
oft?*) steht meistens links im Satz
(oft auf Position 1).
Der Ort (*Wo? Wohin? Woher?*)
steht meistens rechts im Satz.

---

1 **Schreiben Sie Sätze.**

1. er • Peter Schmidt • heißt • .
2. Peter • jetzt • und • seine Frau • in Heidelberg • wohnen • .
3. Auerstraße 12 • seine Adresse • ist • .
4. Ingenieur • von Beruf • Peter • ist • .
5. seine Frau • arbeitet • im Krankenhaus • .

2   Schreiben Sie W-Fragen.

1. woher • Luis und Paloma • kommen • ?
2. von Beruf • was • sie • sind • ?
3. wohnen • wo • jetzt • sie • ?
4. sie • machen • was • heute Abend • ?

3   Unterstreichen Sie das Verb. Schreiben Sie Ja/Nein-Fragen.

1. Das <u>ist</u> Paloma.   *Ist das Paloma ?* _____
2. Sie kommt aus Peru.   _____
3. Paloma lernt Deutsch.   _____
4. Sie ist Mechanikerin.   _____
5. Ihr Mann heißt Luis.   _____

4   W-Frage oder Ja/Nein-Frage? Ergänzen Sie das Fragewort oder das Verb.

1. ◖ _____ kommt Paloma?   ◖ Aus Peru.
2. ◖ _____ Paloma aus Chile?   ◖ Nein, aus Peru.
3. ◖ _____ ist sie von Beruf?   ◖ Mechanikerin.
4. ◖ _____ sie Mechanikerin von Beruf?   ◖ Ja.
5. ◖ _____ ihr Mann Carlos?   ◖ Nein.
6. ◖ _____ heißt ihr Mann?   ◖ Luis.

5   Schreiben Sie Fragen.

1. müde • heute • Sie • sind • ?
2. Sie • wie lange • schlafen • immer • ?
3. trinken • was • am Morgen • Sie • ?
4. am Morgen • Sie • trinken • Kaffee • ?

6   Schreiben Sie Sätze im Imperativ.
(A2)

1. Sie • kommen • !
2. die Geschichte • hören • Sie • !
3. jetzt • Sie • sagen • nichts • !
4. Sie • Ihren Freunden • die Geschichte • erzählen • !

7   Zeit und Ort. Schreiben Sie Sätze.
(A2)

1. schon drei Jahre • ich • wohne • in Heidelberg • .
2. arbeite • seit zwei Jahren • in Frankfurt • ich • .
3. von Heidelberg nach Frankfurt • ich • fahre • jeden Montag • .
4. ich • bei meiner Cousine • von Montag bis Freitag • wohne • .
5. im Büro • ich • von 9 bis 18 Uhr • arbeite • .
6. in der Mittagspause • in der Kantine • ich • esse • .
7. gehe • ins Fitness-Studio • zwei Mal pro Woche • ich • .
8. nach Heidelberg • freitags um 17 Uhr • ich • fahre • .
9. bin • ich • zu Hause • von Freitagabend bis Montagmorgen • .

Verb: Position 2!

12 Ich kaufe ... ein
Wörter im Satz 2

		konjugiertes Verb Position 2		Teil 2 Ende
Modalverben	Ich	will	heute	einkaufen.
trennbare Verben	Ich	kaufe	Obst und Gemüse	ein.
sein + Adjektiv*	Das Wetter	ist	heute Nachmittag	wunderbar.
Verb + Verb*	Wir	gehen	heute Nachmittag	schwimmen.
Nomen-Verb-Kombinationen*	Heute Abend	spiele	ich mit meiner Freundin	Tennis.
Perfekt	Ich	habe	schon Getränke	eingekauft.

Das konjugierte Verb steht auf Position 2, der andere Teil am Ende.

sein + Adjektiv, Verb + Verb und die Nomen-Verb-Kombinationen funktionieren fast wie trennbare Verben:
wunderbar sein, müde sein, schwimmen gehen, einkaufen gehen, Tennis spielen, Deutsch lernen, Wein trinken ...

---

1 Modalverben. Schreiben Sie Sätze.

1. Sie • eine Deutschlandreise • wollen • machen • .
2. Tickets kaufen • und • Hotels buchen • Sie • müssen • .
3. sollen • fahren • sie • Wann • ?
4. Sie • fahren • im Sommer • wollen
5. Sie • bleiben • können • nur zwei Wochen in Deutschland • .
6. Dann • schon wieder nach Hause • fahren • müssen • sie • .

2 Trennbare Verben. Schreiben Sie Sätze.

1. um|ziehen: Wir • nach Hamburg • .

2. auf|räumen: die Wohnung • Jetzt • wir • .

3. weg|werfen: Wir • viele Sachen • .

4. ein|packen: Wer • das Geschirr und die Gläser • ?

5. aus|ziehen: Nächste Woche am Montag • wir

6. ein|ziehen: in die neue Wohnung • Am Dienstag • wir • .

3 *Sein* + Adjektiv und Verb + Verb. Schreiben Sie Sätze.

1. Das Wetter • heute • wunderbar • ist • .
2. der Himmel • auch blau • war • Gestern • .
3. Hoffentlich • schön • morgen auch genauso • es • ist • .
4. Am Samstagmorgen • sie • in der Stadt • einkaufen • gehen • .
5. spazieren • sie • gehen • im Park • Nachmittags • .
6. Die Kinder • schwimmen • mit ihren Freunden • gehen • .

4 Nomen-Verb-Kombinationen. Schreiben Sie Sätze.

1. Pamela und Chris • schon gut • Deutsch • sprechen • .
2. Chris • Gitarre • am Abend gerne • spielt • .
3. oft stundenlang • Musik • Er • hört • .
4. Urlaub • Im Sommer • Chris • machen • möchte • .
5. Pamela • Spanisch • lernen • möchte • im Urlaub • .

5 Perfekt. Schreiben Sie Sätze.

1. Am letzten Wochenende • nach Berlin • Anna • ist • gefahren • .
2. Sie • ihre Freunde • besucht • hat • .
3. gegangen • sie • sind • ins Theater • Am Samstagabend • .
4. Am Sonntag • in einem Restaurant am Wannsee • sie • gegessen • haben • .
5. erst sehr spät nach Hause • Sie • gekommen • ist • .

6 Was passt zusammen? Kombinieren Sie und schreiben Sie Sätze.

	hat		aufräumen.
	muss		ein.
	lernt		gearbeitet.
Er	kauft	heute	essen.
	geht		Deutsch.
	ist		fern.
	sieht		gekommen.

7 Schreiben und variieren Sie Sätze.

1. gestern • ich • habe • geschenkt • eine CD • meinem Bruder • .
2. auf dem Marktplatz • hat • gestern Abend • eine Band • gespielt • .
3. im Park • wollen • Schüler • ein Konzert geben • heute • .
4. ich • bringe • zum Geburtstag • heute • einen Kuchen • mit • .

1. Ich	habe	meinem Bruder gestern eine CD	geschenkt.
Gestern	habe	ich meinem Bruder eine CD	geschenkt.
Meinem Bruder	habe	ich gestern eine CD	geschenkt.
Eine CD	habe	ich gestern meinem Bruder	geschenkt.

8 Schreiben Sie Sätze und lesen Sie die Sätze laut.

1. abholen: er • seine Kinder von der Schule • .
2. zur Party gehen wollen: sie • mit ihrer Freundin • heute Abend • .
3. mitbringen: sie (Pl.) • einen Kartoffelsalat • zur Party • .
4. gemacht haben: sie (Pl.) • den Kartoffelsalat • heute Mittag • .

1. Er holt seine Kinder von der Schule ab.

Im Deutschen ein Muss:
Das konjugierte Verb auf Position 2
und der Rest (Teil 2) am Schluss!

Partnerseite 2: Fragen
Partner A

Arbeiten Sie mit einem Partner.
Partner A sieht Seite 34, Partner B sieht Seite 35.
rot: **Sie sprechen.**
grau: **Sie kontrollieren und antworten.**

Woher kommen Sie?

Beispiel

... ?

Ich komme aus ...

Sie sehen die Antwort rechts und fragen: Woher kommen Sie?

---

1. ... ? Ich komme aus ...

2. Wie alt sind Sie? ...

3. ... ? Ich wohne in ...

4. Was sind Sie von Beruf? ...

5. ... ? Doch, ich heiße ...

6. Wie ist Ihr Familienname? ...

7. ... ? Meine Hobbys sind ...

8. Haben Sie Kinder? ...

9. ... ? Ich bin (nicht) verheiratet.

Wollen wir „du" sagen?   Ja, gerne. Ich heiße ...

10. Sprichst du nicht Deutsch? ...

11. ... ? Ja, ich lerne Deutsch.

12. Seit wann lernst du Deutsch? ...

13. ... ? Ich gehe (nicht) gerne ins Kino.

14. Wie viel Uhr ist es?/ Wie spät ist es? ...

15. ... ? Ich möchte gerne nach/in ... fahren.

16. Wann gehst du nach Hause? ...

17. ... ? Ein Kaffee kostet ... Euro.

18. Kaufst du gerne ein? ...

19. ... ? Der Lehrer ist in der Klasse.

20 Wie geht es dir? ...

Partnerseite 2: Fragen
Partner B

Arbeiten Sie mit einem Partner.
Partner A sieht Seite 34, Partner B sieht Seite 35.
rot: Sie sprechen.
grau: Sie kontrollieren und antworten.

Beispiel

Woher kommen Sie?   ...

Sie sehen die korrekte Frage links, kontrollieren Ihren Partner und antworten: Ich komme aus ...

----

1. Woher kommen Sie?   ...
2. ... ?   Ich bin ... Jahre alt.
3. Wo wohnen Sie?   ...
4. ... ?   Ich bin ... von Beruf.
5. Heißen Sie nicht ... ?   ...
6. ... ?   Mein Familienname ist ...
7. Was sind Ihre Hobbys?   ...
8. ... ?   Ich habe ... /keine Kinder.
9. Sind Sie verheiratet?   ...

Wollen wir „du" sagen?   *Ja, gerne. Ich heiße ...*

10. ... ?   Doch, ich spreche ein bisschen Deutsch.
11. Lernst du Deutsch?   ...
12. ... ?   Ich lerne seit ... Wochen/Monaten Deutsch.
13. Gehst du gerne ins Kino?   ...
14. ... ?   Es ist jetzt ... Uhr.
15. Wohin möchtest du gerne fahren?   ...
16. ... ?   Ich gehe um ... Uhr nach Hause.
17. Was kostet ein Kaffee?   ...
18. ... ?   Ich kaufe (nicht) gerne ein.
19. Wo ist der Lehrer?   ...
20. ... ?   Danke, es geht mir ...

13 Die Männer, die Frauen, die Babys

Nomen: Plural

die Männer   die Frauen   die Babys

Endung		Beispiel	
-(e)n		die Übung – die Übungen die Tasche – die Taschen die Frau – die Frauen die Kundin – die Kundinnen	alle Nomen mit *-ung, -heit, -keit, -ie, -or, -ion* fast alle Nomen mit *-e* viele feminine Nomen Ende *-in* ► *-innen* (Es ist die häufigste Pluralendung.)
-er		das Kind – die Kinder das Buch – die Bücher der Mann – die Männer	fast alle kurzen neutralen Nomen einige maskuline Nomen, aber kein feminin
-e	*a, o, u, au* werden oft *ä, ö, ü, äu*	der Stuhl – die Stühle das Brot – die Brote die Hand – die Hände	viele kurze Nomen
–		der Vater – die Väter der Garten – die Gärten der Sessel – die Sessel das Brötchen – die Brötchen	viele Nomen mit *-er, -en, -el* alle Nomen mit *-chen, -lein*
-s		das Taxi – die Taxis das Radio – die Radios der PKW – die Pkws der Job – die Jobs	alle Nomen mit *-a, -i, -o, -y* alle Abkürzungen viele Fremdwörter
⚠ unregelmäßig		das Museum – die Museen das Datum – die Daten das Visum – die Visa das Praktikum – die Praktika die Praxis – die Praxen die Firma – die Firmen	

Kein Plural

Abstrakte Nomen: *das Glück, die Liebe, der Hunger, die Kommunikation, der Sport, die Musik, das Wetter …*
Nomen für Material: *das Gold, das Wasser, die Milch …*
Sammelnamen: *das Obst, die Polizei, die Kleidung, der Urlaub …*
Infinitiv als Nomen: *das Essen, das Sprechen, das Spielen …*

Kein Singular

Einige Ländernamen und geographische Namen: *die USA, die Alpen …*
Sammelnamen: *die Eltern, die Leute, die Möbel*
und *die Ferien …*

---

1   **Welche Nomen bekommen keine Endung im Plural? Unterstreichen Sie.**

<u>der Fernseher</u> – das Buch – die Banane – das Mädchen – das Hobby – das Kind – der Schlüssel –
der Lehrer – die Tasche – der Mann – der Wagen – der Reifen – das Fläschchen – der Verkäufer – die Tomate

2 Pluralendung: *-(e)n*, *-s* oder *-e*? Ergänzen Sie.

1. das Sofa, –*s*	9. die Sache	17. die Sekretärin
2. das Haar	10. die Kiwi	18. der Junge
3. die Freiheit	11. die Sekunde	19. das Ticket
4. das Hobby	12. die Organisation	20. das Restaurant
5. die Zeitung	13. die Operation	21. die Lösung
6. die Information	14. der Name	22. die Krankheit
7. das Tier	15. die Toilette	23. der Herd
8. die Lehrerin	16. die Oma	24. das Kino

3 Wie heißt der Singular? Schreiben Sie.

1. die Bilder – das _____

2. die Männer – der _____

3. die Brötchen – das _____

4. die Meere – das _____

5. die Länder – das _____

6. die Architektinnen – die _____

7. die Kurse – der _____

8. die Hotels – das _____

9. die Ärzte – der _____

10. die Füße – der _____

11. die Fotos – das _____

12. die Informationen – die _____

13. die Einladungen – die _____

14. die Bäume – der _____

4 Welche Nomen haben keinen Plural? Unterstreichen Sie.

der Zucker – der Kuchen • das Gepäck – der Koffer • das Glas – das Wasser • das Fleisch – das Steak •
der Kellner – der Service • das Auto – das Benzin • die Kartoffel – der Reis • der Alkohol – die Bar •
die Karotte – das Gemüse • die Polizei – der Polizist • die Natur – der Fluss

5 Welche Nomen haben keinen Singular? Unterstreichen Sie.

die Omas – die Großeltern • die Eltern – die Väter • die Sofas – die Möbel • die Berge – die Alpen •
die Ferien – die Reisen • die Leute – die Personen

6 Eine Bestellung. Ergänzen Sie die Pluralendungen und den Umlaut (wenn nötig).

Möbelhaus Okio

Bestellung

Anzahl	Artikel	Artikelnummer
6	Küchenstuhl....	123 456 78
4	Lampe...	123 456 98
4	Schrank...	123 456 87
2	Sofa...	123 456 79
2	Herd...	123 457 59
12	Teller...	122 345 78
12	Glas...	122 345 16
12	Löffel...	122 345 25
3	Servierwagen...	123 456 65

und 2 Lkw... für den Transport, bitte!

Ort, Datum   Unterschrift

14 Der, das, die – ein, ein, eine

Artikel: definit, indefinit, kein Artikel 🔊))) 12

Indefiniter Artikel

Möchten Sie eine Banane?

	maskulin	neutral	feminin	Plural
Nominativ	ein Mann	ein Haus	eine Frau	– Autos
Akkusativ	einen Kaffee	ein Brötchen	eine Banane	– Kartoffeln
Dativ	einem Freund	einem Auto	einer Freundin	– Freunden

Definiter Artikel

Mhm, die Banane ist lecker.

	maskulin	neutral	feminin	Plural
Nominativ	der Mann	das Haus	die Frau	die Autos
Akkusativ	den Kaffee	das Brötchen	die Banane	die Kartoffeln
Dativ	dem Freund	dem Auto	der Freundin	den Freunden

Ich habe Zeit.

Kein Artikel

Sachen, die man nicht zählen kann
(z. B. *Zeit, Lust, Geld, Glück, Hunger*)
haben keinen Artikel.

Auch ohne Artikel
Ich bin + Beruf:
Ich bin Pilotin von Beruf.

---

1 Was ist das? Schreiben Sie Sätze.

1. der Stuhl

Das ist ein Stuhl.

Der Stuhl ist modern.

3. das Wörterbuch

_____

praktisch.

5. die Stifte (Plural)

Das sind Stifte

Die Stifte sind neu.

7. die Vase

_____

schön.

2. das Bild

_____

teuer.

4. der Laptop

_____

gut.

6. die Blumen (Plural)

Das sind Blumen

Die Blumen sind wunderbar.

8. die Tür

Das ist eine Tür

Die Tür ist offen.

2 Ergänzen Sie die indefiniten Artikel im Akkusativ.

Hast du ... *AKK Was*

1. der Kuli

_____einen_____ Kuli?

3. die Uhr

_____eine_____ Uhr?

5. der Schirm

_____einen_____ Schirm?

7. die Katze

_____eine_____ Katze?

2. das Auto

_____ein_____ Auto?

4. die Kinder (Plural)

_____ Kinder?

6. der Computer

_____einen_____ Computer?

8. das Handy

_____ein_____ Handy?

3 Ergänzen Sie die definiten Artikel im Akkusativ.

1. Wie findest du __die__ Bluse (*die*)? *Was?*
2. Wie findest du __den__ Rock (*der*)?
3. Wie findest du __die__ Schuhe (*Pl.*)?
4. Wie findest du __das__ Kleid (*das*)?
5. Wie findest du __die__ Brille (*die*)?
6. Wie findest du __den__ Hund (*der*)?

4 Schreiben Sie es positiv. Indefiniter Artikel oder kein Artikel?

1. Er hat keine Zeit. – *Sie hat Zeit.*
2. Er hat kein Geld. – *Sie hat Geld*
3. Er hat kein Handy. – *Sie hat ein Handy*
4. Er mag keinen Reis. – *Sie mag Reis*
5. Er hat kein Fahrrad. – *Sie hat ein Fahrrad*
6. Er hat kein Glück. – *Sie hat Glück*

5 Eine Stadtführung in München. Ergänzen Sie die Artikel.

(A2)

der Turm
das Stadion
die Kirche
der Platz
das Haus
der Berg

1. Meine Damen und Herren, links ist *ein* Turm.

Das ist *der* Fernsehturm.

2. Da ist *ein* Stadion, das ist *das* Olympiastadion.
3. Sie sehen geradeaus *eine* Kirche, das ist *die* Frauenkirche.
4. Hier links ist *ein* großer Platz, das ist *der* Marienplatz.
5. Am Marienplatz steht *ein* Haus mit einem Turm, das ist *das* Rathaus.

6 Ein Märchen. Ergänzen Sie die Artikel.

(A2)

Es war einmal *ein* König. *Der* König war sehr reich.

Er hatte *eine* Tochter. *Die* Tochter war

wunderschön. Eines Tages kommt *ein* Prinz.

Der Prinz möchte *die* Prinzessin

heiraten. Aber *die* Prinzessin will ihn nicht

heiraten. Da muss *der* Prinz seine Liebe zeigen.

Er tötet einen Drachen. Zum Schluss heiratet *der* Prinz *die*

Prinzessin und ein Jahr später bekommen sie *eine* Tochter.

der Drache

der Prinz, der König und die Prinzessin

15 Kein, nicht, nie
Negation 🔊 13

Das ist kein Apfel. Das esse ich nicht.

kein und *nicht*

kein	nicht
Ich lese kein Buch.	Ich bin nicht verheiratet.
Ich lese keine Zeitungen.	Ich wohne nicht in Berlin.
Ich habe keine Zeit.	Ich arbeite nicht bei Lufthansa.
Ich habe keinen Hunger.	Ich lese nicht.
Ich brauche kein Auto.	Ich lese nicht die Bibel.
	Ich lese nicht das Buch.

kein steht nur vor einem Nomen.
kein ist ein Artikel (*ein Buch – kein Buch, ein dickes Buch – kein dickes Buch*).

Andere Negationswörter

+	−
Ich esse immer zu Mittag.	Ich esse nie zu Mittag.
Auf der Party kenne ich alle.	Ich kenne niemand auf der Party.
Isst du etwas? Isst du alles?	Ich esse nichts.
Kannst du nur mit Brille lesen?	Ich kann ohne Brille lesen.
Warst du schon mal in Paris?	Nein, ich war noch nicht in Paris. Ich war noch nie in Frankreich.
Hast du noch Hunger?	Nein, ich habe keinen Hunger mehr.
Liebst du Thomas noch?	Nein, ich liebe ihn nicht mehr.

---

1 Schreiben Sie Sätze mit *nicht* oder *kein*.

1. Ich komme aus Sri Lanka. _____

2. Ich bin 23 Jahre alt. _____

3. Ich wohne in Köln. _____

4. Ich bin verheiratet. _____

5. Ich habe Kinder. _____

6. Das sind meine Kinder. _____

7. Sie haben Hunger. _____

8. Ich kaufe Brot. _____

9. Ich bin glücklich. _____

2 Was passt zusammen? Kombinieren Sie.

Das ist Sie hat Er kann Wir gehen Ich kaufe	keinen nicht kein keine	Lust zu kochen. Gehen wir ins Restaurant? diese Schuhe. Die anderen sind schöner. Hund, das ist eine Katze. Freund, sie ist immer allein. kochen. Kinder. ins Kino.

3 Kein Mittagessen. Ergänzen Sie *nicht* oder *kein*.

(A2)

Frau Paul: Hallo, Frau Schmidt. Gehen Sie in die Kantine mit?

Frau Schmidt: Nein, tut mir leid. Ich kann _____ mitkommen.

                   Ich habe _____ Zeit und ich habe auch _____ Hunger.

Frau Paul: Sehen wir uns später bei dem Meeting?

Frau Schmidt: Nein, das geht _____. Ich arbeite _____ in dem Projekt. Sehen Sie Herrn Meier?

Frau Paul: Herr Meier arbeitet _____ in unserer Abteilung. Ich treffe ihn _____.

                   Sehen wir uns morgen in der Mittagspause?

Frau Schmidt: Morgen mache ich _____ Pause, weil ich zurzeit _____ Sekretärin habe.

                   Ich kann zwei Wochen mittags _____ essen gehen.

Frau Paul: Bringen Sie sich Essen von zu Hause mit?

Frau Schmidt: Nein, ich habe _____ Lust, etwas zu kochen. Und Sandwichs schmecken mir _____.

                   Und ich esse _____ Süßigkeiten und _____ Fast Food. Ich habe schon 3 kg abgenommen.

Frau Paul: Ich möchte auch _____ zunehmen.

                   Das Essen in der Kantine ist auch _____ gesund und macht dick.

Frau Schmidt: Sie sind schlank. Sie müssen _____ Angst haben!

4 Herr Positiv und Herr Negativ. Schreiben Sie Sätze mit Negationswörtern.

(A2)

Herr Positiv
1. Ich bin **noch** jung!
2. Ich habe **noch** Energie.
3. Ich bin **immer** glücklich.
4. Ich finde **alles** wunderbar!
5. Ich liebe **alle**.
6. Ich war **schon oft** im Urlaub.
7. Ich nehme **alles** mit Humor.

Herr Negativ
1. Ich bin nicht mehr jung!

5 Negieren Sie.

(A2)

Frau Überhub: Waren Sie schon mal in Tokio?

Frau Niederfeld: Nein, ich war _____ in Japan. Und Sie?

Frau Überhub: Ich war schon oft da. Wir fahren immer nach Japan.

Frau Niederfeld: Ich fahre _____ ins Ausland.

Frau Überhub: Aber alle fahren ins Ausland!

Frau Niederfeld: Alle fahren ins Ausland? Nein, _____ fährt ins Ausland.

                   Hier in Deutschland gibt es doch alles: Berge, Meer, Städte.

Frau Überhub: Nein, hier gibt es _____! Kein Sushi, keinen Fuji,

                   keine Kimonos! Herr Ober, gibt es noch Suppe?

Ober: Nein, wir haben leider _____ Suppe _____.

                   Aber wir haben Salat mit Eiern und _____ Eier.

Frau Überhub: Sehen Sie, hier gibt es nichts!

Ich bin **nicht** verheiratet und arbeite **nicht**, ich habe auch **keine** Kinder, aber leider auch **keine** Zeit.

16 Ich liebe meinen Mann

Akkusativ 🔊 14–16

Verben mit Akkusativ

```
        ┌─ Verb ─┐
Subjekt          Objekt
Der Kellner │ trinkt │ einen Saft.
   ↑                    ↑
Nominativ           Akkusativ
```

trinken ist ein Verb mit Subjekt (*der Kellner*) und Objekt (*einen Saft*). Das Objekt steht im Akkusativ. Das Objekt kann eine Person oder Sache sein: *Ich liebe meinen Mann.*

	Frage	maskulin	neutral	feminin	Plural
Nominativ	wer? (Person)	der Mann	das Kind	die Frau	die Leute
	was? (Sache)	ein Mann	ein Kind	eine Frau	– Leute
		kein Mann	kein Kind	keine Frau	keine Leute
Akkusativ	wen? (Person)	den Mann	das Kind	die Frau	die Leute
	was? (Sache)	einen Mann	ein Kind	eine Frau	– Leute
		keinen Mann	kein Kind	keine Frau	keine Leute

Nur maskuline Nomen haben für den Akkusativ eine extra Form: *den/einen/keinen*.
Die Possessivartikel funktionieren wie *kein: Ich liebe meinen Mann.*

---

1 Eine Reise. Ergänzen Sie die definiten Artikel im Akkusativ.

Ich fahre zwei Tage nach Berlin. Ich brauche _den_ Wecker (*der*), _den_ Computer (*der*),

den Pass (*der*), _die_ Kreditkarte (*die*), _den_ Schirm (*der*), _die_ Tasche (*die*),

den MP3-Player (*der*), _die_ Schuhe (*Pl.*), _____ Socken (*Pl.*),

_____ Pyjama (*der*), _____ Waschzeug (*das*) und _____ Zeitung (*die*).

2 Ergänzen Sie die indefiniten Artikel im Akkusativ.

Walter kauft _eine_ Flasche Wein (*die*), _ein_ Glas Marmelade (*das*), _ein_ Schwarzbrot (*das*),

_____ Brötchen (*Pl.*), _eine_ Packung Milch (*die*), _einen_ Salat (*der*), _—_ Tomaten (*Pl.*),

einen Joghurt (*der*), _einen_ Schokoladenkuchen (*der*).

3 Was hat Thomas, was hat er nicht? Ergänzen Sie.

| das Auto |
| das Fahrrad |
| das Bett |
| der Fernseher |
| der Tisch |
| die Waschmaschine |
| das Handy |
| das Telefon |
| der Computer |
| der Stuhl |
| der Kühlschrank |
| das Haus |

Thomas hat _ein Auto_ . Er hat _kein Fahrrad_ . Er hat _ein_ und

einen , aber _keinen_ und _keine_ . Thomas hat

ein , aber _kein_ . Er hat _einen_ , aber

keinen . Er hat _einen_ aber _kein_

42

4 Ergänzen Sie die Artikel im Nominativ und Akkusativ.

 die Kuh / die Milch das Gras der Mensch der Fisch die Pflanze die Hühner (Plural) | die Körner (Plural)

1. D_ie_ Kuh isst d_as_ Gras. D_er_ Mensch trinkt d_ie_ Milch.

2. De_r_ Fisch isst d_ie_ Pflanze. D_er_ Mensch isst d_en_ Fisch.

3. D_ie_ Hühner essen d_ie_ Körner. De_r_ Mensch isst d_ie_ Hühner.

5 *Wen* oder *was*? Ergänzen Sie die Fragewörter.

1. ◀ W_as_ trinken Sie gerne? ◀ Champagner.   4. ◀ W_as_ verstehen Sie nicht? ◀ Die Frage.

2. ◀ We_n_ sehen Sie oft? ◀ Meine Kollegen.   5. ◀ W_as_ lieben Sie? ◀ Gute Musik, gutes Essen.

3. ◀ W_en_ verstehen Sie nicht? ◀ Die Lehrerin.   6. ◀ We_n_ lieben Sie? ◀ Meine Familie.

6 Was passt zusammen? Kombinieren Sie und schreiben Sie Sätze.

Ich Wir Meine Freunde	hören brauchen trinken sehen lesen kaufen	___ Glas Wein (*das*). ___ Oper (*die*). ___ Bücher (*Pl.*). ___ Stift (*der*). ___ Auto (*das*). ___ Film (*der*).

7 Wo ist der Akkusativ? Unterstreichen Sie.

1. Wir kaufen Stühle. Die Stühle finde ich sehr schön.
2. Wir haben einen Sohn und eine Tochter. Wir lieben die Kinder.
3. Die Kinder lieben die Lehrerin.
4. Die Suppe esse ich nicht. Möchtest du das Brötchen?
5. Ich bezahle den Wein, das Essen bezahlst du.

8 Eine E-Mail. Ergänzen Sie die Artikel im Nominativ und Akkusativ.

 A2

der Hund
die Katze
das Kaninchen
die Fische (Plural)
die Tiere

Liebe Elise,

jetzt habe ich ei_nen_ Hund! D_er_ Hund ist sehr süß und heißt Flocki. Du weißt, ich habe auch ei_ne_ Katze, ei_n_ Kaninchen und _____ Fische.

Ich mag d_ie_ Tiere sehr. D_en_ Hund liebe ich, d_ie_ Katze mag ich, d_as_ Kaninchen mag ich ein bisschen (es stinkt!) und d_ie_ Fische finde ich langweilig. Zum Glück mag d_ie_ Katze auch d_en_ Hund und d_er_ Hund mag d_ie_ Katze, aber d_ie_ Katze möchte immer d_ie_ Fische fressen.

D_er_ Hund frisst Fleisch und ist leider teuer. Aber ich finde d_en_ Hund wunderbar.

Wann kommst du und besuchst mich und d_ie_ Tiere? Bitte komm bald!

Viele Grüße

Jenny

17 Ich fahre mit dem Auto

Dativ 17

	Frage	maskulin	neutral	feminin	Plural
Nominativ	wer? (Person) was? (Sache)	der Mann ein Mann kein Mann	das Kind ein Kind kein Kind	die Frau eine Frau keine Frau	die Leute – Leute keine Leute
Akkusativ	wen? (Person) was? (Sache)	den Mann einen Mann keinen Mann	das Kind ein Kind kein Kind	die Frau eine Frau keine Frau	die Leute – Leute keine Leute
Dativ	wem? (Person)	dem Mann einem Mann keinem Mann	dem Kind einem Kind keinem Kind	der Frau einer Frau keiner Frau	den Leuten – Leuten keinen Leuten

Im Dativ sind maskulin und neutral gleich.

Im Dativ Plural hat das Nomen ein *n* am Ende.
Nomen mit *s* im Plural haben kein *n*: *Wir fahren mit zwei Autos.*

Der Possessivartikel funktioniert wie *kein*.

> *Ich fahre mit meinem Auto.*

---

1 Wie fahren Sie zur Arbeit? Ergänzen Sie die definiten Artikel im Dativ.

das Auto

der Zug

die U-Bahn

das Taxi

1. mit __dem__ Auto   3. mit _____ Zug   5. mit _____ U-Bahn   7. mit _____ Taxi

das Fahrrad

die Straßenbahn

die Rollschuhe (Plural)

der Bus

2. mit _____ Fahrrad   4. mit _____ Straßenbahn   6. mit _____ Rollschuhe__   8. mit _____ Bus

2 Mit wem gehen Sie ins Kino? Ergänzen Sie die indefiniten Artikel im Dativ.

1. mit _einer_ Freundin   5. mit _____ Kollegin

2. mit _____ Freund   6. mit _____ Lehrer

3. mit _____ Freunde__   7. mit _____ Mann

4. mit _____ Mädchen   8. mit _____ Gäste__

> die Freundin – der Freund –
> die Freunde (*Pl.*) –
> das Mädchen – die Kollegin –
> der Lehrer – der Mann –
> die Gäste (*Pl.*)

3   Mit wem möchten Sie in den Urlaub fahren?
Ergänzen Sie die indefiniten Artikel im Dativ.

1. Mit _einem_ Kind oder mit zwei Kinder*n*_?

2. Mit ein__ Baby oder mit zwei Babys__?

3. Mit ein__ Mann oder mit vielen Männer__?

4. Mit ein__ Freund oder mit zehn Freunde__?

5. Mit ein__ Kollegin oder mit 28 Kolleginnen__?

6. Mit ein__ Frau oder mit vielen Frauen__?

7. Mit ein__ Oma oder mit zwei Omas__?

8. Mit ein__ Opa oder mit zwei Opas__?

4   Reinhild ist so nett! Ergänzen Sie die Artikel im Dativ.

Reinhild hilft ein__ Kollegin, ein__ Kind und d__ Eltern.

Zum Geburtstag gratuliert sie d__ Freundinnen und d__ Freunde__, d__ Mutter, d__ Vater und d__ Hund

von der Nachbarin.

Sie gibt d__ Kollegen Sandwichs, d__ Katze einen Fisch, ein__ Baby Milch und d__ Chef einen Kuss.

Und Reinhild schenkt d__ Nachbarin Blumen, d__ Kinder__ Schokolade und d__ Lehrer einen Mercedes.

5   Willibald ist unfreundlich. Ergänzen Sie *kein* im Dativ.

Willibald gibt kein__ Kellner und kein__ Kellnerin Trinkgeld. Er hilft kein__ Nachbarin, gratuliert kein__

Freund und auch kein__ Freundin zum Geburtstag. Er schenkt kein__ Kind Schokolade und kein__ Lehre-

rin ein Auto und kein__ Hund eine Wurst.

Deshalb hat Willibald keine Freunde.

6   Mein Geburtstag. Ergänzen Sie die Possesivartikel im Dativ.

Meine Party war wunderbar. Ich habe zwölf Freunde zu meine__ Geburtstag eingeladen. Viele sind mit ihr__

Freund oder ihr__ Freundin und auch mit ihr__ Kinder__ gekommen. Manche hatten einen weiten Weg

und haben bei mir oder bei mein__ Eltern__ übernachtet. Eine Kollegin ist sogar mit ihr__ zwei Babys__

gekommen. Es war wirklich viel los!

7   Ein Zettel auf dem Küchentisch. Ergänzen Sie die Artikel im Dativ.

> Lieber Nils,
>
> wir sind bis Sonntag nicht da! Wir brauchen eine Pause nach d___ vielen Arbeit.
>
> Wir fahren gleich mit d___ Bahn nach Gießen zu ein___ Freund und sein___ Freundin.
>
> Wir bleiben drei Tage bei d___ Freunde___. Mit d___ Auto von d___ Freunde___
>
> können wir Ausflüge machen. Und wir möchten gerne zu ein___ See laufen und mit
>
> ein___ Boot fahren.
>
> Hoffentlich hast du auch Spaß! Vergiss aber nicht: Morgen musst du das Papier bei
>
> d___ Arzt abgeben.
>
> Bis Sonntagabend!
>
> Grüße und Küsse
>
> Andrea

18 Mein, dein, unser
Possessivartikel 🔊))) 18+19

Ist das Ihr Koffer?

ich – mein

du – dein

er – sein

es – sein

sie – ihr

wir – unser

ihr – euer

sie – ihr

Sie – Ihr

		maskulin	neutral	feminin	Plural
Nominativ	ich	mein Vater	mein Auto	meine Mutter	meine Eltern
	du	dein Vater	dein Auto	deine Mutter	deine Eltern
	er	sein Vater	sein Auto	seine Mutter	seine Eltern
	es	sein Vater	sein Auto	seine Mutter	seine Eltern
	sie	ihr Vater	ihr Auto	ihre Mutter	ihre Eltern
	wir	unser Vater	unser Auto	unsere Mutter	unsere Eltern
	ihr	euer Vater	euer Auto	eure Mutter	eure Eltern
	sie	ihr Vater	ihr Auto	ihre Mutter	ihre Eltern
	Sie	Ihr Vater	Ihr Auto	Ihre Mutter	Ihre Eltern
Akkusativ		meinen Vater	mein Auto	meine Mutter	meine Eltern
		...	...	...	...
		euren Vater	euer Auto	eure Mutter	eure Eltern
		...	...	...	...
Dativ		meinem Vater	meinem Auto	meiner Mutter	meinen Eltern
		...	...	...	...
		eurem Vater	eurem Auto	eurer Mutter	euren Eltern
		...	...	...	...

Der Possessivartikel hat die gleiche Endung wie kein: *Ich brauche keine Bücher. Ich brauche meine Bücher.*

---

1   Ergänzen Sie die Possessivartikel.

1. Hier bin ich und das ist _____ Kind.

2. Das bist du und _____ Vater.

3. Da ist Thomas und _____ Mutter.

4. Hier ist Judy und _____ Tochter.

5. Das sind wir und _____ Kinder.

6. Und das seid ihr und _____ Eltern.

7. Hier stehen Aiping und Mark und _____ zwei Katzen.

8. Guten Tag, Herr Schmidt, kommt _____ Frau heute auch?

2 Ergänzen Sie die Possessivartikel.

Das ist Jörg.

Das ist _seine_ Frau, Martina. Das sind _____ Kinder.

Das ist _____ Fahrrad. Das ist _____ Tasche.

Das ist _____ Computer. Das sind _____ Bücher.

Das ist Martina.

Das ist _____ Mann, Jörg. Das sind _____ Kinder.

Das ist _____ Tasche. Das ist _____ Fahrrad.

Das ist _____ Computer. Das sind _____ Bücher.

Das sind Jörg und Martina.

Das sind _____ Kinder. Das ist _____ Tochter Susi.

Das ist _____ Sohn Thomas. Das ist _____ Haus.

3 Tante Cornelia kommt aus Rom zu Besuch und fragt Thomas und Susi. Ergänzen Sie die Possessivartikel.

Tante Cornelia: Thomas und Susi, wo ist denn _____ Papa jetzt?

Thomas und Susi: _____ Papa ist in der Küche.

Tante Cornelia: Und wo ist _____ Mama?

Thomas und Susi: _____ Mama ist auf der Arbeit.

Tante Cornelia: Und wie heißen _____ Freunde?

Thomas und Susi: _____ Freunde sind Philip und Sabina, _____ Mama und _____ Papa.

4 Was bedeutet *ihr* oder *Ihr*? Kreuzen Sie an.

	Frau Malls	Frau Dorns	Lisas	Tims und Toms
Frau Mall: Guten Tag, Frau Dorn. Wie geht es <u>Ihrer</u> Tochter Lisa?				
Frau Dorn: Wieder gut. Sie ist jetzt bei <u>ihren</u> Großeltern.				
Sie liebt <u>ihren</u> Opa sehr.				
Und wie geht es <u>Ihrer</u> Familie?				
Frau Mall: Danke, sehr gut.				
Frau Dorn: Wo sind denn <u>Ihre</u> Kinder Tim und Tom jetzt?				
Frau Mall: Die sind zu <u>ihren</u> Freunden gefahren.				
Übrigens: <u>Ihr</u> Mann hat angerufen.				
<u>Ihr</u> Auto ist fertig repariert.				

5 Mein Geburtstag. Ergänzen Sie die Possessivartikel.

(A2)

An meinem Geburtstag fahre ich immer nach Hamburg zu _____ Familie. _____ Bruder Heinrich

wohnt mit _____ Frau Doris im Haus von ihr___ Eltern. Heinrich hat Zwillinge: Ralf und Leonie.

Leonie liebt _____ Bruder sehr, aber Ralf mag _____ Schwester nur ein bisschen. Aber beide

Kinder lieben _____ Großeltern.

M_____ Schwester Monika lebt auch in Hamburg. Wir feiern alle zusammen _____ Geburtstag bei

_____ Eltern. Monika kommt immer mit _____ Freund Joachim und sein___ Tochter Ana.

_____ Eltern finden es wunderbar, wenn _____ Kinder alle bei ihnen sind. Ich bekomme von

_____ Geschwistern immer viele Geschenke und _____ Kinder malen mir immer schöne Bilder.

19 Welcher? – Dieser
Artikel: interrogativ und demonstrativ 🔊 ⑳

Artikel		maskulin		neutral		feminin		Plural	
definit		der	Mann	das	Kind	die	Frau	die	Leute
interrogativ	**Nominativ**	welcher	Mann?	welches	Kind?	welche	Frau?	welche	Leute?
demonstrativ		dieser	Mann!	dieses	Kind!	diese	Frau!	diese	Leute!
definit		den	Mann	das	Kind	die	Frau	die	Leute
interrogativ	**Akkusativ**	welchen	Mann?	welches	Kind?	welche	Frau?	welche	Leute?
demonstrativ		diesen	Mann!	dieses	Kind!	diese	Frau!	diese	Leute!
definit		dem	Mann	dem	Kind	der	Frau	den	Leuten
interrogativ	**Dativ**	welchem	Mann?	welchem	Kind?	welcher	Frau?	welchen	Leuten?
demonstrativ		diesem	Mann!	diesem	Kind!	dieser	Frau!	diesen	Leuten!

1   **Nominativ. Was passt zusammen? Kombinieren Sie.**

Welcher Kollege?	1 ○	○ A	Diese.
Welche Tür?	2 ○	○ B	Diese.
Welches Buch?	3 ○	○ C	Dieser.
Welche Socken?	4 ○	○ D	Dieses.

2   **Nominativ. Ergänzen Sie die Endungen.**

Frau: Der Mantel, die Hose, die Schuhe, das Kleid, die Jacke, das T-Shirt, der Anzug und die Socken sind schön!

Mann: **1.** Welcher Mantel?   **Frau:**   Dies _er_ .

       2. Welche Hose?   Dies___ .

       3. Welche Schuhe?   Dies___ .

       4. Welches Kleid?   Dies___ .

       5. Welche Jacke?   Dies___ .

       6. Welches Halstuch?   Dies___ .

       7. Welcher Schal?   Dies___ .

       8. Welche Stiefel?   Dies___ .

3 Nominativ. Ergänzen Sie die Endungen.

Kindergärtnerin: Welch__ Kinder sind denn Ihre Kinder?

Mutter: Das kleine Mädchen da rechts und der blonde Junge da hinten.

Kindergärtnerin: Dies__ Mädchen?

Mutter: Ja. Hallo, Lisa!

Kindergärtnerin: Und welch__ Junge?

Mutter: Dies__ blonde, süße Junge da hinten!

Kindergärtnerin: Oh, dies__ Kind war problematisch.

Welcher? Dieser!
Welches? Dieses!
Welche? Diese!

4 Nominativ und Akkusativ. Ergänzen Sie die Endungen.

Linda: Welch__ Tasche findest du schöner? Dies__ hier oder dies__ da?

Jette: Ich finde dies__ schöner. Aber welch__ ist auch gut zum Einkaufen?

Linda: Keine. Aber das ist egal. Ich nehme dies__ .

5 Dativ. Was passt zusammen? Ergänzen und kombinieren Sie.
(A2)

Mit welch__ Freundin gehst du ins Kino?	1 ○	○ A	Bei der jungen, netten.
Zu welch__ Arzt gehst du?	2 ○	○ B	Mit Susanne.
Aus welch__ Land kommt Gyros?	3 ○	○ C	Zu Dr. Schneider.
Bei welch__ Lehrerin haben wir Unterricht?	4 ○	○ D	Ich weiß nicht. Aus Frankreich?
Von welch__ Freund hast du das Geschenk?	5 ○	○ E	Dem Kind von meiner Nachbarin.
Welch__ Kind hast du geholfen?	6 ○	○ F	Von Thomas.

6 In der Klasse. Nominativ, Akkusativ und Dativ. Ergänzen Sie die Endungen.
(A2)

Scarlett: Welch____ Lehrer haben wir heute?

Jun: Dies____ dicken. Er heißt Herr Weiher, glaube ich.

Scarlett: Und welch____ Übungen waren die Hausaufgabe?

Jun: Dies____ hier auf Seite 63. Mit welch____ Buch hast du früher gelernt?

Scarlett: Mit studio d.

Jun: Welch____ Buch findest du besser? Dies____ hier oder studio d?

Scarlett: Beide sind sehr gut. Welch____ Buch hattest du früher?

Jun: Ich hatte dies____ hier.

7 Nominativ, Akkusativ und Dativ. Ergänzen Sie die Endungen.
(A2)

der Raum

Antonio: In welch____ Raum lernen wir heute?

Chen: Ich glaube, wir bleiben in dies____ hier.

Antonio: Oh, ich mag dies____ Raum nicht. Es ist so kalt hier.

Chen: Ich bin gerne in dies____ Raum, weil er groß ist.

  Welch____ Raum findest du gut?

Antonio: Raum 69.

20 Nur mit dir – nie ohne dich

Personalpronomen: Akkusativ und Dativ 🔊))) 21+22

Nominativ	Akkusativ	Dativ
ich	mich	mir
du	dich	dir
er	ihn	ihm
sie	sie	ihr
es	es	ihm
wir	uns	uns
ihr	euch	euch
sie	sie	ihnen
Sie	Sie	Ihnen

Die Frau liebt den Mann. Sie liebt ihn.
Der Mann liebt die Frau. Er liebt sie.
Die Frau geht mit dem Mann. Sie geht mit ihm.
Der Mann geht mit der Frau. Er geht mit ihr.

1 Personalpronomen im Akkusativ. Was passt zusammen? Kombinieren Sie.

Magst du die neue Kollegin? **1** o F   o **A**   Nein, ich nehme es nicht.
Liebst du den Mann? **2** o D   o **B**   Na ja, ich mag dich.
Essen Sie die Spaghetti? **3** o E   o **C**   Wir lieben euch!
Liebst du mich? **4** o B   o **D**   Nein, ich mag ihn nicht.
Kaufst du das Auto? **5** o A   o **E**   Ja, ich nehme sie.
Mögt ihr uns? **6** o C   o **F**   Ja, ich mag sie.

2 Personalpronomen im Akkusativ. Ergänzen Sie.

In vier Monaten bekommen wir noch ein Baby. Es ist ein Mädchen. Wir lieben ___sie___ *es (das)* (*das Mädchen*)

jetzt schon. Leider ist dann unsere Wohnung zu klein, aber wir mögen ___es___ *sie (die)* (*unsere Wohnung*) sehr.

Und wir brauchen auch ein großes Auto. Mein Mann möchte ___es___ (*das Auto*) gerne schon jetzt kaufen.

Ich kenne ___ihn___ *ihn* (*meinen Mann*).

3 Personalpronomen im Dativ. Ergänzen Sie.

1. Der Vater kauft den Kindern ein Eis. Er kauft *ihnen* auch Schokolade.

2. Der Kellner bringt der Dame einen Tee. Er bringt ___ihr___ auch ein Stück Torte.

3. Ich bestelle dir und mir eine Pizza. Und ich bestelle ___uns___ zwei Cola.

4. Der Mann schenkt seiner Freundin Blumen. Er schenkt ___ihr___ auch einen Ring.

5. Er bezahlt dir und deiner Schwester die Cola. Und er bezahlt ___euch___ das Essen.

6. Der Lehrer gibt den Studenten Hausaufgaben. Er gibt ___ihnen___ auch einen Test.

4 Personalpronomen im Dativ. Schreiben Sie die Antworten.

1. Wie geht es Ihnen? *Es geht mir gut*
2. Wie geht es Ihrem Vater? *Es geht ihm gut*
3. Wie geht es Ihrer Mutter? *Es geht ihr gut*
4. Wie geht es Ihren Eltern? *Es geht ihnen gut*
5. Wie geht es dir?
6. Wie geht es Ihnen und Ihrer Frau?

Es geht uns gut

> 1. Es geht mir gut.

5 Im Büro. Personalpronomen im Dativ. Ergänzen Sie.

Chef: Herr Bauer, sagen Sie bitte Herrn Schütz, ich möchte mit _ihm_ sprechen. Und mit _Ihnen_

Herr Bauer, möchte ich später auch sprechen.

Herr Bauer: Herr Schütz, der Chef möchte mit _Ihnen_ sprechen. Und mit _mir_ später leider auch.

Herr Schütz: Können Sie bitte meine Frau anrufen und ihr _____ sagen, ich komme später? Unsere

Freunde wollen heute mit _uns_ ins Theater gehen.

Herr Bauer: Ja, gerne, mache ich. Gehen Sie jetzt zum Chef. Ich muss ja später auch noch zu _ihm_.

6 Personalpronomen im Akkusativ und Dativ. Schreiben Sie die Antworten.

1. Gehst du mit mir ins Theater?
2. Fährst du mit deiner Freundin nach Paris?
3. Gehen Sie mit Ihren Kindern ins Schwimmbad?
4. Gehst du mit mir und meinem Bruder ins Kino?
5. Tanzt du mit dem Mädchen?
6. Gehst du mit deinem Freund spazieren?
7. Fahren eure Freunde mit euch in Urlaub?

> 1. Ja, nur mit dir, nie ohne dich!

7 Ergänzen Sie die Personalpronomen im Nominativ, Akkusativ und Dativ.

(A2)

Liebe Ulrike,

ich kann es kaum glauben: Ich habe meinen Traummann getroffen! _Er_

ist so nett. Ich habe _ihn_ gestern auf einer Party kennengelernt. _Er_ hat

mich angesehen und ich habe _ihn_ gesehen und – wow!!! Ich habe die

ganze Nacht mit _ihm_ getanzt.

Ich mag _ihn_ so. Und _er_ ist auch sehr attraktiv. Er gefällt _mir_ sehr.

Er hat _mich_ nach Hause gebracht und _mich_ nach meiner Telefonnummer

gefragt. Ist _er_ nicht süß? Morgen treffe ich _ihn_ wieder!

Ich glaube, ich liebe _ihn_ und er liebt _mich_.

Ich bin so glücklich!

Ruf _mir_ mal an!

Deine Julia _mich_

Du fragst **mich**, ich antworte **dir**.
Ich mag **dich**, du gefällst **mir**.
Du brauchst **mich**, ich helfe **dir**.
Du hast Zeit? Das passt **mir**.

21 Ich kaufe meinem Sohn einen Ball
Verben mit Akkusativ und Dativ

Verben mit Akkusativ

trinken ist ein Verb mit Subjekt (*der Kellner*) und Objekt (*einen Saft*). Das Objekt steht im Akkusativ. Das Objekt kann eine Person oder Sache sein (*Ich liebe mein Kind.*)*.

Verben mit Akkusativ und Dativ

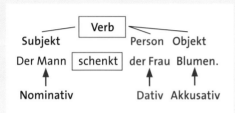

schenken ist ein Verb mit Subjekt (*der Mann*), Objekt (*Blumen*) und einer zweiten Person (*der Frau*). Die zweite Person steht im Dativ. Der Dativ (ohne Präposition) ist immer eine Person oder ein Tier.

Verben nur mit Dativ

Es gibt Verben nur mit Dativ. Die lernen Sie in Kapitel 22.

Verben nur mit Nominativ

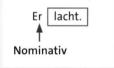

lachen ist ein Verb nur mit Nominativ, ohne Objekt. Der Nominativ ist das Subjekt (*er*). Das Subjekt kann eine Person oder eine Sache sein (*Die Sonne scheint.*)**.

Wortposition bei Nomen

	Nominativ	Dativ	Akkusativ
	Die Kellnerin serviert	den Leuten	die Getränke.
Heute bringt	der Chef	den Gästen	das Frühstück.

* Verben mit Akkusativ heißen transitiv. Im Wörterbuch steht: V tr. (Verb transitiv)

** Diese Verben heißen intransitiv. Im Wörterbuch steht: V itr. (Verb intransitiv)

---

1 Schreiben Sie Sätze. Welches Nomen steht im Akkusativ, welches im Dativ?

1. Mann • schreiben • Freundin • E-Mail • .
2. Dr. König • geben • Frau • Tabletten • .
3. Wir • zeigen • Gäste • Haus • .
4. Vater • kaufen • Sohn • Computer • .
5. Mutter • schenken • Tochter • Puppe • .
6. Ich • verkaufen • Freund • Auto • .
7. Er • servieren • Freunde • Kaffee • .
8. Sie • kochen • Kind • Suppe • .

die Freundin – die Tabletten (*Pl.*) – die Gäste (*Pl.*) – das Haus – der Vater – der Sohn – der Computer – die Mutter – die Tochter – die Puppe – der Freund – das Auto – die Freunde (*Pl.*) – der Kaffee – das Kind – die Suppe

1. Der Mann schreibt der Freundin eine E-Mail.

2 Was ist der Nominativ (Subjekt), der Akkusativ (Objekt) und der Dativ?
Unterstreichen Sie: Nominativ schwarz, Akkusativ blau und Dativ rot.

Ich gehe jetzt ins Kaufhaus. Da kaufe ich meiner Frau einen Ring und meinem Sohn schenke ich einen Ball und meinem Töchterchen eine Puppe. Meinen beiden Kindern kaufe ich Süßigkeiten. Ich liebe meine Familie. Im Internet-Café schreibe ich dann meinem Vater eine E-Mail. Dann gehe ich ins Kino. Ich mag Filme sehr.

3 Ordnen Sie die Verben.

> kochen • s̶c̶h̶e̶n̶k̶e̶n̶ • kaufen • servieren • essen • kommen • trinken • verkaufen •
> lachen • wohnen • schlafen • gehen • lesen • geben • treffen • lieben • besuchen • haben •
> möchten • sein • finden • bringen • zeigen

nur ein Subjekt (also kein Objekt)	ein Subjekt und ein Objekt	ein Subjekt, ein Objekt und eine Person
		schenken

4 Weihnachten. Ergänzen Sie die Artikel.

Am 24.12. kommt in Deutschland d__ Weihnachtsmann. Er bringt d__ Kinder__

d__ Geschenke. D__ Eltern schenkt er manchmal auch etwas. D__ Kinder

möchten d__ Weihnachtsmann gerne sehen, aber meistens kommt er heimlich

und legt d__ Geschenke unter den Weihnachtsbaum. Oft schenkt er d__ Kinder__

Spielsachen, d__ Vater ein__ Krawatte und d__ Mutter ein__ Flasche Parfüm.

D__ Kinder packen d__ Geschenke aus und spielen gleich mit den neuen Sachen.

Am 25.12. besucht d__ Familie oft d__ Großeltern. D__ Großmutter kocht dann

ein__ gutes Essen und die Kinder zeigen d__ Großeltern d__ neuen Geschenke.

der Weihnachtsmann

5 Vaters Geburtstag. Ergänzen Sie die Artikel.

Mein__ Vater hat Geburtstag. Ich schenke mein__ Vater ein__ Fernseher. Mein__ Vater ist glücklich.

Er findet d__ Fernseher super! Mein__ Schwester gibt mein__ Vater ihr__ schönstes Foto und mein__

Mutter schenkt ihr__ Mann ein__ Krawatte. Am Nachmittag kommen d__ Gäste. D__ Gäste besuchen

mein__ Vater. Ich serviere d__ Gästen d__ Kaffee. Mein__ Schwester kauft ein__ Kuchen. D__ Gäste trinken

d__ Kaffee. D__ Kuchen ist wunderbar. Mein__ Vater trägt sein__ neue Krawatte. Um 20 Uhr gehen d__

Gäste nach Hause. Mein__ Schwester bringt mein__ Vater mit dem Auto ins Restaurant. Er trifft sein__

Freunde im Restaurant. Mein__ Mutter räumt d__ Wohnung auf. Um 24 Uhr holt mein__ Mutter mein__

Vater im Restaurant ab.

6 Ein Geschenk. Ergänzen Sie die Personalpronomen.

Mein Bruder hat morgen Geburtstag. Ich mag _____ sehr. Deshalb möchte ich _____ ein schönes Geschenk

kaufen. Im Geschäft suche ich die Verkäuferin und frage _____: „Haben Sie sehr gute Herrenuhren?"

Die Verkäuferin sagt: „Ich zeige _____ ein paar schöne Herrenuhren."

Die Uhren sind sehr schön. Ich kaufe eine wunderbare Uhr und bezahle _____ an der Kasse.

Morgen fahre ich zu meinem Bruder und gebe _____ die Uhr.

22

Ich helfe dir, du dankst mir

Verben mit Dativ 🔊))) 23

Verben mit Nominativ und Dativ

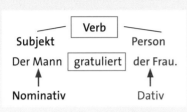

	Verb	
Subjekt		Person
Der Mann	gratuliert	der Frau.
↑		↑
Nominativ		Dativ

Herzlichen Glückwunsch!

Diese Verben sind nicht logisch wie die Verben in Kapitel 21. Diese Verben haben nur ein Subjekt und eine Person (im Dativ). Diese Verben mit Dativ müssen Sie lernen.
ebenso: *antworten, gratulieren, helfen, zuhören, glauben, danken*

	Verb	
Subjekt		Person
Die Torte	schmeckt	der Frau.
↑		↑
Nominativ		Dativ

Bei diesen Verben steht die Person im Dativ und die Sache im Nominativ.
ebenso: *gefallen, gehören, passen, schmecken, stehen* (Stil und Farbe), *wehtun*
Auch Nominativ und Dativ:
Es tut mir leid.
Wie geht es Ihnen?

---

1   Schreiben Sie Sätze.

1. Mann • antworten • Frau • .

    Der Mann antwortet der Frau.

3. Kind • helfen • Mann • .

2. Mann • gratulieren • Frau • .

4. Kinder • zuhören • Oma • .

---

2   Schreiben Sie Sätze.
1. Haus • gefallen • Leute • .
2. Wein • schmecken • Mann • nicht • .
3. Schuhe • passen • Frau • gut • .
4. Auto • gehören • Chef • .
5. Jacke • stehen • Mädchen • nicht gut • .
6. Film • gefallen • Freunde • .
7. Kopf • wehtun • Frau • .

1. Das Haus gefällt den Leuten.

der Wein – der Mann –
die Schuhe (*Pl.*) – die Frau –
das Auto – der Chef – die Jacke –
das Mädchen – der Film –
die Freunde (*Pl.*) – der Kopf

3 Schreiben Sie Sätze mit den Verben *antworten, gratulieren, helfen, zuhören.*

1. Ich frage den Mann. Er _____ .

2. Anastasia hat Geburtstag. Wir _____ .

3. Du hast Probleme. Ich _____ .

4. Der Vater erzählt eine Geschichte. Die Kinder _____ .

4 Was sagen Sie?
1. Ich habe einen Fehler gemacht.
2. Mein Sohn hat einen Fehler gemacht.
3. Meine Eltern haben einen Fehler gemacht.
4. Meine Tochter hat einen Fehler gemacht.
5. Du hast einen Fehler gemacht.
6. Wir haben einen Fehler gemacht.
7. Mein Kind hat einen Fehler gemacht.
8. Ihr habt einen Fehler gemacht.

> 1. Es tut mir leid.
> 2. Es tut ...

5 Schreiben Sie Sätze mit Verben mit Dativ.

schmecken • wehtun • gehören • gefallen • schlecht gehen • passen • ~~passen~~

1. Morgen Abend habe ich keine Zeit.
2. Wir finden Frankfurt schön.
3. Ulrike ist krank.
4. Die Suppe ist wunderbar!
5. Das ist nicht meine Uhr.
6. Die Hose ist zu klein.
7. Ich habe Halsschmerzen.

> 1. Morgen Abend passt es mir nicht.

6 Nominativ, Akkusativ oder Dativ? Ergänzen Sie die Personalpronomen.

Das ist Clemens. _____ ist süß. Ich finde _____ wunderbar. Er gefällt _____ sehr. _____ sieht toll aus.

Jede Farbe steht _____ . Manchmal rufe ich _____ an und frage _____ etwas. Ich höre _____ immer zu.

Ich antworte _____ auch immer sofort. Wenn ich kann, helfe ich _____ . Wenn er Zeit hat, passt _____ der

Termin immer. Ich liebe _____ . Seine Küsse schmecken _____ so gut!

7 Nominativ, Akkusativ oder Dativ? Schreiben Sie Sätze.

1 a. Mann (*der*) • Frau (*die*) • Blumen (*Pl.*) • schenken • .   b. Blumen (*Pl.*) • Frau • gefallen • .

2 a. Ober (*der*) • Gäste (*Pl.*) • Essen (*das*) • servieren • .   b. Gäste (*Pl.*) • schmecken • Essen (*das*) • .

3 a. Chef (*der*) • Sekretärin (*die*) • fragen • .   b. Sekretärin (*die*) • Chef (*der*) • antworten • .

4 a. Mädchen (*das*) • Freund (*der*) • E-Mail (*die*) • schreiben • .   b. Freund (*der*) • Brief (*der*) • lesen • .

5 a. Mutter (*die*) • Kind (*das*) • Jacke (*die*) • kaufen • .   b. Jacke (*die*) • Kind (*das*) • passen • .

6 a. Vater (*der*) • Sohn (*der*) • Fahrrad (*das*) • reparieren • .   b. Sohn (*der*) • Vater (*der*) • helfen • .

7 a. Fuß (*der*) • Mann (*der*) • wehtun • .   b. Arzt (*der*) • Mann (*der*) • helfen • .

Arbeiten Sie mit einem Partner.
Partner A sieht Seite 56, Partner B sieht Seite 57.
rot: **Sie bilden einen Satz.**
grau: **Sie helfen und kontrollieren.**

Beispiel

Mann • lieben • Frau • sehr.
Sie bilden einen Satz:

Der Mann liebt die Frau sehr.

---

1. Mann • lieben • Frau • sehr

2. Die Frau liebt den Mann auch sehr.

3. Frau • schenken • Mann • Hund

4. Der Mann findet den Hund süß.

5. Hund • finden • Mann • richtig sympathisch

6. Der Mann küsst die Frau.

7. Hund • geben • Mann • Kuss

8. Die Frau lädt Freunde ein.

9. Freunde • besuchen • Frau und Mann

10. Die Frau und der Mann zeigen den Freunden den Hund.

11. Hund • gefallen • Freunden

12. Die Freunde gratulieren dem Mann und der Frau.

13. Am Abend • servieren • Frau • Gäste • Schnitzel

14. Das Schnitzel schmeckt dem Hund sehr gut.

15. Mann • möchten • Frau • Geschenk • geben

16. Der Mann kauft der Frau eine Katze.

17. Katze • gefallen • Frau • gut

18. Die Katze gefällt dem Hund nicht.

19. Katze • wehtun • Hund

20. Der Hund beißt die Katze.

21. Frau • danken • Mann

die Frau – der Mann – der Hund –
der Kuss – die Freunde (*Pl.*) –
die Gäste (*Pl.*) – das Schnitzel –
das Geschenk – die Katze

Arbeiten Sie mit einem Partner.
Partner A sieht Seite 56, Partner B sieht Seite 57.
rot: **Sie bilden einen Satz.**
grau: **Sie helfen und kontrollieren.**

Beispiel
Der Mann liebt die Frau sehr.
Sie sehen den korrekten Satz und kontrollieren Ihren Partner:

Das ist korrekt.

- -

1. Der Mann liebt die Frau sehr.
2. Frau • lieben • Mann • auch sehr
3. Die Frau schenkt dem Mann einen Hund.
4. Mann • finden • Hund • süß

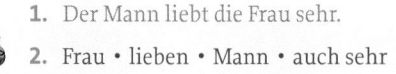

5. Der Hund findet den Mann richtig sympathisch.
6. Mann • küssen • Frau
7. Der Hund gibt dem Mann einen Kuss.
8. Frau • einladen • Freunde

9. Die Freunde besuchen die Frau und den Mann.
10. Frau und Mann • zeigen • Freunde • Hund
11. Der Hund gefällt den Freunden.
12. Freunde • gratulieren • Mann und Frau
13. Am Abend serviert die Frau den Gästen ein Schnitzel.
14. Schnitzel • schmecken • Hund • sehr gut
15. Der Mann möchte der Frau ein Geschenk geben.
16. Mann • kaufen • Frau • Katze

17. Die Katze gefällt der Frau gut.
18. Katze • gefallen • Hund • nicht
19. Die Katze tut dem Hund weh.
20. Hund • beißen • Katze
21. Die Frau dankt dem Mann.

die Frau – der Mann – der Hund –
der Kuss – die Freunde (*Pl.*) –
die Gäste (*Pl.*) – das Schnitzel –
das Geschenk – die Katze

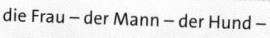

23 Ich war, ich hatte

Präteritum: *sein* und *haben* 🔊))) 24

	Präteritum (gestern, früher, 1979, mit 16 Jahren) 		Präsens (heute, jetzt, mit 35 Jahren) 	
	Ich war ledig. Ich hatte keine Kinder und viel Zeit.		Ich bin verheiratet. Ich habe vier Kinder und keine Zeit.	
	sein	**haben**	**sein**	**haben**
ich	war	hatte	bin	habe
du	warst	hattest	bist	hast
er, sie, es, man	war	hatte	ist	hat
wir	waren	hatten	sind	haben
ihr	wart	hattet	seid	habt
sie, Sie	waren	hatten	sind	haben

Die Verben *sein* und *haben* benutzt man in der Vergangenheit meistens im Präteritum.

---

1 Tim war krank. Ergänzen Sie *sein* und *haben* im Präteritum.

Denis: Hallo Tim, wo _____ (*sein*) du denn gestern?

Tim: Ich _____ (*sein*) zu Hause. Ich _____ (*sein*) krank.

Denis: Wir _____ (*haben*) gestern einen neuen Lehrer. Wir _____ (*haben*) viel Spaß.

Tim: Und _____ (*haben*) ihr gestern Nachmittag Sport?

Denis: Ja, wir _____ (*sein*) auf dem Sportplatz.

2 Was passt zusammen? Kombinieren Sie und schreiben Sie Sätze.

Ich Thomas Herr und Frau Müller Ihr Du Meine Schwester und ich	**hatten** **hatte** **waren** **wart** **war** **warst**	keine Zeit. müde. Probleme. im Büro. in Paris. eine Party.

3 Ergänzen Sie *sein* und *haben* im Präteritum.

Anna: Hallo, Marion. Wo _____ (*sein*) du denn am Freitag? _____ (*haben*) du Urlaub?

Marion: Nein, ich _____ (*sein*) zu Hause. Meine beiden Kinder _____ (*sein*) krank.

Sie _____ (*haben*) Fieber.

Anna: _____ (*sein*) ihr beim Arzt?

Marion: Ja, wir _____ (*sein*) beim Arzt. Und du? _____ (*haben*) ihr viel Arbeit im Büro?

Anna: Nein, ich _____ (*haben*) nicht so viel Arbeit. Der Chef _____ (*sein*) nicht da. Er

_____ (*haben*) einen Termin in Rom. Wir _____ (*haben*) also keinen Stress.

4   Eine Liebesgeschichte. Präsens oder Präteritum? Streichen Sie durch.

Früher war / ~~bin~~ ich Single. Ich habe / hatte oft eine Freundin, aber nie lange. Jetzt war / bin

ich verheiratet. Meine Frau ist / war aus Korea. In Korea ist / war sie Sekretärin. Wir sind / waren

2008 zusammen in Seoul. Wir sind / waren dann sofort gute Freunde. Heute sind / waren wir ein Paar.

Wir sind / waren jetzt glücklich!

5   Urlaub in München. Ergänzen Sie *sein* oder *haben* im Präteritum (13x) oder Präsens (2x).

(A2)

1. Gestern _____waren_____ wir in München.

2. Zum Glück _____ das Wetter schön.

3. Wir _____ überhaupt keinen Regen und wir _____ auch keinen Schirm.

4. Ich _____ bei meiner Tante.

5. Sie _____ extra einen Tag Urlaub für mich!

6. Mein Freund _____ im Museum. Er sagt, es _____ sehr interessant da.

7. Aber ich _____ gestern keine Zeit für das Museum.

8. Am Abend _____ wir wieder zusammen. Mein Freund _____ müde. Ich _____ wach.

9. Am Dienstag _____ wir wieder in Frankfurt, und heute, am Mittwoch _____ ich wieder im Büro.

10. Aber ich _____ keine Lust.

6   Was war früher? Schreiben Sie Sätze im Präteritum.

(A2)

1. Heute habe ich vier Kinder.
2. Heute bin ich alt.
3. Heute haben wir Autos.
4. Heute haben wir viel Geld.
5. Heute hat er ein Haus.
6. Heute haben die Kinder einen Computer.
7. Heute sind viele Leute allein.
8. Heute hast du eine Familie.
9. Heute habt ihr Geld.
10. Heute ist sie glücklich.
11. Heute habe ich keine Zeit.
12. Heute ist der Mann alt.
13. Heute hat man ein Handy.

> 1. Früher hatte ich keine Kinder.
>
> 2. Früher war ich jung.

7   Waren Sie auf dem Meeting? Ergänzen Sie.

(A2)

waren • ~~Waren~~ • hatten • hatten • hatte • war • war

Herr Meier: Guten Morgen, Herr Müller. __Waren__ Sie gestern auf dem Meeting?

Herr Müller: Ja, es _____ sehr interessant.

          Wir _____ eine lange Diskussion.

          Wo _____ Sie denn gestern?

Herr Meier: Ich _____ auf Geschäftsreise.

          Ich _____ ein Meeting in London.

          Die Kollegen _____ dort Probleme.

Heute bin ich alt.
Früher war ich jung.
Heute habe ich fünf Kinder.
Früher hatte ich keine Kinder.

24 Was hast du gestern gemacht?

Perfekt mit *haben* 📢🔊 25–27

Perfekt (vor einer Stunde, gestern, vor zwei Wochen, vor fünf Jahren)	Präsens (jetzt, heute)

Was hast du gestern gemacht? Ich habe zehn Stunden gearbeitet. Dann habe ich ein Brot gegessen. Ich habe auch einen Tee getrunken. Dann habe ich geschlafen.	Was machst du heute? Heute arbeite ich nicht. Ich esse im Restaurant. Ich trinke ein Glas Rotwein. Dann gehe ich tanzen. Heute ist mein Geburtstag!

Die meisten Verben benutzt man in der Vergangenheit mit dem Perfekt.
Das Perfekt von den meisten Verben bildet man mit *haben* + Partizip Perfekt.

	Position 2		Ende Partizip Perfekt
Was	hast	du gestern	gemacht?
Ich	habe	zehn Stunden	gearbeitet.
Dann	habe	ich ein Brot	gegessen.
	Hast	du auch Tennis	gespielt?

1 **Schreiben Sie Sätze.**

1. Er • am letzten Wochenende • hat • gearbeitet • .
2. gesehen • Ich • habe • meine Freunde lange nicht • .
3. Was • du • getrunken • hast • ?
4. ihr • Habt • gelesen • schon die Zeitung • ?
5. verstanden • die Grammatik • Sie • Haben • ?
6. Wir • gefragt • haben • ihn noch nicht • .

2a **Das war gestern. Wie heißt der Infinitiv? Schreiben Sie.**

1. Er hat ein Mineralwasser getrunken.   *trinken* _____

2. Er hat gestern mit Freunden Deutsch gelernt.   _____

3. Sie hat gestern die Zeitung gelesen.   _____

4. Sie haben zusammen einen Film gesehen.   _____

5. Dann haben sie im Restaurant gegessen und getrunken.   _____

2b   Und heute? Schreiben Sie die Sätze im Präsens.

> 1. Heute trinkt er auch ein Mineralwasser.

3   Schreiben Sie Antworten.

> eine Pizza • einen Kaffee • eine Zeitung • einen Film • das Wort

1. Was haben Sie gegessen?   Ich habe eine Pizza gegessen.

2. Was haben Sie getrunken?   _____

3. Was haben Sie gelesen?   _____

4. Was haben Sie gesehen?   _____

5. Was haben Sie nicht verstanden? _____

4   Schreiben Sie eine Geschichte im Perfekt.

1. lesen: er • eine Anzeige in der Zeitung
2. telefonieren: er • mit der Frau
3. treffen: er • am Samstag • die Frau
4. trinken: sie (*Pl.*) • in einem Café einen Cocktail
5. essen: sie (*Pl.*) • viel
6. bezahlen: er • alles
7. sagen: sie „Danke schön"
8. wiedersehen: er • sie • nicht
9. lesen: er • keine Anzeigen in der Zeitung mehr

> lesen – gelesen
> telefonieren – telefoniert
> treffen – getroffen
> trinken – getrunken
> essen – gegessen
> bezahlen – bezahlt
> sagen – gesagt
> wiedersehen – wiedergesehen

5   Ergänzen Sie die Verben im Perfekt.

> kennenlernen – kennengelernt
> treffen – getroffen
> essen – gegessen
> trinken – getrunken
> fragen – gefragt
> schlafen – geschlafen

Liebe Marie,

wie geht es dir? Mir geht es fantastisch.

Ich _____ gestern einen tollen Mann _____.

Ich _____ ihn in der Kantine _____.

Wir _____ zusammen _____ und

dann _____ wir noch einen Kaffee _____.

Er _____ mich _____: „Was machen Sie morgen

Abend?"

Ich _____ die ganze Nacht nicht _____.

Morgen schreibe ich dir mehr!!

Alles Liebe

Larissa

Ich bin gekommen, ich habe gelacht

Perfekt mit *sein* 28+29

Die meisten Verben bilden Perfekt mit *haben*:
ich habe gearbeitet, ich habe gegessen, ich habe geschlafen.
Nur wenige Verben bilden Perfekt mit *sein*.

Perfekt mit *sein*

Die Position wechselt.

Ich bin aufgestanden.

Ich bin zur Arbeit gegangen.

Die Situation wechselt.

Ich bin aufgewacht.

Ich bin gewachsen.

abfahren, fliegen, abfliegen, gehen, ankommen, kommen, aufstehen, laufen, aussteigen, mitkommen, ausziehen, schwimmen, einsteigen, umsteigen, einziehen, umziehen, fahren, wandern, fallen

aufwachen, einschlafen, explodieren, passieren, sterben, werden

⚠ *sein:*   ich *bin gewesen*
  bleiben: ich *bin geblieben*

---

1   **Besuch aus London. Perfekt mit *sein*. Ergänzen Sie.**

Vor einer Woche _____ ein Kollege aus London gekommen. Sein Flugzeug _____

um 16 Uhr gelandet und ich _____ pünktlich da gewesen. Wir _____ zusammen im Taxi

in die Firma gefahren.

Da _____ etwas passiert. Der Kollege _____ auf der Treppe gefallen. Wir _____

dann gleich mit dem Taxi weiter ins Krankenhaus gefahren. Da _____ wir drei Stunden geblieben

und wir _____ erst nach 18 Uhr zurück in die Firma gekommen. Deshalb _____ der Kollege

noch einen Tag länger hier geblieben.

2 Urlaub in Rom. Was passt zusammen? Kombinieren Sie.

Ich	**bin** **habe**	nach Rom geflogen. im Hotel gewohnt. Spaghetti gegessen. das Collosseum gesehen. jeden Tag früh aufgestanden. im Vatikan gewesen. eine Woche geblieben. viel Spaß gehabt. jeden Tag drei bis vier Stunden gelaufen. 20 Postkarten geschrieben. oft Taxi gefahren. viele Souvenirs gekauft.

3 Ein Tag im Büro. Perfekt mit *sein* oder *haben*? Ergänzen Sie.

Letzte Woche _____ ich um 8 Uhr ins Büro gekommen und ich _____ mit der Arbeit angefangen. In

der Mittagspause _____ ich zum Essen gegangen und _____ mit Kollegen gesprochen. Am Nachmit-

tag _____ ich zu einem Kunden gefahren. Ich _____ eine Stunde dort geblieben. Dann _____ ich

bis 18 Uhr im Büro gearbeitet.

4 Ein Drama. *Sein* oder *haben*? Ergänzen Sie.

Gestern _____ etwas Dramatisches passiert. Ich _____ geduscht und

gefrühstückt und dann _____ ich aus dem Haus gegangen. Vor der Tür

_____ ich gesehen: Ich _____ meinen Schlüssel im Haus vergessen!

Aber das Fenster im Bad war ein bisschen offen! Also _____ ich durch

das Fenster ins Haus gestiegen. In dem Moment _____ ein Polizeiauto

gekommen. Die Polizisten _____ mich im Fenster gesehen.

Ich _____ lange mit den Polizisten gesprochen und die Situation erklärt.

Ein Polizist _____ dann die Tür geöffnet und ich _____ meinen Schlüssel

geholt und _____ schnell zur Arbeit gefahren. Aber natürlich _____ ich zu

spät gewesen.

5 Ankunft auf Hawaii. Schreiben Sie Sätze im Perfekt.
1. machen: letztes Jahr • wir • drei Wochen Urlaub • auf Hawaii • .
2. starten: das Flugzeug • um 8 Uhr • in Frankfurt • .
3. ankommen: wir • um 15 Uhr • in Hawaii • .
4. fahren: wir • gleich • ins Hotel • .
5. auspacken: wir • unsere Koffer • .
6. gehen: ins Bett • wir • dann • .
7. aufwachen: wir • nach vier Stunden • .
8. besichtigen: wir • dann • die Stadt • .
9. essen: in einem schönen Restaurant • wir • .

kaufen telefonieren
bringen aufstehen

gekauft
telefoniert
gebracht
aufgestanden

	regelmäßige Verben: Ende -t		unregelmäßige Verben: Ende -en	
„normale Verben"	kaufen	ge___t gekauft	stehen	ge__⚠__en gestanden
trennbare Verben	einkaufen	__ge___t eingekauft	aufstehen	__ge__⚠__en aufgestanden
untrennbare Verben	verkaufen	_____t verkauft	verstehen	___⚠__en verstanden
Verben mit -ieren	telefonieren	_____iert telefoniert		

Immer untrennbar: *be-, emp-, ent-, er-, ge-, ver-, zer-*

Die unregelmäßigen Verben haben im Partizip Perfekt oft einen anderen Vokal:
nehmen – genommen, gehen – gegangen, schreiben – geschrieben
Einige Verben haben *-t* am Ende und wechseln den Vokal:
denken – gedacht, bringen – gebracht, kennen – gekannt, wissen – gewusst

---

1   **Wie heißt der Infinitiv? Schreiben Sie.**

1. abgeholt – *abholen*
2. angekommen – _____
3. angefangen – _____
4. ausgestiegen – _____
5. bekommen – _____
6. gedacht – _____
7. eingeladen – _____

8. empfohlen – _____
9. gegessen – _____
10. geflogen – _____
11. gefallen – _____
12. gewonnen – _____
13. gekannt – _____
14. gelaufen – _____

15. mitgebracht – _____
16. genommen – _____
17. geschlafen – _____
18. geschwommen – _____
19. getrunken – _____
20. gesehen – _____
21. verloren – _____

2   **„Normal", trennbar oder untrennbar? Ergänzen Sie den Beginn von den Partizipien.**

1. anrufen – *ange* rufen
2. einsteigen – _____ stiegen
3. antworten – _____ antwortet
4. aufmachen – _____ macht
5. bringen – _____ bracht
6. entschuldigen – _____ schuldigt

7. versuchen – _____ sucht
8. waschen – _____ waschen
9. geben – _____ geben
10. bestellen – _____ stellt
11. erzählen – _____ zählt
12. umziehen – _____ zogen

3   Ergänzen Sie das Partizip Perfekt.

Letztes Jahr habe ich in Heidelberg _____ (*studieren*).

Im Sommer bin ich mit drei Freunden im Auto nach

München gefahren. Unterwegs ist etwas _____ (*explodieren*).

Der Reifen war kaputt! Wir haben _____ (*diskutieren*),

was wir jetzt machen. Ein Freund hat dann _____ (*probieren*)

den Reifen zu wechseln. Und er hat wirklich das Auto _____ (*reparieren*)!

Wir haben ihm _____ (*gratulieren*) und sind gut in München angekommen.

der Reifen

4   Schreiben Sie das Partizip Perfekt in die Tabelle.

> ~~besuchen~~ • kommen • abfliegen • fernsehen • ausmachen • arbeiten •
> beginnen • diskutieren • fahren • fragen • anklicken • vergessen

ge............t	.....ge........t	...............t	ge............en	.....ge........en	...............en
_____	_____	*besucht*	_____	_____	_____
_____	_____	_____	_____	_____	_____

5   Meine Reise nach China. Ergänzen Sie das Partizip Perfekt.

2010 habe ich eine Reise nach China _____ (*machen*).

Ich habe an einer Gruppenreise _____ (*teilnehmen*).

Wir sind elf Stunden nach Peking _____ (*fliegen*).

Wir haben im Flugzeug schlecht _____ (*schlafen*)

und sind morgens um 7 Uhr _____ (*ankommen*).

Wir waren total kaputt!

Dann sind wir mit dem Bus ins Hotel _____ (*fahren*)

und haben unsere Koffer _____ (*auspacken*). Aber

eine Stunde später sind wir schon wieder _____ (*los-fahren*) und haben den Kaiserpalast _____ (*besichti-gen*). Er ist sehr groß und wunderschön. Wir sind zwei Stunden

durch den Palast _____ (*laufen*). Dann haben wir

Pause _____ (*machen*) und zu Mittag _____ (*essen*).

Aber danach sind wir auf den Tian-an-men-Platz _____ (*gehen*) und haben Mao _____

(*ansehen*). Vor dem Mausoleum haben wir 30 Minuten _____ (*warten*). In der Nähe haben wir ein

paar Souvenirs _____ (*einkaufen*) und haben typisch chinesische Peking-Ente _____

(*probieren*). Sehr lecker!

Nach dem Abendessen haben wir dann noch eine Peking-Oper _____ (*besuchen*) und ich bin fast _

(*einschlafen*). Ich weiß nicht mehr, wie ich ins Hotel _____ (*zurückkommen*) bin. Ich war sehr

müde, aber Peking ist toll!

Ich konnte, ich musste, ich wollte
Präteritum: Modalverben 🔊))) 31̲

Präteritum (gestern, früher, 1979, mit 16 Jahren)	**Präsens** (heute, jetzt, mit 35 Jahren)
Ich war ledig und hatte keine Kinder und viel Zeit.	Ich bin verheiratet, ich habe vier Kinder und habe keine Zeit.
Ich **musste** nie kochen.	Ich **muss** jeden Tag kochen.
Ich **konnte** jeden Tag ins Kino gehen.	Ich **kann** nicht oft ins Kino gehen.
Ich **durfte** keinen Alkohol trinken.	Ich **darf** keine Schokolade essen. (Ich bin dick!)
Ich **wollte** keine Kinder.	Ich **möchte** noch ein Kind.
Ich **wollte** nie Mutter sein.	Ich **will** eine gute Mutter sein.
Ich **sollte** viel lernen (hat mein Vater gesagt).	Ich **soll** viel Sport machen (sagt mein Arzt).

	können	**müssen**	**dürfen**	**wollen**	**sollen**	**Endung**
ich	konnte	musste	durfte	wollte	sollte	-te
du	konntest	musstest	durftest	wolltest	solltest	-test
er, sie, es, man	konnte	musste	durfte	wollte	sollte	-te
wir	konnten	mussten	durften	wollten	sollten	-ten
ihr	konntet	musstet	durftet	wolltet	solltet	-tet
sie, Sie	konnten	mussten	durften	wollten	sollten	-ten

⚠ Es gibt kein Präteritum von *möchten: Heute möchte ich einen Wein. Gestern wollte ich ein Bier.*

---

1 Meine Kindheit. Ergänzen Sie.

Gerda: Hattest du eine schöne Kindheit?

Ilse: Ja, sehr. Ich _____ (*müssen*) nie im Haushalt helfen und _____ (*dürfen*) so viel Eis

essen, wie ich _____ (*wollen*). Und du, _____ (*müssen*) du im Haushalt helfen?

Gerda: Ja, aber ich _____ (*dürfen*) auch oft machen, was ich _____ (*wollen*).

_____ (*müssen*) du viel für die Schule lernen?

Ilse: Ja, ich _____ (*sollen*) studieren, also _____ (*sollen*) ich viel lernen. Mein Vater

_____ (*wollen*) früher studieren, aber er _____ (*dürfen*) nicht, weil seine Eltern nicht

genug Geld hatten. Also _____ (*wollen*) mein Vater, dass ich studiere. Aber ich _____

(*wollen*) immer spielen oder ins Schwimmbad gehen.

Gerda: Wann _____ (*können*) du schwimmen?

Ilse: Ich _____ (*können*) erst mit sechs Jahren schwimmen, aber meine kleine Schwester _____

(*können*) schon mit drei Jahren schwimmen. Wir _____ (*wollen*) jeden Tag ins Schwimmbad

gehen, aber wir _____ (*dürfen*) nur einmal pro Woche gehen.

2   Sprachenlernen für den Job. Welches Modalverb ist richtig?
Schreiben Sie in der richtigen Form.

Letztes Jahr _____ (*können/wollen*) ich in der Exportabteilung arbeiten, aber ich _____

(*dürfen/müssen*) nicht, weil ich kein Französisch _____ (*wollen/können*). Wir arbeiten nämlich mit

Frankreich zusammen. Deshalb _____ (*müssen/können*) ich Französisch lernen.

Zuerst musste ich zwei Mal pro Woche in der Firma lernen. Nach zwei Monaten _____ (*dürfen/*

können) ich noch nicht viel Französisch. Also _____ (*können/müssen*) ich einen Sprachkurs in

Frankreich machen. Ich musste zwei Wochen Urlaub nehmen, dann _____ (*wollen/können*) ich

nach Paris fahren.

Im Sprachkurs _____ (*dürfen/müssen*) ich jeden Tag Hausaufgaben machen. Ich _____

(*müssen/wollen*) gern alle Sehenswürdigkeiten in und um Paris besichtigen, aber das _____

(*können/müssen*) ich nicht, weil ich nicht genug Zeit hatte.

Nach zwei Wochen _____ (*dürfen/können*) ich viel sprechen und verstehen und ich _____

(*dürfen/müssen*) dann auch in der Exportabteilung arbeiten.

3   Heinrich und sein Freund. Ergänzen Sie im Präteritum mit dem Gegenteil.

1. *Heinrichs Freund sagt:* Jetzt, mit 65, **musst** du nicht mehr arbeiten.

   Aber noch vor drei Monaten *musstest du arbeiten.* _____

2. Du **kannst** jetzt jeden Tag lang schlafen.

   Aber früher _____.

3. *Heinrich sagt:* Meine jüngste Enkelin **kann** jetzt, mit sechs, schon lesen.

   Aber letztes Jahr, mit fünf Jahren, _____.

4. Jetzt ist meine älteste Enkelin schon 21 und **kann** Auto fahren.

   Aber vor drei Jahren _____.

5. Und mein Enkel **darf** jetzt, mit 18 Jahren, heiraten.

   Letztes Jahr _____.

6. *Heinrich sagt:* Heute **möchte** ich gar nicht mehr rauchen.

   Aber früher _____.

7. Und seit 2007 **dürfen** die Gäste im Restaurant nicht mehr rauchen.

   Aber bis 2006 _____.

8. *Heinrichs Freund sagt:* Jetzt, mit 65, **willst** du viel Schokolade essen.

   Und früher _____.

 Heute möchte ich einen Wein, gestern wollte ich ein Bier.

28 Gestern hatte ich Durst und habe Saft getrunken
Zeitengebrauch

A2

Infinitiv	Vergangenheit (gestern, letztes Jahr, 1979)		Gegenwart und Zukunft* (jetzt, heute, morgen, im nächsten Jahr)
	Präteritum	Perfekt	Präsens
arbeiten	ich arbeitete	ich habe gearbeitet	ich arbeite
fahren	ich fuhr	ich bin gefahren	ich fahre
sein	ich war	ich bin gewesen	ich bin
haben	ich hatte	ich habe gehabt	ich habe
müssen	ich musste	ich habe (machen) müssen	ich muss
können	ich konnte	ich habe (machen) können	ich kann
wollen	ich wollte	ich habe (machen) wollen	ich will
dürfen	ich durfte	ich habe (machen) dürfen	ich darf
sollen	ich sollte	ich habe (machen) sollen	ich soll

(Fast) alle Verben benutzt man in der Vergangenheit im Perfekt.
Die Hilfsverben *sein* und *haben* und die Modalverben spricht man in der Vergangenheit im Präteritum.
Auch in E-Mails und Briefen benutzt man das Perfekt.
Die Verben *geben*, *wissen* und *brauchen* benutzt man oft im Präteritum: *es gab, wir brauchten, ich wusste*.

*Für die Zukunft benutzt man meistens das Präsens.

1 Meine Kindheit. Welche Zeit steht in den Sätzen? Präsens, Perfekt oder Präteritum?
Schreiben Sie.

Ich habe zwei Geschwister.   *Präsens*

Ich war nie im Kindergarten.   _____

Ich hatte oft Streit mit meiner großen Schwester.   _____

Ich bin gerne in die Schule gegangen,   _____

denn da war es nicht so langweilig wie zu Hause.   _____

Mit sieben Jahren konnte ich lesen und schreiben   _____

und von da an habe ich immer viel gelesen.   _____

Ich habe auch mit meinen Freunden gespielt,   _____

aber ich habe nicht so gerne Sport gemacht.   _____

Ich wollte Journalistin werden,   _____

aber nach Meinung meines Vaters sollte ich Apothekerin werden.   _____

Heute bin ich Lehrerin.   _____

2   Umzug. Präteritum oder Perfekt? Ergänzen Sie die Verben.

Gestern _____ ich bei meinen Freunden (*sein*).

Ich _____ ihnen beim Umzug helfen (*wollen*).

Vorher _____ sie ein kleines Haus (*haben*).

Letzten Monat _____ sie ein großes Haus _____

(*kaufen*). Wir _____ viele Möbel tragen (*müssen*).

Am Abend _____ wir fertig (*sein*).

Dann _____ wir zusammen _____ (*essen*) und _____ (*trinken*).

Um 22 Uhr _____ ich nach Hause _____ (*fahren*). Ich _____

todmüde (*sein*). Ich _____ gleich _____ (*schlafen*).

3   Ein freier Tag. Schreiben Sie den Text in der Vergangenheit.
Heute bin ich glücklich. Ich muss nicht arbeiten. Ich habe Zeit und ich kann machen, was ich will.
Ich rufe meine Freundin an. Sie besucht mich.
Dann kaufen wir zusammen ein. Danach machen wir einen Spaziergang am Main und essen in
einem schönen Restaurant. Am Abend sehen wir uns noch einen Film im Kino an.
Im Bett lese ich noch ein bisschen, dann schlafe ich.

Gestern ...

4   Ein Urlaub dieses Jahr und letztes Jahr. Ergänzen Sie.

Vergangenheit: Präteritum oder Perfekt	Gegenwart: Präsens
Letztes Jahr _____ _____	Dieses Jahr möchten wir im Urlaub nach Kanada fahren.
Wir sind nach Toronto geflogen und zwei Wochen da geblieben.	Wir _____ _____
Wir _____ _____	Wir haben Glück, denn wir haben Freunde in Toronto.
Wir _____ _____	Wir können bei ihnen übernachten und müssen kein Hotel bezahlen.
Deshalb konnten wir dann noch eine Woche Urlaub in New York machen.	Deshalb _____ _____
Dort _____ _____	Dort besichtigen wir viele Museen und gehen abends aus.
Mein Mann war gerne in Kneipen und mir haben die Museen Spaß gemacht.	Mein Mann _____ _____
Und _____	Und ich kaufe in New York natürlich ein!
Wir _____ _____	Wir kommen am Samstag zurück und leider muss ich am Montag wieder arbeiten.

Sie wäscht sich

Reflexive (und reziproke) Verben 32

Reflexivpronomen	
ich wasche	mich
du wäschst	dich
er, sie, es, man wäscht	sich
wir waschen	uns
ihr wascht	euch
sie, Sie waschen	sich

Sie wäscht sich.

Sie wäscht es (das Baby).

Die 3. Person hat eine besondere Form: *sich*. Die anderen Reflexivpronomen sind wie das Akkusativpronomen.

Er rasiert sich.

Sie schminkt sich.

ebenso: *sich waschen, sich anziehen, (sich) duschen, sich anmelden, sich vorstellen ...*

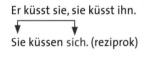

Er küsst sie, sie küsst ihn.
Sie küssen sich. (reziprok)

ebenso: *sich kennenlernen, sich verlieben, sich küssen ...*

Bei manchen Verben haben die Reflexivpronomen wenig/keine Bedeutung,
z. B. *sich interessieren, sich ärgern, sich freuen, sich langweilen ...*

Das Reflexivpronomen ist obligatorisch. Das Reflexivpronomen steht nach Verb und Subjekt.
Er wäscht sich heute. Heute wäscht er sich.

Die reflexiven Verben bilden das Perfekt mit *haben*.
Im Nebensatz bleibt das Reflexivpronomen beim Subjekt: *Er kommt nicht, weil er sich heute geärgert hat.*

---

1   Ergänzen Sie die Reflexivpronomen.

1. ◖ Wann treffen wir _____?

   ◖ Ich muss _____ noch umziehen, es dauert vielleicht noch eine halbe Stunde.

   ◖ Gut, dann beeil _____, ich freue _____ schon auf die Party.

2. ◖ Warum kommt Hannes nicht?

   ◖ Er hat _____ verletzt und muss _____ jetzt erst einmal ausruhen.

   ◖ Schade, wir haben _____ schon so auf ihn gefreut.

   ◖ Ja, er hat _____ auch sehr geärgert, aber da kann man nichts machen.

2 Ergänzen Sie die Reflexivpronomen.

1. ◖ Guten Tag, wir möchten _____ vorstellen: Mein Name ist Khedira und das ist meine Frau.

   ◖ Guten Tag, herzlich willkommen im Kurs. Haben Sie _____ schon im Sekretariat angemeldet?

2. ◖ Könnt ihr _____ noch an Luisa erinnern?

   ◖ Ja, natürlich, ich bin auch noch in Kontakt mit ihr. Wir schreiben _____ regelmäßig Mails.

   ◖ Oh, das ist gut. Wenn ihr _____ mal treffen wollt, dann sag mir Bescheid. Ich komme auch gerne.

   ◖ Ja, gerne. Luisa freut _____ bestimmt auch.

3 Akkusativpronomen oder Reflexivpronomen? Ergänzen Sie.

1. Ich wasche das Baby. Ich wasche _____. Dann wasche ich _____ selbst.

2. Du setzt deinen Sohn auf den Stuhl. Du setzt _____ auf den Stuhl. Dann setzt du _____ selbst.

3. Sie kämmt ihre Tochter. Sie kämmt _____. Dann kämmt sie _____ selbst.

4. Er stellt seine Frau vor. Er stellt _____ vor. Dann stellt er _____ selbst vor.

5. Das Mädchen meldet seine Freundin an. Es meldet _____ an. Dann meldet es _____ selbst an.

6. Wir fotografieren die Kinder. Wir fotografieren _____. Dann fotografieren wir _____ selbst.

7. Sie ziehen ihre Kinder an. Sie ziehen _____ an. Dann ziehen sie _____ selbst an.

4 Schreiben Sie Sätze.

1. Er ist noch im Bad, weil • will • er • rasieren • sich • .
2. Sie steht vor dem Spiegel, weil • schminkt • sie • sich • .
3. Ich glaube, dass • die Kinder • haben • sich • über die Geschenke • gefreut • .
4. Ich kann nicht kommen, weil • mich • ich • muss • anmelden • .
5. Was macht ihr, wenn • geärgert habt • euch • ihr • bei der Arbeit • ?

5 Reflexiv oder nicht reflexiv? Ergänzen Sie *sich* oder „–".

1. Er interessiert _____ sehr für Politik, aber er möchte _____ nicht Politiker werden.

2. ◖ Hast du schon gehört, Till und Mathilde haben _____ geheiratet.

   ◖ Ja, sie waren sehr schnell, sie haben _____ vor zwei Monaten kennengelernt, dann haben

   sie _____ vor einem Monat verliebt und jetzt wollen sie _____ heiraten.

3. ◖ Frau Westhoff ist berufstätig. Wer kümmert _____ um ihre Kinder, wenn sie arbeitet?

   ◖ Ihre Nachbarin hat auch ein Kind und betreut _____ auch die Kinder von Frau Westhoff.

6 Schreiben Sie die Sätze im Perfekt.

1. Jutta freut sich auf das Wochenende. _____

2. Sie erinnert sich an ein Restaurant. _____

3. Sie zieht sich schick an. _____

4. Sie trifft sich mit Paolo. _____

5. Aber Paolo und Jutta ärgern sich über das schlechte Essen. _____

6. Sie beschweren sich beim Kellner. _____

7. Der Kellner entschuldigt sich und bringt ihnen ein Glas Sekt. _____

Spielen Sie mit einem Partner.

Sie würfeln und gehen vom „Start" links unten zum „Ziel" auf der nächsten Seite rechts oben.

Sie gehen nur auf die blauen Verben. Das Verb, auf das Sie kommen, sagen Sie im Perfekt (zum Beispiel: *kommen: er ist gekommen*). Ihr Partner kann die Lösung sehen. Dann würfelt Ihr Partner. Sie sehen die Lösung für Ihren Partner.

Er ...

1. hat geholt
2. hat gewohnt
3. ist gegangen
4. hat getroffen
5. hat gearbeitet
6. ist abgefahren
7. hat bestellt
8. ist gekommen
9. ist aufgewacht
10. ist passiert
11. hat geöffnet
12. hat eingeladen
13. ist eingestiegen
14. ist/hat ausgezogen
15. ist geflogen
16. hat bekommen
17. hat empfohlen
18. hat gewaschen
19. hat geduscht
20. ist geblieben
21. hat ferngesehen
22. hat teilgenommen
23. hat erklärt
24. hat getrunken
25. hat vergessen
26. hat gesprochen
27. hat geholfen
28. hat ausgepackt
29. hat gehabt
30. hat gekannt
31. hat gewusst

6 anfangen / sprechen **26**	**7** besuchen / vergessen **25**	**7** besuchen / trinken **24**
5 fragen / helfen **27**		**8** schwimmen / erklären **23**
4 sehen / auspacken **28**		**9** einschlafen / teilnehmen **22**
3 laufen / haben **29**		**10** sterben
2 essen / kennen **30**		fernsehen **21** / **11** frühstücken **20** / bleiben
1 kaufen / wissen **31**		
ZIEL **START**		

Spielen Sie mit einem Partner/einer Partnerin.
Sie würfeln und gehen vom „Start" links unten zum „Ziel" auf der nächsten Seite rechts oben.
Sie gehen nur auf die grünen Verben. Das Verb, auf das Sie kommen, sagen Sie im Perfekt (zum Beispiel:
kommen: er ist gekommen). Ihr Partner kann die Lösung sehen. Dann würfelt Ihr Partner. Sie sehen die
Lösung für Ihren Partner.

Er ...

1. hat gekauft
2. hat gegessen
3. ist gelaufen
4. hat gesehen
5. hat gefragt
6. hat angefangen
7. hat besucht
8. ist geschwommen
9. ist eingeschlafen
10. ist gestorben
11. hat gefrühstückt
12. ist aufgestanden
13. ist eingezogen
14. ist ausgestiegen
15. ist gefallen
16. hat begonnen
17. hat gewonnen
18. hat gegeben
19. hat gemacht
20. ist gewesen
21. ist angekommen
22. hat verloren
23. hat versucht
24. hat genommen
25. hat entschuldigt
26. hat probiert
27. ist gewandert
28. hat ausgemacht
29. hat besichtigt
30. hat gedacht
31. hat mitgebracht

9 abfahren	entschuldigen **7**		**19** aufstehen
26 probieren	**25** bestellen		**12** duschen
5 arbeiten	nehmen **24**		**13** einziehen
27 wandern	**8** kommen		**18** waschen
4 treffen	versuchen **23**		**14** aussteigen
28 ausmachen	**9** aufwachen		**17** empfehlen
3 gehen	verlieren **22**		**15** fallen
29 besichtigen	**10** passieren		**16** bekommen
2 wohnen	ankommen **21**		**16** beginnen
30 denken	**11** öffnen		**15** fliegen
1 holen	sein **20**		**17** gewinnen
31 mitbringen	**12** einladen	**13**	**14** ausziehen
ZIEL	machen **19**	einsteigen **18**	geben
START			

Im, am, um, von ... bis, nach *und* vor

Temporale Präpositionen

keine Präposition	**Jahreszahlen:** 1992, 2009
im	**Jahreszeiten:** im Sommer, im Winter **Monate:** im Januar, im Februar
am	**Tage:** am Montag, am Mittwoch, am Wochenende **Tageszeiten:** am Morgen, am Vormittag, ⚠ in der Nacht **Daten:** am 12. 5.
um	**Uhrzeiten:** um 9.00 Uhr, um Mitternacht

◀ *Wann haben Sie Zeit?*

◀ *2012 im Frühling*
am 12. Mai
um 9.15 Uhr.

⟶▌ bis	**Ende** Ich bleibe bis morgen.
von/ab ▌⟶	**Beginn** Ab morgen rauche ich nicht mehr.
⟶▌ zwischen ▌⟵	Zwischen 5 und 7 bin ich nicht zu Hause.
vor ▏ nach	Vor meiner Party muss ich einkaufen. Nach der Party muss ich aufräumen.
seit ▶—▌	**Beginn in der Vergangenheit, heute noch** Ich bin seit drei Monaten in Deutschland.
von ▌——▌ bis	**Tage, Monate und Tageszeiten (ohne Artikel), Jahreszahlen, Uhrzeiten** Von Montag bis Freitag habe ich von 9 bis 11 Uhr Deutschkurs.
vom ▌——▌ bis zum	**Daten, Tageszeiten (mit Artikel)** Ich habe vom 3. 4. bis zum 15. 4. Urlaub.

---

1 Ergänzen Sie *im, am, um, –* (keine Präposition).

_____ April _____ 8. 3. _____ Nachmittag _____ 1999 _____ 12.30 Uhr _____ Winter

_____ Mai _____ Mittwoch _____ Mitternacht _____ Abend _____ Wochenende

2 Johannes erzählt über die Schule. Ergänzen Sie die Präpositionen.

Der Unterricht beginnt in meiner Schule schon _____ 7.00 Uhr.

_____ 10.10 Uhr _____ 10.30 Uhr ist die erste Pause. _____ Montag gehe ich

_____ 13.20 Uhr nach Hause. Meine Hausaufgaben mache ich _____ Abend.

_____ dem Mittagessen treffe ich meine Freunde und _____ Dienstag und _____

Donnerstag habe ich Musikunterricht. _____ Wochenende habe ich frei!

Und _____ der Nacht schlafe ich oder ich lese heimlich.

Meistens fahren wir _____ Juli in Urlaub. Dieses Jahr _____ 7. Juli _____

3. August. _____ Winter fahren wir Ski.

3 Antworten Sie.

1. Wann ist es kalt? _Im Winter, im Januar._

2. Wann ist es dunkel? _____

3. Wann gehen Sie heute nach Hause? _____

4. Wann arbeiten Sie nicht? _____

5. Wann essen Sie abends? _____

6. Bis wann schlafen Sie am Sonntag? _____

7. Wann telefonieren Sie gern? _____

8. Wann gehen Sie gerne spazieren? _____

9. Wann machen Sie Urlaub? _____

4 Frau Bretzke erzählt über ihre Arbeit. Ergänzen Sie die Präpositionen.

(A2)

In unserer Firma haben wir Gleitzeit. Das bedeutet, man kann _____ 7.30 und 9.30 Uhr beginnen.

Ich fange oft erst _____ 9.30 Uhr an, weil ich _____ der Arbeit meine Tochter in den

Kindergarten bringe.

Frühestens _____ 16 Uhr kann man nach Hause gehen, denn

die Arbeitszeit ist _____ Montag _____ Donnerstag

acht Stunden pro Tag, _____ Freitag sieben Stunden.

2011, im Mai, habe ich am
12. um zehn Uhr einen Termin.

Normalerweise machen wir eine halbe Stunde Mittagspause, aber _____ Meetings machen wir oft ein

bisschen länger Pause. _____ Herbst ist _____ 3. 10. frei und _____ Winter arbeiten wir _____

24., 25. und 26. 12. nicht.

5 Eine Krankenschwester erzählt. Welche Präposition ist richtig? Streichen Sie die falschen durch.

(A2)

Ich bin ~~vor~~ • ~~nach~~ • seit • ~~in~~ 15 Jahren Krankenschwester. Ich helfe Frauen, wenn sie Kinder bekommen.

Die meisten Kinder kommen im • an • um • seit Juli und August auf die Welt, die wenigsten

in • an • um • im Winter. Viele Frauen bekommen um • auf • an • in der Nacht oder in • am • um • –

frühen Vormittag ihre Kinder. Einmal sind Zwillinge um • am • – • im 31. 12. auf die Welt gekommen:

Ein Baby genau um • in • am • – Mitternacht, das andere um • in • am • – 0.08 Uhr. Ein Zwilling ist jetzt

also um • – • am • im 2008 geboren, der andere um • im • – • am nächsten Jahr!

6 Ergänzen Sie vor, nach, bis, seit oder ab.

(A2)

Lieber Dirk,

gestern habe ich geheiratet! Ich kenne Luisa schon _____ 18 Monaten und _____ letzten Monat

wollte ich nicht heiraten. Doch _____ vier Wochen will ich unbedingt heiraten, denn jetzt bekommen

wir ein Baby und ich möchte ein richtiger Vater sein.

Am Morgen _____ unserer Hochzeit waren wir total nervös. Aber _____ dem Ja-Wort waren wir nur

noch glücklich. Wir waren mit unseren Familien und Freunden in einem guten Restaurant essen und

sind _____ zum Abend geblieben.

Und _____ übermorgen sind wir auf Hochzeitsreise in Venedig! Wünsch mir Glück!

Dein Helmut

31 Aus, bei, mit, nach, seit, von *oder* zu
Präpositionen mit Dativ 🔊))) 33

aus		Er geht um acht Uhr aus dem Haus. Ich habe kein Glas. Kannst du aus der Flasche trinken? Der Stuhl ist aus Metall. (Material)
bei		Ich bin heute bei Lisa. (Personen) Er arbeitet bei Siemens. (Firma) Augsburg liegt bei München. (Nähe)
mit		Ich fahre mit meinem Freund in den Urlaub. (Partner) Wir fahren mit dem Bus. (Verkehrsmittel) Ich schreibe mit dem Bleistift. (Instrument)
nach		Er fährt nach Deutschland, erst nach Hamburg, dann nach Frankfurt. (lokal: wohin? Städte und Länder ohne Artikel) Wie spät ist es? – Es ist fünf nach zwei. (temporal) Nach dem Essen kann ich nicht gut arbeiten.
seit		Seit einem Jahr wohne ich in Berlin. (temporal: Beginn in der Vergangenheit, heute noch)
von		Ich komme gerade vom Zahnarzt. (lokal: woher?) Die Schwester von meiner Freundin ist schon verheiratet. (Genitiv) Der Flughafen liegt südlich von Frankfurt.
zu		Wie komme ich zum Bahnhof? (lokal: wohin?) Heute fahren wir zu meinen Eltern. Zum Frühstück esse ich immer ein Ei. (temporal)

Die Präpositionen *aus, bei, mit, nach, seit, von, zu* haben immer den Dativ.

bei + dem = beim   zu + dem = zum
von + dem = vom   zu + der = zur

---

1   Ergänzen Sie.

> aus dem • bei • mit dem • nach • seit • von • zum

◀ Wie ist Ihr Weg zur Arbeit? Wann gehen Sie morgens _____ Haus?

◀ Um Viertel _____ sieben. Ich gehe dann _____ Bahnhof und fahre _____ Zug.

    Meine Firma liegt südlich _____ Köln, _____ Bonn.

◀ Brauchen Sie lange für den Weg zur Arbeit?

◀ Ja, aber das macht mir nichts. Das mache ich schon _____ fünf Jahren. Ich möchte nicht umziehen.

2   *Bei* oder *mit*? Ergänzen Sie.

◀ Fahren Sie _____ dem Auto zur Arbeit?   ◀ Nein, _____ dem Zug.

◀ Fahren Sie alleine?   ◀ Nein, meistens fahre ich _____ meinem Nachbarn zusammen.

    Er arbeitet auch _____ der DH-Bank.

3   Ergänzen Sie die Präpositionen.

1. der Arzt

Ich gehe jetzt _zum_ Arzt.

Ich bin gerade b_____ Arzt.

Ich komme gerade v_____ Arzt.

3. die Nachbarin

Ich gehe jetzt z_____ Nachbarin.

Ich bin gerade b_____ Nachbarin.

Ich komme v_____ Nachbarin.

2. das Stadion

Wir gehen jetzt z_____ Stadion.

Wir kommen v_____ Stadion.

4. die Freunde (Pl.)

Wir gehen jetzt z_____ Freunden.

Wir sind gerade b_____ Freunden.

4   *Nach* oder *zu*? Ergänzen Sie Präpositionen und die Artikel (wenn nötig).

1. ◖ Wann Sind Sie _____ Deutschland gekommen? ◖ Vor drei Jahren.

2. Ich muss _____ Berlin fahren. Wie komme ich _____ Bahnhof?

3. Mein Zahn tut weh, ich muss _____ Zahnarzt. Ich habe einen Termin für Viertel _____ drei bekommen.

der Zahn

5   *Seit, nach* oder *zum*? Ergänzen Sie.

◖ Was gibt es denn heute _____ Essen?

◖ Kartoffelsalat mit Würstchen.

◖ Prima, das habe ich schon _____ Monaten nicht gegessen.

◖ Ich hoffe, es schmeckt dir.

◖ Ja, sehr gut. Sag mal, was machen wir _____ dem Essen? Sollen wir spazieren gehen?

aus, bei, mit, nach, seit, von, zu
brauchen Dativ, das weißt du!

6   Ergänzen Sie die Präpositionen.

(A2)

Liebe Ela,

viele Grüße _____ dem Schwarzwald! Wir sind schon _____ zwei Wochen hier. Das Wetter ist toll und wir haben jeden Tag _____ unseren Freunden lange Wanderungen gemacht. Morgen wollen wir _____ Freiburg _____ meiner Tante fahren. Freiburg ist nicht weit _____ hier, es liegt ungefähr 70 Kilometer südwestlich _____ Königsfeld. Aber ohne Auto braucht man lange. Wir müssen erst _____ dem Bus und dann _____ dem Zug fahren. Die Fahrt dauert mehr als zwei Stunden. In Freiburg können wir _____ meiner Tante übernachten. Wir bleiben ein paar Tage und wollen _____ meiner Tante die Stadt besichtigen und gemütlich shoppen gehen. Vielleicht kannst du auch _____ Freiburg kommen? _____ Basel ist es doch nicht so weit und wir haben uns _____ zwei Jahren nicht mehr gesehen.

Liebe Grüße

Hannah

Für, um, durch, ohne *und* gegen
Präpositionen mit Akkusativ

durch		Luki springt durch das Fenster.
um		Sie geht um den Tisch.
gegen		Sie springt gegen den Tisch.
ohne		Sie muss ohne Fisch gehen. ⚠ *ohne* benutzt man meistens ohne Artikel.
für		„Der Fisch ist für dich!"

Die Präpositionen *für, um, durch, ohne, gegen* (FUDOG) haben immer den Akkusativ.

---

1 Ergänzen Sie die Präpositionen.

für • um • durch • ohne • gegen

1. Sie trägt eine Kette _____ den Hals.

3. Das Geschenk ist _____ dich.

5. Deutschland spielt _____ Brasilien.

2. Das Auto fährt _____ den Tunnel.

4. Bitte, einen Kaffee _____ Zucker.

2   *Um, gegen* oder *durch*? Ergänzen Sie.

1. Das Auto fährt _____ den Baum.

2. Das Auto fährt _____ den Baum.

3. Sie fahren _____ die Stadt.

Berlin

4. Sie fahren _____ die Stadt.

3   Ergänzen Sie die Präpositionen und die Artikel.

das Schild
der Park
der See
der Bruder
die Kinder (Pl.)

ohne • für • um • gegen • durch

1. Pass auf, sonst läufst du _____ d_____ Schild.

2. Komm, wir gehen _____ d_____ Park, das ist kürzer.

3. Gestern haben wir einen schönen Spaziergang _____ d_____ See gemacht.

4. Die Krawatte ist _____ mein____ Bruder.

5. Sie gehen selten _____ ihr____ Kinder aus, meistens nehmen sie ihre Kinder mit.

4   Was ist richtig? Streichen Sie die falschen Präpositionen durch.

1. Ich brauche ein Abendkleid ohne • für • um die Hochzeit von meiner Freundin.

2. Hast du ein Medikament durch • ohne • gegen Kopfschmerzen?

3. Die Bäckerei ist nicht weit, sie liegt gleich gegen • um • durch die Ecke.

4. Wir sind für • gegen • durch viele Geschäfte gelaufen und haben keine schönen Schuhe gefunden.

5   Dativ oder Akkusativ? Ergänzen Sie die Artikel oder Pronomen.

A2

die Woche
die Schwester
die Stadt
die Kaufhäuser (Pl.)
der Kopf
die Freundin
die Ecke
die Braut
der Bräutigam

Liebe Annkathrin,

weißt du, dass Sibel und Patrick heiraten? Hast du schon ein Geschenk für _____?
Ich suche schon seit ein___ Woche. Heute bin ich mit mein___ Schwester nach
Frankfurt gefahren und habe ein Geschenk gesucht. Wir sind durch d_____ ganze Stadt
gelaufen. Aber es war schwierig. Erst sind wir zu d_____ großen Kaufhäusern gegangen,
aber wir haben nichts gefunden. Im dritten Kaufhaus hatte Karin Pech. Sie hat nicht
aufgepasst und hat die Tür gegen d_____ Kopf bekommen. Ihr war ganz schwindlig.
Deshalb sind wir zu ein___ Freundin gegangen und haben bei _____ zuerst Kaffee
getrunken. Die Freundin hatte eine gute Idee. Sie kennt ein Schmuckgeschäft bei ihr
um d_____ Ecke. Wir haben eine wunderschöne Kette für d_____ Braut und eine
Krawattennadel für d_____ Bräutigam gekauft.

Sehen wir uns auf der Hochzeit?

Liebe Grüße
Anna

Präpositionen immer mit Akkusativ:
für, um, durch, ohne, gegen = FUDOG

33 Wo? Im Kino
Wechselpräpositionen im Dativ

im	Im Mund hat sie einen Lolly.
☐ **an**	An der Tasche sitzt ein Schmetterling.
auf ☐	Sie trägt auf dem Kopf einen Hut.
☐ **vor**	Vor ihr sitzt ein Häschen.
hinter	Hinter ihr steht ein Löwe.
über ☐	Über ihr fliegt ein Vogel.
☐ **unter**	Unter ihren Füßen ist grünes Gras.
☐ **neben**	Neben dem Mädchen steht eine Tasche.
☐ **zwischen** ☐	Sie steht zwischen zwei Bäumen.

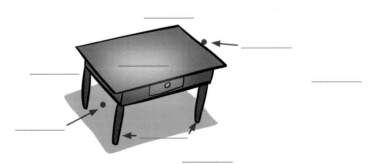

Wo? ⊙ in, an, auf, vor, hinter, über, unter, neben, zwischen + Dativ
an + dem = am
in + dem = im

---

1 *An, auf, über, unter, neben, zwischen, vor, hinter.* Ergänzen Sie.

---

2 *In, an* oder *auf*? Ergänzen Sie.

1. ◖ Wo sind die Blumen? ◖ _____ der Vase.
2. ◖ Wo ist die Vase? ◖ _____ dem Tisch.
3. ◖ Wo ist der Tisch? ◖ _____ dem Fenster.
4. ◖ Wo ist die Flasche? ◖ _____ dem Boden.
5. ◖ Wo ist der Wein? ◖ _____ der Flasche.
6. ◖ Wo ist die Lampe? ◖ _____ der Decke.
7. ◖ Wo ist das Bild? ◖ _____ der Wand.
8. ◖ Wo ist das Auto? ◖ _____ dem Bild.

die Vase

3 Ergänzen Sie die Artikel.

Ich wohne sehr günstig. In mein_em_ Haus ist eine Bäckerei. In d___ Bäckerei kann ich schon morgens um

7 Uhr frische Brötchen bekommen. Links neben mein___ Haus ist ein Supermarkt und rechts neben

mein___ Haus ist ein Blumengeschäft. Leider stehen auf d___ Straße vor d___ Häusern immer viele Autos.

Auf d___ anderen Straßenseite ist eine Apotheke und ein Friseur. Zwischen d___ Apotheke und d___

Friseur ist ein Park. I___ Park gibt es einen Kinderspielplatz. Auf d___ Spielplatz spielen immer viele Kinder.

4 Schreiben Sie Sätze.

1. der Schrank / die Wand
2. die Lampe / der Schreibtisch
3. der Zettel / der Bildschirm
4. der Computer / der Schreibtisch
5. das Telefon / das Telefonbuch
6. die Tastatur / der Bildschirm
7. die Bonbons / die Bücher
8. die Bücher / der Schrank
9. der Bildschirm / der Schreibtisch
10. die Stifte / das Papier
11. die Maus / die Tastatur und das Telefonbuch
12. der Drucker / der Schreibtisch

> 1. Der Schrank ist an der Wand.

5 Ergänzen Sie die Präpositionen und die Artikel.

1. Ich habe eine Anzeige _____ d_____ Zeitung gesehen: 4-Zimmer-Wohnung in Bockenheim.

2. _____ welch___ Stock ist die Wohnung? – Sie ist _____ Erdgeschoss.

3. Guck mal da hängt ein Zettel. Kannst du lesen, was _____ d_____ Zettel steht?

4. Öffnen Sie bitte das Buch _____ d_____ Seite 22.

5. Ich kann nicht kommen, ich bin gerade _____ Telefon.

6. Bernd hat nie Zeit, er sitzt den ganzen Abend _____ d_____ Fernseher oder _____ Computer.

7. Komm zum Essen, wir sitzen alle schon _____ Tisch.

8. Die Zeitung steckt _____ Briefkasten.

die Zeitung
der Stock
das Erdgeschoss
der Zettel
die Seite
das Telefon
der Fernseher
der Computer
der Tisch
der Briefkasten

34 Im Kino oder ins Kino?
Wechselpräpositionen mit Dativ und Akkusativ

 34+35 **A2**

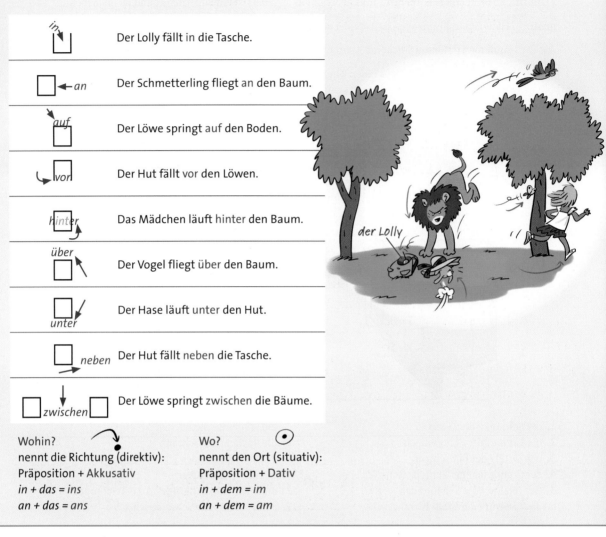

in ↱	Der Lolly fällt in die Tasche.
◻ ← *an*	Der Schmetterling fliegt an den Baum.
↘ *auf* ◻	Der Löwe springt auf den Boden.
↳ ◻ *vor*	Der Hut fällt vor den Löwen.
hinter ↗	Das Mädchen läuft hinter den Baum.
über ◻ ↗	Der Vogel fliegt über den Baum.
◻ ↙ *unter*	Der Hase läuft unter den Hut.
◻ *neben* ↘	Der Hut fällt neben die Tasche.
◻ ↓ *zwischen* ◻	Der Löwe springt zwischen die Bäume.

der Lolly

Wohin? ↘•
nennt die Richtung (direktiv):
Präposition + Akkusativ
in + das = ins
an + das = ans

Wo? ⊙
nennt den Ort (situativ):
Präposition + Dativ
in + dem = im
an + dem = am

---

1 Wohin fliegt die Fliege? Schreiben Sie.

Auf das Buch.

---

2 *Wo?* oder *Wohin?* Ordnen Sie die Verben zu.

~~gehen~~ • ~~studieren~~ • sein • sitzen • stehen • bringen • fahren • essen • steigen • spielen • fliegen

Wohin?   *gehen*

Wo?   *studieren*

3 Was passt zusammen? Kombinieren Sie.

Wohin gehst du heute Abend?	1 ○	○ A	In Berlin.
Wo möchtest du studieren?	2 ○	○ B	In die USA.
Wo ist das Bad?	3 ○	○ C	In die Schule.
Wohin bringst du die Kinder?	4 ○	○ D	Neben der Haustür.
Wohin fahrt ihr im Sommer?	5 ○	○ E	Am Meer.
Wo kann man gut Fisch essen?	6 ○	○ F	Ans Meer.
Wohin fliegt ihr nächstes Jahr?	7 ○	○ G	In die Disko.

4 *Wo* oder *wohin*? Ergänzen Sie.

1. ◖ _Wo?_ ◖ In der Schönhauser Straße.

2. ◖ _____ ◖ Wir gehen in die Mediothek.

3. ◖ _____ ◖ Ich gehe ins Kino, kommst du mit?

4. ◖ _____ ◖ Wir studieren in München.

5. ◖ _____ ◖ In die Küche, ich hole neuen Kaffee.

6. ◖ _____ ◖ In der Küche, ich mache neuen Kaffee.

7. ◖ _____ ◖ Die Kinder spielen auf dem Spielplatz.

8. ◖ _____ ◖ Sie bringt den Müll in die Mülltonne.

5 Ergänzen Sie die Artikel im Dativ oder Akkusativ.

1. ◖ Was machen wir im Urlaub? Sollen wir an___ Meer fahren?

   ◖ Nein, a___ Meer waren wir doch schon letztes Jahr. Dieses Jahr möchte ich lieber

   in d___ Berge. Ich möchte auf ein___ hohen Berg steigen.

   ◖ Warst du schon in d___ Alpen?

   ◖ Nein, noch nicht. Ich würde gerne in d___ Alpen fahren.

2. ◖ Heute Abend gehe ich in___ Kino. Kommst du mit?

   ◖ Nein, ich war gestern schon i___ Kino. Ich möchte lieber in e___ Konzert gehen.

in, an, auf, über, unter,
vor, hinter, neben, zwischen:
wo? – Dativ
wohin? – Akkusativ

6 Sabine räumt auf. Ergänzen Sie die Sätze.

1.

Die Decke liegt _____

_____

Sie legt die Decke _____

_____

4.

Die Socken liegen _____

_____

Sie legt die Socken _____

_____

2.

Die Stifte liegen _____

_____

Sie legt die Stifte _____

_____

5.

Das Papier liegt _____

_____

Sie legt das Papier _____

_____

3.

Der Kuchen steht _____

_____

Sie stellt den Kuchen _____

_____

6.

Die Vase steht _____

_____

Sie stellt die Vase _____

_____

Wo?	in + Dativ		an + Dativ	auf + Dativ	bei + Dativ
immer Dativ	**Räume, Städte, Länder** im Haus in Berlin in Deutschland		**vertikaler Kontakt, „Wasser"** an der Station am Strand	auf dem Fußballplatz	**Personen, Firmen, Aktivitäten** bei Lisa bei H&M beim Arzt beim Picknick
Wohin?	**nach**	**in + Akkusativ**	**an + Akkusativ**	**auf + Akkusativ**	**zu + Dativ**
Akkusativ aber zu + Dativ	**Städte, Länder (ohne Artikel)** nach Paris nach Japan	**Räume, Länder (mit Artikel)** ins Haus in die Schweiz	**vertikaler Kontakt, „Wasser"** an die Station an den Strand	auf den Fußball- platz	**Personen, Firmen, Aktivitä- ten** zu Lisa zu H&M zum Arzt zum Picknick
Woher?	**aus + Dativ**		**von + Dativ**		
immer Dativ	**Räume, Städte, Länder** aus Paris aus Japan aus dem Haus		**Kontakt, „Wasser", Personen, Firmen, Aktivitäten** vom Strand vom Fußballplatz von Lisa vom Picknick		

⚠ Wo?   *Ich bin zu Hause.*
Wohin?   *Ich gehe nach Hause.*
Woher?   *Ich komme von zu Hause.*

⚠ *Wald, Park, Garten, Schwimmbad* und
Berge (im Plural) benutzt man mit *in.*
Also *im Wald ...*

in + dem = im
an + dem = am
bei + dem = beim
von + dem = vom
zu + dem = zum
in + das = ins
an + das = ans

am Wasser   *im Wasser*   *auf dem Wasser*

---

1   **Wo sind Sie? Ergänzen Sie die Präpositionen.**

1. _an_ dem / _am_ Meer
2. _____ Paris
3. _____ dem Tennisplatz
4. _____ dem / _____ Supermarkt
5. _____ H&M

6. _____ dem / _____ Chef
7. _____ meiner Schwester
8. _____ Japan
9. _____ dem / _____ Strand
10. _____ dem / _____ Kino

11. _____ dem Berg
12. _____ den Bergen
13. _____ Hause
14. _____ dem / _____ Garten
15. _____ Schwimmbad

2 Wohin gehen Sie? Ergänzen Sie die Präpositionen.

1. _in_ das / _ins_ Theater
2. _____ dem/ _____ Arzt
3. _____ der / _____ Prüfung
4. _____ den Strand
5. _____ den Markt
6. _____ meinem Vater
7. _____ den Park
8. _____ London
9. _____ die USA
10. _____ Mexiko
11. _____ den Fußballplatz
12. _____ Hause

3 Woher? Wo können Sie *aus* sagen? Markieren Sie.

der Schule – dem Arzt – Thailand – dem Strand – dem Fußballplatz – dem Krankenhaus – Thomas –
dem Kaufhaus – dem Picknick – zu Hause – dem Schwimmbad

4 Wohin? Ordnen Sie zu und ergänzen Sie den Artikel.

Kino (das) • Meer (das) • Berg (der) • Chefin (die) • Madrid • Johannes •
Park (der) • Spielplatz (der) • Oper (die) • Türkei (die) • Strand (der) • Picknick (das) • Hause •
Krankenhaus (das) • Straße (die) • Alpen (die) • Tisch (der)

in	nach	an	auf	zu
in das / ins Kino				

5 Ergänzen Sie die Präpositionen und Artikel (wenn nötig).

	China	die Schweiz	das Kino	der Strand	der Sportplatz	Ikea	der Arzt
woher?	aus China						
wo?							
wohin?							

6 Ergänzen Sie die Präpositionen und die Artikel (wenn nötig).

Uschi: Hallo, woher kommst du denn?

Barbara: Ich komme _____ Zahnarzt und jetzt muss ich schnell _____ Supermarkt gehen, weil meine Tochter gleich _____ _____ Schule kommt. Was machst du?

Uschi: Ich komme _____ _____ Fitness-Studio und möchte heute _____ _____ Markt einkaufen. Dann gehe ich _____ meiner Schwester. Sie ist gestern _____ _____ Krankenhaus gekommen und ich möchte ihr frisches Obst bringen.

der Zahnarzt
der Supermarkt
die Schule
das Fitness-Studio
der Markt
die Schwester
das Krankenhaus

Frau Schäfer: Wo waren Sie denn? Sie sehen sehr gut aus!

Frau Winkler: Wir sind vor drei Tagen _____ Spanien gekommen. Wir haben Urlaub _____ Meer gemacht. Eine Woche waren wir auch _____ Barcelona. Wir hatten ein Hotel _____ Zentrum. Und Sie?

Frau Schäfer: Wir fahren in zwei Wochen _____ _____ USA _____ meinen Schwiegereltern. Die Kinder waren noch nie _____ _____ Großeltern. Sie waren aber jedes Jahr _____ uns. Natürlich wohnen wir _____ ihnen _____ Norfolk, das ist direkt _____ Atlantischen Ozean. Wir können also jeden Tag _____ _____ Strand gehen und _____ Meer baden. Und wir wollen auch mal _____ Disneyland fahren.

(das) Spanien
das Meer
das Zentrum
die USA (*Pl.*)
die Schwiegereltern (*Pl.*)
die Großeltern (*Pl.*)
der Atlantische Ozean
der Strand
das Disneyland

Arbeiten Sie mit einem Partner.
Partner A sieht Seite 86, Partner B sieht Seite 87.
rot: **Sie bilden einen Satz.**
grau: Sie kontrollieren und reagieren.

Beispiel

Stell den Schrank links neben den Schreibtisch.

der Schrank • der Schreibtisch (*stellen*)
Sie sehen das Bild oben und bilden einen Satz:

 1. der Schrank • der Schreibtisch (*stellen*)
Gut, das habe ich gemacht. Jetzt steht der Schrank links neben dem Schreibtisch.

2. Stell die Vase zwischen den Schrank und das Sofa.
die Vase • der Schrank + das Sofa (*stehen*)

 3. der Teppich • das Sofa (*legen*)
Gut, das habe ich gemacht. Jetzt liegt der Teppich vor dem Sofa.

4. Stell den Computer auf den Schreibtisch.
der Computer • der Schreibtisch (*stehen*)

 5. der Tisch • der Teppich (*stellen*)
Gut, das habe ich gemacht. Jetzt steht der Tisch auf dem Teppich.

6. Häng das Bild an die Wand über das Sofa.
das Bild • die Wand, das Sofa (*hängen*)

 7. das Regal • der Sessel + die Tür (*stellen*)
Gut, das habe ich gemacht. Jetzt steht das Regal zwischen dem Sessel und der Tür.

8. Stell den Papierkorb unter den Schreibtisch.
der Papierkorb • der Schreibtisch (*stehen*)

 9. die Bücher (*Pl.*) • das Regal (*stellen*)
Gut, das habe ich gemacht. Jetzt stehen die Bücher im Regal.

10. Stell die Lampe hinter den Sessel.
die Lampe • der Sessel (*stehen*)

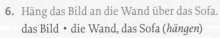
die Lampe

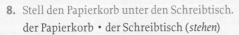
die Vase

das Sofa

der Schrank

das Bild

der Computer

der (Schreib)Tisch

das Regal

der Papierkorb

die Bücher

der Teppich

der Sessel

Partnerseite 5: Wechselpräpositionen
Partner B

A2

Arbeiten Sie mit einem Partner.
Partner A sieht Seite 86, Partner B sieht Seite 87.
rot: Sie bilden einen Satz.
grau: Sie kontrollieren und reagieren.

Beispiel

Stell den Schrank links neben den Schreibtisch.

der Schrank • der Schreibtisch *(stehen)*
Sie sehen den korrekten Satz, kontrollieren Ihren Partner und reagieren:

> *Gut, das habe ich gemacht.*
> *Jetzt steht der Schrank links neben*
> *dem Schreibtisch.*

1. Stell den Schrank links neben den Schreibtisch.
   der Schrank • der Schreibtisch *(stehen)*

2. die Vase • der Schrank + das Sofa *(stellen)*
   Gut, das habe ich gemacht. Jetzt steht die Vase zwischen dem Schrank
   und dem Sofa.

3. Leg den Teppich vor das Sofa.
   der Teppich • das Sofa *(liegen)*

4. der Computer • der Schreibtisch *(stellen)*
   Gut, das habe ich gemacht. Jetzt steht der Computer auf dem Schreibtisch.

5. Stell den Tisch auf den Teppich.
   der Tisch • der Teppich *(stehen)*

6. das Bild • die Wand, das Sofa *(hängen)*
   Gut, das habe ich gemacht. Jetzt hängt das Bild an der Wand über dem Sofa.

7. Stell das Regal zwischen den Sessel und die Tür.
   das Regal • der Sessel + die Tür *(stehen)*

8. der Papierkorb • der Schreibtisch *(stellen)*
   Gut, das habe ich gemacht. Jetzt steht der Papierkorb unter dem Schreibtisch.

9. Stell die Bücher ins Regal.
   die Bücher *(Pl.)* • das Regal *(stehen)*

10. die Lampe • der Sessel *(stellen)*
    Gut, das habe ich gemacht. Jetzt steht die Lampe hinter dem Sessel.

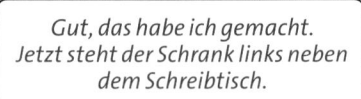

die Lampe

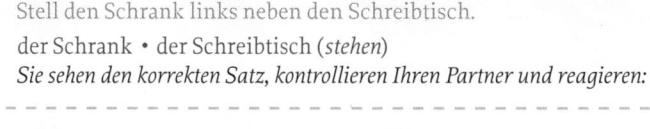

die Vase

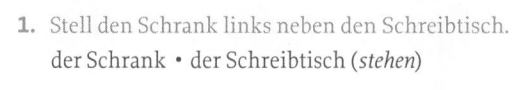

das Sofa

der Schrank

das Bild

der Computer

der (Schreib)Tisch

das Regal

der Papierkorb

die Bücher

der Teppich

der Sessel

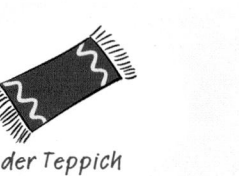

Ein netter Mann! Ich liebe den netten Mann
Nominativ und Akkusativ  37+38

	maskulin	neutral	feminin	Plural
Nominativ	der Mann	das Kind	die Frau	die Leute
	der nette Mann	das nette Kind	die nette Frau	die netten Leute
	ein netter Mann	ein nettes Kind	eine nette Frau	– nette Leute
	kein netter Mann	kein nettes Kind	keine nette Frau	keine netten Leute
Akkusativ	den Mann	das Kind	die Frau	die Leute
	den netten Mann	das nette Kind	die nette	die netten Leute
	einen netten Mann	ein nettes Kind	eine nette Frau	– nette Leute
	keinen netten Mann	kein nettes Kind	keine nette Frau	keine netten Leute

Das Adjektiv links vom Nomen hat immer mindestens ein -*e* am Ende.
Es gibt immer einen typischen Buchstaben, ein Signal. Es ist am Artikel **oder** am Adjektiv.

der nette Mann

ein netter Mann

Im Akkusativ maskulin hat das Adjektiv immer ein extra -*n*.
Im Plural hat das Adjektiv ein extra -*n* oder das Signal.

Mein, dein, sein, ihr, unser, euer, ihr, Ihr funktionieren wie *kein*.

Das Adjektiv rechts vom Nomen hat keine Endung:
Der Mann ist nett.
Die Leute sind nett.

---

1   Adjektiv im Nominativ (definiter und indefiniter Artikel). Ergänzen Sie die Endungen.

1. ◖ Ist das der nett____ Lehrer?   ◖ Ja, das ist ein nett____ Lehrer.

2. ◖ Ist das die neu____ Tasche?   ◖ Ja, das ist eine neu____ Tasche.

3. ◖ Ist das das bequem____ Sofa?   ◖ Ja, das ist ein bequem____ Sofa.

4. ◖ Sind das die günstig____ Tassen?   ◖ Ja, das sind günstig____ Tassen.

5. ◖ Ist das der gut____ Herd?   ◖ Ja, das ist ein gut____ Herd.

6. ◖ Ist das das intelligent____ Kind? ◖ Ja, das ist ein intelligent____ Kind.

7. ◖ Sind das die dumm____ Leute?   ◖ Ja, das sind dumm____ Leute.

2   Adjektive im Akkusativ (indefiniter und definiter Artikel). Ergänzen Sie die Endungen.

1. ◖ Ich suche ein bequem____ Sofa.   ◖ Kaufst du das bequem____ Sofa?

2. ◖ Ich suche eine groß____ Tasche.   ◖ Kaufst du die groß____ Tasche?

3. ◖ Ich suche schön____ Schuhe.   ◖ Kaufst du die schön____ Schuhe?

4. ◖ Ich suche einen gut____ Kühlschrank.   ◖ Kaufst du den gut____ Kühlschrank?

3   Ergänzen Sie die Endungen.

Nominativ maskulin: Unser Hund ist nicht dumm____. Es ist ein intelligent____ Hund.

Der intelligent____ Hund gehört uns. Das ist unser intelligent____Hund.

Nominativ neutral: Das Kaninchen ist süß____. Es ist ein weiß____ Kaninchen.

Das süß____ Kaninchen hat leider zu viele Kinder. Mein süß____ Kaninchen liebt seine Kinder.

Nominativ feminin: Die Katze ist faul____. Eine faul____ Katze ist gern zu Hause. Die faul____ Katze gefällt

uns sehr. Meine faul____ Katze schläft den ganzen Tag.

Nominativ Plural: Die Vögel singen schön____. Die frei____ Vögel singen schöner als die Vögel im Käfig.

Frei____Vögel sind keine traurig____ Vögel.

Akkusativ: Wir lieben den intelligent____ Hund, das süß____ Kaninchen, die faul____ Katze und die frei____

Vögel. Wir mögen einen intelligent____ Hund, ein süß____ Kaninchen, eine faul____ Katze und frei____ Vögel.

Ich liebe meinen intelligent____ Hund, mein süß____ Kaninchen, meine faul____ Katze, meine schön____ Tiere.

4   Im Kleidungsgeschäft. Nominativ oder Akkusativ? Ergänzen Sie die Endungen.

Kundin: Ich suche einen rot____Rock.

Verkäuferin: Hm, einen rot____Rock. Wie finden Sie den kurz____rot____Rock hier?

Kundin: Wow! Der kurz____Rock sieht schick aus! Und die weiß____Bluse hier auch!

Verkäuferin: Vielleicht sollten Sie lieber eine gelb____Bluse nehmen. Gelb ist sehr modern.

Kundin: Okay, ich nehme die gelb____Bluse. Und ich suche noch ein schön____Kleid.

Verkäuferin: Schauen Sie mal. Wie finden Sie das blau____Kleid hier?

Kundin: Das gefällt mir nicht. Aber das schwarz____Kleid da ist toll!

Verkäuferin: Sie brauchen dann noch schwarz____Schuhe.

Kundin: Ich ziehe die rot____Schuhe an. Das sieht auch super aus!

5   Nominativ oder Akkusativ? Ergänzen Sie die Endungen (wenn nötig).

Lieber Takao,

wir haben eine neu____Wohnung! Sie liegt im Zentrum und ist nicht so teuer____. Wir haben ein

groß____Wohnzimmer, einen klein____Flur, eine modern____Küche und zwei schön____

Schlafzimmer. Hoffentlich ist ein Schlafzimmer bald ein süß____ Kinderzimmer!

Für das Wohnzimmer wollen wir neu____Möbel kaufen. Komm uns bald besuchen!

Viele Grüße

Dorothea

37 Am ersten Mai

Nominativ, Akkusativ und Dativ 39

Dativ
n n
n
n
n n n

Mit meinem schönen neuen roten Fahrrad.

	maskulin	neutral	feminin	Plural
Nominativ	der Mann	das Kind	die Frau	die Leute
	der nette Mann	das nette Kind	die nette Frau	die netten Leute
	ein netter Mann	ein nettes Kind	eine nette Frau	– nette Leute
	kein netter Mann	kein nettes Kind	keine nette Frau	keine netten Leute
Akkusativ	den Mann	das Kind	die Frau	die Leute
	den netten Mann	das nette Kind	die nette Frau	die netten Leute
	einen netten Mann	ein nettes Kind	eine nette Frau	– nette Leute
	keinen netten Mann	kein nettes Kind	keine nette Frau	keine netten Leute
Dativ	dem Mann	dem Kind	der Frau	den Leuten
	dem netten Mann	dem netten Kind	der netten Frau	den netten Leuten
	einem netten Mann	einem netten Kind	einer netten Frau	– netten Leuten
	keinem netten Mann	keinem netten Kind	keiner netten Frau	keinen netten Leuten

Es gibt immer einen typischen Buchstaben, ein Signal. Es ist am Artikel oder am Adjektiv.
Im Akkusativ maskulin und in allen Formen im Dativ hat das Adjektiv ein extra -n.
Im Plural hat das Adjektiv ein extra -n oder das Signal.

⚠ Beim Sprechen hilft: Wenn ein -n oder -m am Artikel ist, hat das Adjektiv automatisch auch ein -n.

Mein, dein, sein, ihr, unser, euer, ihr, Ihr funktionieren wie *kein*.

---

1 Datum: *am* + Dativ. Schreiben Sie.
Wann haben/hatten Sie Zeit?

1. 12. Mai
2. 2. November
3. 4. Januar
4. 10. August
5. 3. Juli

6. nächster Sonntag
7. übernächster Freitag
8. letzter Samstag
9. nächstes Wochenende
10. vorletztes Wochenende

1. am zwölften Mai

2 Adjektive im Dativ. Ergänzen Sie die Endungen.

1. Wir leben mit einem intelligent___ Hund, einer faul___ Katze einem süß___ Kaninchen und viel___

   klein___ Kaninchenkindern.

2. Ich gehe mit dem intelligent___ Hund spazieren. Mit der faul___ Katze, mit dem süß___ Kaninchen und

   mit den klein___ Kaninchenkindern geht das nicht.

3   Eine Party. Adjektive im Dativ (indefiniter und definiter Artikel).
Ergänzen Sie die Endungen.

1. ◖ Ich komme mit einem nett___ Freund. ◖ Kommst du mit deinem neu___ Freund?

2. ◖ Sie kommt mit einer spanisch___ Freundin. ◖ Kommt sie mit der schön___ Frau aus Spanien?

3. ◖ Er kommt mit neu___ Nachbarn. ◖ Kommt er mit den neu___ Nachbarn aus Frankfurt?

4. ◖ Wir kommen mit einem klein___ Kind. ◖ Kommt ihr mit eurem klein___ Kind?

5. ◖ Sie kommt mit einem sympathisch___ Mann. ◖ Kommt sie mit dem sympathisch___ Mann aus Rom?

6. ◖ Ich komme mit vier klein___ Hunden. ◖ Nein, du kannst nicht mit den klein___ Hunden kommen!

4   Eine Einladung. Nominativ, Akkusativ oder Dativ? Ergänzen Sie die Änderungen (wenn nötig).

Liebe Yvonne,

am nächst___ Samstag mache ich eine groß___ Party. Ich feiere in einem

schön___ Restaurant und lade alle meine gut___ Freunde ein. Also musst du

kommen! Du kannst auch deinen neu___ Freund mitbringen.

Ich mache ein groß___ Fest, weil ich einen ganz toll___ Job gefunden habe!

Am erst___ Juni beginne ich meine neu___ Arbeit bei einer sehr bekannt___

Firma hier in Düsseldorf. Ich glaube, mein neu___ Chef ist nett___, ich habe ein

gut___ Gehalt und vor allem eine interessant___ Arbeit.

Bis Samstag um 20 Uhr im Restaurant „Abendrot" in der Neuen Gasse 33!

Viele Grüße

Alexandra

der Samstag
die Party
das Restaurant
die Freunde (Pl.)
der Freund
das Fest
der Job
der Juni
die Arbeit
die Firma
der Chef
das Gehalt

5   Ein Märchen. Nominativ, Akkusativ oder Dativ? Ergänzen Sie die Endungen (wenn nötig).

Es war einmal ein sehr schön___ Mädchen. Es lebte in einem groß___ Schloss

mit seiner lieb___ Mutter und seinem reich___ Vater. Es hatte alles,

aber es war einsam___. Eines Tages machte die jung___ Frau einen lang___

Spaziergang durch den groß___ Schlosspark, denn das Wetter war

wunderbar___. Da traf sie einen sehr attraktiv___ jung___ Mann.

Er war ein Prinz. Der Prinz sprach sofort mit der schön___ jung___ Frau.

Sie fand den jung___ Mann sehr schön___. Er war ein groß___,

sportlich___ Mann. Sie verliebten sich. Also trafen sie sich am nächst___ und

übernächst___ und überübernächst___ Tag wieder. Am viert___ Tag küsste

der Prinz das schön___ Mädchen. Und als sie sich küssten, da war der Prinz

plötzlich ein klein___, grün___, hässlich___ Frosch!

das Schloss

der Prinz

das Mädchen

der Frosch

Schneller als ...
Komparativ und Vergleichssätze 40

*Wir sind schneller **als** ihr!*

Komparativ

Im Komparativ hat das Adjektiv immer die Endung *-er*.

Manchmal hat das Adjektiv im Komparativ einen Umlaut:
jung – jünger, alt – älter

Vor einem Nomen hat das Adjektiv im Komparativ eine Adjektivendung:
das schnellere Auto

⚠ gut	besser
viel	mehr
gern	lieber
hoch	höcher
teuer	teuerer

Vergleichssätze

Auto 1: 230 km/h
Auto 2: 230 km/h

Auto 1 ist gleich (genau) so schnell wie Auto 2.

Auto 1: 120 km/h
Auto 2: 300 km/h
Auto 2 ist (viel) schneller als Auto 1.

---

1 Ergänzen Sie den Komparativ.

1. klein – _____
2. langsam – _____
3. interessant – _____
4. schlecht – _____

5. alt – _____
6. gesund – _____
7. groß – _____
8. hoch – _____

9. gut – _____
10. viel – _____
11. gern – _____
12. teuer – _____

2 Deutschland und Europa. Ergänzen Sie den Komparativ.

Österreich ist *größer* (groß) als die Schweiz, aber _____ (klein) als Deutschland.

Deutschland hat _____ (viel) Einwohner als die beiden anderen deutschsprachigen Länder.

Das Leben in der Schweiz ist _____ (teuer) als in Deutschland. Aber die Gehälter sind in der

Schweiz auch _____ (hoch) als in Deutschland und Österreich. In der Schweiz und in Österreich

gibt es _____ (viel) Berge als in Deutschland. Die österreichische Küche ist sicher _____

(bekannt) als die schweizerische Küche.

3   *Als* oder *wie*? Kombinieren Sie und schreiben Sie Sätze.

Ich trinke lieber Kaffee		den Vater.
Meine Tochter liebe ich genauso sehr		du.
Deutsch lernen macht so viel Spaß	**als**	ins Theater.
Ich kann das genauso gut		meinen Sohn.
Ich kenne den Sohn besser		Tee.
Sie geht öfter ins Kino	**wie**	der Film letzte Woche.
Sie sprechen fast so gut Deutsch		surfen, eine Party machen, Sport treiben.
Der Film heute war besser		ein Deutscher.

4   Schreiben Sie Vergleichssätze mit *wie* und *als*.

1. Mezut und Sami *laufen genauso schnell.*   (*schnell laufen*)

2. Marco *läuft schneller als Mezut und Sami.*   (*schnell laufen*)

3. _____

(*in meiner Tasse • in deiner Tasse • viel Kaffee • sein*)

4. _____

(*in Marias Tasse • viel Kaffee • in meiner und deiner Tasse • sein*)

5. _____ (*Lena • Jonas • lange schlafen*)

6. _____ (*Mia • Lena und Jonas • lange schlafen*)

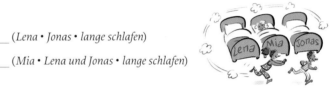

7. _____

(*in Frankfurt • der Kirchturm • das Hochhaus • groß sein*)

8. _____

(*der Messeturm • der Kirchturm • groß sein*)

5   *Besser* oder *lieber*? Antworten Sie wie im Beispiel.

1. Schmeckt das Eis gut? *Ja, besser als dein Pudding.*   (*dein Pudding*).

2. Möchtest du gerne einen Kaffee? *Ja, lieber als einen Tee.*   (*einen Tee*).

3. Findest du die Brötchen gut? *Ja,* _____ (*das Brot*).

4. Trinkst du gerne Kakao? – *Ja,* _____ (*Milch*).

5. Spielst du gerne Karten? – *Ja,* _____ (*Fußball*).

6. Passt das Kleid gut? – *Ja,* _____ (*die Hose*).

6   Ergänzen Sie die Adjektivendungen (wenn nötig).

1. Anna ist Sofias älter___ Schwester und Leonie ist ihre Freundin. Leonie ist genauso alt___ wie Anna. Sie

   hat einen jünger___ und einen älter___ Bruder.

2. Max kauft lieber___ teure Sachen. Elena findet das nicht gut. Sie sagt: Die teurer___ Sachen sind oft nicht

   besser___ als die billiger___ Sachen.

3. Der älter___ Bruder meines Vaters wohnt in Chicago, der jünger___ Bruder wohnt in unserer Stadt.

Der kleinste Mann läuft am schnellsten

Superlativ 🔊 <u>41</u>

mit einem Artikel (vor einem Nomen) **der, die, das … ste(n)**	mit einem Verb **am … sten**
Das ist **der schnellste** Mann. **Die schnellsten** Sportler kommen aus Jamaika.	Er läuft **am schnellsten**. Sie sind **am schnellsten**.
Der Superlativ steht immer mit dem definiten Artikel. Das Adjektiv im Superlativ hat immer *-ste* + Adjektivendung. Kein *am*, wenn der Superlativ mit dem Artikel steht: *die ~~am~~ schnellsten Leute*	Mit *am* ist die Endung immer gleich: *-sten*

Der Superlativ hat einen Umlaut, wenn der Komparativ einen Umlaut hat:
kurz – kürzer – am kürzesten
lang – länger – am längsten

Wenn das Adjektiv mit *t, d, s, (sch), x, z* endet,
ist die Endung *-este(n)*: *am härtesten*, *der kürzeste Weg*

⚠ gut	besser	am besten
viel	mehr	am meisten
gern	lieber	am liebsten
hoch	höcher	am höchsten
teuer	teuerer	am teuersten
groß	größer	am größesten

---

1 **Ergänzen Sie die fehlenden Formen.**

1. *freundlich* freundlicher *am freundlichsten* der *freundlichste* Mann
2. nett _____ _____ die _____ Frau
3. groß _____ _____ der _____ Mann
4. _____ mehr _____ die _____ Leute
5. _____ _____ am besten das _____ Kleid
6. hoch _____ _____ das _____ Haus
7. _____ _____ _____ die teuersten Schuhe

2 **Wie heißt die richtige Endung: *-e* oder *-en*? Schreiben Sie die Superlative.**

	mit einem Artikel (vor einem Nomen)	mit einem Verb
1. schnell	Das _____ Auto ist sehr teuer.	Wie kommen wir _____ zum Bahnhof?
2. teuer/gut	Die _____ Dinge müssen nicht immer auch die _____ (Dinge) sein.	Das Kleid ist zwar _____, aber ich finde es nicht _____.
3. viel	Die _____ Leute suchen lange, bis sie eine passende Wohnung finden.	Ich freue mich _____ über den schönen Balkon in meiner neuen Wohnung.

3 Ergänzen Sie die Endung: *-e* oder *-en*?

1. Der Rhein ist der längst_____ Fluss Deutschlands.

2. Auf den höchst_____ Bergen der Schweiz liegt das ganze Jahr Schnee.

3. Die größt_____ österreichische Stadt ist Wien. Graz ist die zweitgrößt_____ Stadt.

   Welche Stadt ist die drittgrößt_____?

4. Das größt_____ deutsche Unternehmen ist die VW-AG.

5. Die bekanntest_____ deutschen Automarken sind Mercedes, BMW und VW.

mit *der, die, das*
kein *am*

4 Superlative. Ergänzen Sie ein passendes Adjektiv im Superlativ.

trocken • lang • viel • tief • hoch

1. Der _____ Fluss der Welt ist der Nil. Er ist 6.671 km lang.

2. Der _____ See der Welt ist der Baikalsee. Er ist 1.637 m tief.

3. Das _____ Gebiet in der Welt ist die Atacama-Wüste. Dort regnet es fast nie.

4. Der _____ Wasserfall liegt in Venezuela. Er hat eine Höhe von 978 Metern.

5. Die Länder mit den _____ Einwohnern sind China und Indien.

5 Superlative. Ergänzen Sie die Sätze mit den passenden Adjektiven im Superlativ.

1. Kaffee mag ich lieber als Saft, aber *am liebsten mag ich Tee* _____ (*Tee*).

2. Tennis und Volleyball finde ich gut, aber _____ (*Fußball*).

3. Ich gehe gerne ins Theater und in die Oper, aber _____ (*Kino*).

4. Sie findet die braunen und die schwarzen Schuhe interessant, aber _____

   _____ (*die gelben Schuhe*).

6 Ergänzen Sie *am* oder *der, die, das* und beantworten Sie die Fragen.

1. Welches Tier kann _____ schnellsten laufen?

2. Wie heißt _____ höchste Berg der Erde?

3. Welches Land hat _____ meisten Einwohner?

4. Welches Land ist _____ kleinsten?

5. Wo regnet es _____ meisten?

6. Kennen Sie _____ kleinste Land Europas?

7. Welcher Mann ist _____ reichsten?

8. Welcher Fluss ist _____ längste Fluss der Welt?

7 Meine drei Kinder. Ergänzen Sie die Adjektive im Komparativ oder Superlativ.

Ich habe drei Kinder: Lena, Daniel und Leo. Daniel ist ein Jahr

_____ (*jung*) als Lena und zwei Jahre _____ (*alt*) als Leo, aber er

konnte _____ (*früh*) lesen als Lena. Lena ist die _____ (*gut*)

Schülerin in ihrer Klasse. Daniel ist jetzt schon _____ (*groß*) als Lena.

Leo ist jetzt noch _____ (*klein*) als Lena, aber ich glaube, er wird mal

der _____ (*groß*) von den drei Kindern. Lena hat _____ (*lang*) Haare als Daniel, aber Leo hat

die _____ (*lang*) Haare. Lena liest _____ (*viel*) als Leo. Leo spielt _____ (*gern*) am

Computer. Aber er kann _____ (*schnell*) laufen als die beiden anderen. Jedes Kind kann etwas _____

(*gut*) als seine Geschwister, aber ich liebe kein Kind _____ (*viel*) als die anderen.

Partnerseite 6: Adjektive
Partner A

Arbeiten Sie mit einem Partner.
Partner A sieht Seite 96, Partner B sieht Seite 97.
rot: **Sie fragen und antworten.**
grau: **Sie kontrollieren und antworten.**

 Anne
 Tom
 Marie

---

Variante A   Variante B

 Beispiel
Farbe • Hose?
Die Hose ist blau.
Sie fragen:

> Welche Farbe hat die Hose?

 Beispiel
Was • tragen • Marie • zu • Kleid: rot?
Eine gelbe Jacke.
Sie fragen:

> Was trägt Marie zu dem roten Kleid?

- -

 1. Farbe • Hose • ?
Die Hose ist blau.
 Wer • tragen • Hose: blau • ?
Tom trägt die blaue Hose.

 die Hose

2. Welche Farbe hat der Pullover?
Pullover: grün
Wer trägt den grünen Pullover?
... • tragen • Pullover: grün

 der Pullover

 3. Farbe • Schuhe?
Die Schuhe sind schwarz.
 Wer • tragen • Schuhe: schwarz •
 die Schuhe
Tom trägt die schwarzen Schuhe.

4. Welche Farbe hat der Rock?
Rock: gelb
Wer trägt den gelben Rock?
... • tragen • Rock: gelb

 der Rock

 5. Farbe • Hut • ?
Der Hut ist gelb.
 Wer • tragen • Hut: gelb • ?
Marie trägt den gelben Hut.

 der Hut

 1. Was • tragen • Marie • zu • Kleid: rot • ?
Eine gelbe Jacke.

 die Jacke

2. Was trägt Tom zu der blauen Hose?
T-Shirt: gelb

 das T-Shirt

 3. Was • tragen • Anne • zu • Pullover:
grün • und Rock: gelb • ?
Blaue Strümpfe.

 die Strümpfe

4. Was trägt Tom zu den schwarzen Schuhen?
Socken: braun

 die Socken

 5. Was • tragen • Marie • zu • Jacke: gelb • ?
Gelbe Flipflops.

 die Flipflops

 6. Was trägt Tom zu dem gelben T-Shirt?
Kappe: schwarz

 die Kappe

Partnerseite 6: Adjektive
Partner B

A2

Arbeiten Sie mit einem Partner.
Partner A sieht Seite 96, Partner B sieht Seite 97.
rot: Sie fragen und antworten.
grau: Sie kontrollieren und antworten.

 Marie    Tom

Anne

Variante A

(A2) Variante B

Beispiel
Welche Farbe hat die Hose?
Hose: blau
*Sie kontrollieren Ihren Partner
und antworten:*

> Die Hose
> ist blau.

Beispiel
Was trägt Marie zu dem roten Kleid?
Jacke: gelb
*Sie kontrollieren Ihren Partner
und antworten:*

> Eine gelbe
> Jacke.

---

1. Welche Farbe hat die Hose?
   Hose: blau
   Wer trägt die blaue Hose?
   ... • tragen • Hose: blau

die Hose

2. Farbe • Pullover • ?
   Der Pullover ist grün.
   Wer • tragen • Pullover: grün • ?
   Anne trägt den grünen Pullover.

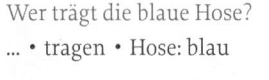
der Pullover

3. Welche Farbe haben die Schuhe?
   Schuhe: schwarz
   Wer trägt die schwarzen Schuhe?
   ... • tragen • Schuhe: schwarz

die Schuhe

4. Farbe • Rock • ?
   Der Rock ist gelb.
   Wer • tragen • Rock: gelb • ?
   Anne trägt den gelben Rock.

der Rock

5. Welche Farbe hat der Hut?
   Hut: gelb
   Wer trägt den gelben Hut?
   ... • tragen • Hut: gelb

der Hut

1. Was trägt Marie zu dem roten Kleid?
   Jacke: gelb

die Jacke

2. Was • tragen • Tom • zu • Hose: blau • ?
   Ein gelbes T-Shirt.

das T-Shirt

3. Was trägt Anne zu dem grünen Pullover
   und dem gelben Rock?
   Strümpfe: blau

die Strümpfe

4. Was • tragen • Tom • zu •
   Schuhen: schwarz • ?
   Braune Socken.

die Socken

5. Was trägt Marie zu der gelben Jacke?
   Flipflops: gelb

die Flipflops

6. Was • tragen • Tom • zu • T-Shirt: gelb • ?
   Eine schwarze Kappe.

die Kappe

40 Und, aber, oder, denn
Hauptsätze verbinden (Position 0)

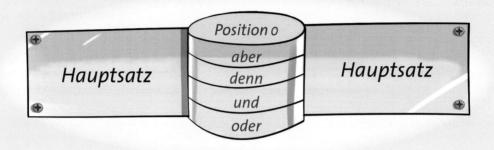

Hauptsatz	Position 0	Hauptsatz		
		Position 1	Position 2	
Heute habe ich keine Zeit,	aber	wir	können	morgen ins Kino gehen.
Ich möchte morgen ins Kino gehen,	denn	da	läuft	ein guter Film.
Ich möchte mit dir essen gehen	und	(ich	möchte	mit dir) einen Film sehen.
Möchtest du lieber ins Kino (gehen)	oder		(möchtest	du lieber) ins Theater gehen?

Bei *und, oder* und *aber* kann man doppelte Satzteile weglassen:
Ich möchte mit dir essen gehen und (ich möchte mit dir) einen Film sehen.

aber	**Kontrast**	Ich habe kein Fahrrad, aber wir haben zwei Autos.
denn	**Grund**	Wir haben zwei Autos, denn wir mögen Autos.
und	**Addition**	Ich habe einen Porsche und mein Mann hat einen Ferrari.
oder	**Alternative**	Möchtest du meinen Porsche oder willst du seinen Ferrari?

1 Ergänzen Sie die Konjunktionen.

> aber • und • denn • oder

1. Ich mache eine Diät, _____ ich bin zu dick.

2. Ich möchte schlank sein, _____ ich habe große Lust zu essen.

3. Ich liebe Schokolade _____ ich esse auch sehr gerne Eis.

4. Ich mache eine Obstdiät _____ ich mache eine Eierdiät.

2 Schreiben Sie Sätze.
1. Am Samstag geht Lisa einkaufen · und · besucht · sie · am Sonntag · ihre Freunde · .
2. Sie geht mit ihren Freunden in den Park · sehen · sie · einen Film im Kino · oder · .
3. Am Samstag scheint die Sonne, · am Sonntag · aber · es · regnet · .
4. An diesem Sonntag gehen sie ins Kino, · schlecht · denn · ist · das Wetter · .

3 Ergänzen Sie die Konjunktionen.

> aber • und • denn • oder • denn • und

1. Frankfurt ist nicht so groß wie Berlin, _____ Frankfurt hat einen größeren Flughafen.

2. Berlin hat die meisten Museen _____ die meisten Theater.

3. Viele Leute wollen in Berlin arbeiten _____ viele Touristen kommen nach Berlin.

4. Viele Leute kommen nach Berlin, _____ Berlin ist die Hauptstadt von Deutschland.

5. Morgens um 5 Uhr können Sie in Hamburg noch auf die Reeperbahn gehen _____

   Sie besuchen den Fischmarkt.

6. Ich wohne gerne in München, _____ dort kann ich im Winter in die Alpen zum Ski fahren.

4 Verbinden Sie die Sätze mit *und*. Was kann man weglassen?
(Manchmal kann man nichts weglassen!)

1. Ich gehe gerne ins Kino. Ich gehe gerne ins Theater.
2. Er kauft ein neues Handy. Er kauft einen neuen Laptop.
3. Sie geht heute schwimmen. Sie spielt heute Tennis.
4. Mein Bruder mag gerne Jazzmusik. Ich mag gerne klassische Musik.
5. Wir wollen zusammen für die Prüfung lernen. Wir wollen zusammen in Urlaub fahren.

> 1. Ich gehe gerne ins Kino und (ich gehe gerne) ins Theater.

5 Verbinden Sie die Fragen mit *oder*. Was kann man weglassen?
(Manchmal kann man nichts weglassen!)

1. Gehen Sie am Samstagabend ins Kino?
   Gehen Sie am Samstagabend ins Theater?
2. Essen Sie gerne Schokolade? Essen Sie lieber Pizza?
3. Möchten Sie einen Kaffee? Möchten Sie einen Tee?
4. Möchten Sie den Kaffee mit Zucker?
   Möchten Sie den Kaffee ohne Zucker?
5. Soll ich das Fenster aufmachen? Ist es Ihnen zu kalt?

> 1. Gehen Sie am Samstagabend ins Kino oder (gehen Sie am Samstagabend) ins Theater?

6 Schreiben Sie den Text neu. Verbinden Sie die Sätze
mit *denn, und, oder, aber*.

Immer Position 0
aber – und – denn – oder
= AUDO

1. Ich gehe in die Stadt. Ich möchte einkaufen.

   _____

2. Ich möchte eine Hose kaufen. Ich möchte eine Bluse kaufen.

   _____

3. Die rote Bluse ist sehr schön. Sie ist zu teuer.

   _____

4. Soll ich die blaue nehmen? Soll ich die grüne nehmen?

   _____

5. Mir gefällt die blaue. Mir gefällt die grüne.

   _____

6. Leider kann ich nur eine Bluse kaufen. Ich habe nicht so viel Geld dabei.

   _____

Deshalb, sonst, dann, danach
Hauptsätze verbinden (Position 1)

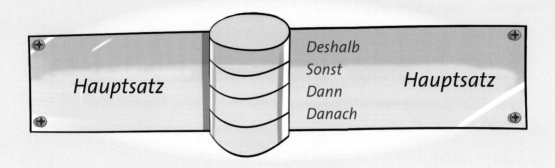

Hauptsatz	Hauptsatz		
	Position 1	**Position 2** **Verb**	**Position 3** **Subjekt**
Ich arbeite heute nicht.	Deshalb	habe	ich	viel Zeit für dich.
Komm zu mir.	Sonst	bin	ich	so allein.
Ich koche für uns.	Dann	gehen	wir	ins Kino.

Deshalb, sonst, dann und *danach* stehen meistens auf Position 1.

deshalb	konsekutiv	Ich brauche Geld. Deshalb arbeite ich.
sonst	wenn nicht ..., dann ...	Ich brauche Geld, sonst kann ich nichts einkaufen.
dann/danach	temporal	Zuerst gehe ich einkaufen, dann koche ich.

1   **Was passt zusammen? Kombinieren Sie.**

Mein Fernseher ist kaputt.   **1** ○   ○ **A**   Deshalb gehen wir ins Restaurant.
Meine Uhr ist kaputt.   **2** ○   ○ **B**   Deshalb musste ich mit dem Bus fahren.
Mein Herd ist kaputt.   **3** ○   ○ **C**   Deshalb gehen wir ins Kino.
Mein Auto ist kaputt.   **4** ○   ○ **D**   Deshalb bin ich zu spät gekommen.

2   **Was passt zusammen? Kombinieren Sie.**

Kannst du mir bitte Geld geben,   **1** ○   ○ **A**   sonst kann ich mich nicht konzentrieren.
Geh doch bitte einkaufen,   **2** ○   ○ **B**   sonst haben wir heute Abend nichts zu essen.
Sei doch bitte ruhig,   **3** ○   ○ **C**   sonst verpasse ich den Bus.
Ich muss sofort gehen,   **4** ○   ○ **D**   sonst kann ich die Rechnung nicht bezahlen.

3   **Was passt zusammen? Kombinieren Sie.**

Morgens trinkt er einen Kaffee.   **1** ○   ○ **A**   Dann geht er nach Hause.
Er fährt erst mit dem Bus.   **2** ○   ○ **B**   Danach geht er schlafen.
Nach der Arbeit kauft er ein.   **3** ○   ○ **C**   Danach geht er zur Arbeit.
Abends sieht er einen Krimi.   **4** ○   ○ **D**   Dann fährt er drei Stationen mit der U-Bahn.

4 Schreiben Sie Sätze.
1. Heute habe ich Geburtstag. Deshalb • meine Freunde • ich • eingeladen • habe • .
2. Wir wollen erst ins Restaurant gehen. Dann • in die Disko • wollen • gehen • wir • .
3. Ich brauche meine neuen Schuhe. Sonst • ich • nicht • tanzen • kann • .
4. Hoffentlich ist die Musik gut. Dann • wir • haben • viel Spaß • .
5. Wir wollen lange feiern. Deshalb • ich • morgen lange schlafen • möchte • .

5 Verbinden Sie die Sätze mit *deshalb, sonst* oder *dann*.
1. Mein Kühlschrank ist leer. Ich muss einkaufen gehen.

_____

2. Ich muss mich beeilen. Ich komme zu spät.

_____

3. Kannst du mir dein Handy ausleihen? Ich kann meinem Mann nicht Bescheid sagen.

_____

4. Lazaro muss heute lange arbeiten. Er kann nicht kommen.

_____

5. Wir besichtigen die Stadt. Wir gehen essen.

_____

6. Ich schreibe die E-Mail. Ich schicke die E-Mail ab.

_____

7. Wir müssen einen Schirm mitnehmen. Wir werden nass.

_____

8. Meine Tochter ist krank, sie kann heute leider nicht zur Schule kommen.

_____

6 Eine E-Mail. Ergänzen Sie *sonst, deshalb* oder *danach*.

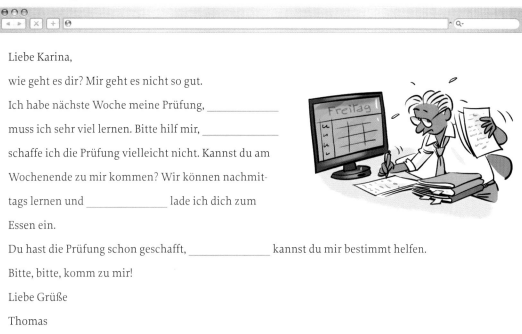

Liebe Karina,

wie geht es dir? Mir geht es nicht so gut.

Ich habe nächste Woche meine Prüfung, _____

muss ich sehr viel lernen. Bitte hilf mir, _____

schaffe ich die Prüfung vielleicht nicht. Kannst du am

Wochenende zu mir kommen? Wir können nachmit-

tags lernen und _____ lade ich dich zum

Essen ein.

Du hast die Prüfung schon geschafft, _____ kannst du mir bestimmt helfen.

Bitte, bitte, komm zu mir!

Liebe Grüße

Thomas

		Konjunktion	Subjekt		Verb
Was?	Ich glaube,	dass	mein Freund	heute	kommt.
Wann?	Mein Freund ruft an,	wenn	er	am Bahnhof	ankommt.
Warum?	Ich gehe zum Bahnhof,	weil	ich	meinen Freund	abholen will.

Im Nebensatz steht das konjugierte Verb am Ende.
Trennbare Verben stehen zusammen am Ende.

Position 1	Position 2	
Wenn er Zeit hat,	geht	er ins Theater.

Wenn der Nebensatz am Satzanfang steht, steht er auf Position 1.
Das konjugierte Verb folgt direkt auf Position 2 (Verb, Verb).

Nebensätze mit *wenn* stehen oft auf Position 1, Nebensätze mit *weil* und *dass* selten.

---

1 Schreiben Sie Sätze.

1. Ich glaube, • dass • er • geht • gerne • in die Disko •.
   Er geht in die Disko, • er • will • tanzen • weil •.
   Es macht ihm besonders viel Spaß, • seine Freunde • wenn • mitkommen •.
2. Er geht zum Arzt, • hat • Rückenschmerzen • er • weil •.
   Der Arzt sagt, • soll • machen • er • dass • Gymnastik •.
   Er kann auch ein Medikament nehmen, • die Schmerzen • sind • sehr stark • wenn •.

2 Antworten Sie mit *weil*.

> Der Akku von meinem Handy ist leer. • Ich wollte nicht stören. •
> Ich musste so lange arbeiten. • Es ist so warm. • Sie sieht gerade fern.

1. Warum rufst du nicht an? _____

2. Warum kommst du so spät? _____

3. Warum öffnest du das Fenster? _____

4. Warum geht sie nicht ans Telefon? _____

5. Warum hast du nicht Bescheid gesagt? _____

3 Susi kommt heute nicht in den Kurs. Was denken Sie?

> ~~Sie ist krank.~~ • Sie hat keine Lust. • Ihr Kind ist krank. • Sie muss arbeiten. •
> Sie will lange schlafen. • Sie kauft ein. • Sie holt ihren Mann vom Flughafen ab. •
> Sie hat den Kurs vergessen. • Sie hat den Bus verpasst. • Sie ruht sich ein bisschen aus.

> *Ich glaube, dass sie krank ist. Ich denke, dass ...*

4a Was macht Marian, wenn ...? Schreiben Sie Antworten.

> ~~Die Sonne scheint.~~ • Er hat Urlaub. • Er trifft sich mit seiner Freundin. •
> Er muss länger arbeiten. • Er sieht gerade fern.

1. Wann geht er joggen? *Er geht joggen, wenn die Sonne scheint.*
2. Wann schläft er lange? _____
3. Wann zieht er sich schick an? _____
4. Wann ärgert er sich? _____
5. Wann darf man ihn nicht stören? _____

4b Schreiben Sie die Sätze aus 4a neu. Beginnen Sie mit dem Nebensatz.

> *1. Wenn die Sonne scheint, geht er joggen.*

5 *Wenn* oder *wann*? Ergänzen Sie.

> wann? =
> Fragewort
> wenn =
> Konjunktion

1. _____ sind Sie geboren? – Am 23.5.1992.
2. _____ ich morgen fit bin, können wir schwimmen gehen.
3. _____ kommst du? – Ich weiß noch nicht, vielleicht am Samstag, _____ ich Zeit habe.
4. _____ beginnt die Diskussion? – Wir müssen noch warten. _____ alle da sind, können wir
   anfangen.

6 Ergänzen Sie *weil, dass* oder *wenn*.

> Lieber Lukas,
> wie geht's? Bei mir ist es wunderbar, _____ ich Urlaub
> habe. Ich habe immer viel Stress, _____ ich arbeite. Und
> jetzt: Ich schlafe lange, _____ kein Wecker klingelt. Ich
> stehe erst dann auf, _____ ich Lust habe. Wie ist es bei dir?
> Ich hoffe, _____ du auch bald Urlaub bekommst.
> Ich möchte gerne mit dir zusammen nach Spanien fahren.
> Denkst du, _____ das möglich ist?
> Schreib mir bald.
> Schöne Grüße,
> Alex

dass,
weil,
wenn =
Verb am
Ende

Ich bin da. Kommst du auch dahin?
Positionsadverbien und Direktionaladverbien 🔊))) 46

A2

> Wir sind hinten.

> Ich bin vorne.

> Komm nach vorne.

> Bitte, geh nach hinten.

Wo?
vorn(e), hinten, oben, unten,
rechts, links

Wohin?
nach vorn(e), nach hinten, nach oben, nach unten,
nach rechts, nach links

(Nach) oben, (nach) unten, (nach) links, (nach) rechts, (nach) hinten, (nach) vorne sind keine Präpositionen.
Sie stehen alleine **ohne** ein Nomen.

---

dort, da
Er ist **in Berlin**.

Da/Dort *(= in Berlin)* trifft er seine Familie.

dorthin, dahin
Ich fahre **nach Berlin**.

Ah, ich fahre auch dorthin *(= nach Berlin)*.

---

temporal: **Am Montag** kann ich nicht kommen, da *(= am Montag)* habe ich eine Prüfung.

---

1 Ergänzen Sie die Adverbien.

    oben • unten • rechts • links • hinten • vorne

_____ sind Berge.

_____ spielen Kinder.

_____ fliegt ein Ballon.

_____ ist ein See.

_____ ist ein Restaurant.

_____ ist ein Parkplatz.

2 Welche Verben passen? Ordnen Sie zu.

    gehen • sein • kommen • laufen • fahren • stehen • bleiben • wohnen

nach oben _____

oben _____

3 Ergänzen Sie.

1. Er steht _oben_

Er geht _nach oben_

2. Er steht _____.

Er geht _____.

3. Sie ist _____.

Sie geht _____.

4. Er ist _____.

Er kommt _____.

4 Braucht man *nach*? Ergänzen Sie *nach* (wenn nötig).

1. Ich bin _____ oben auf dem Turm. Komm doch auch _____ oben.

2. Bitte, kommen Sie _____ vorne, dann können Sie besser sehen.

3. Wir wohnen im ersten Stock, _____ unten ist ein Supermarkt und _____ oben im 12. Stock wohnt

meine Freundin. Ich gehe oft _____ oben oder sie kommt zu uns _____ unten.

5 Ergänzen Sie *da/dort – dahin/dorthin*.

(A2)

1. ◀ Möchten Sie im Juni mit uns nach Stockholm fliegen?

◀ Ja, ich möchte gerne mit Ihnen _____ fliegen. Denn ich war noch nicht _____ .

2. Morgen ist Flohmarkt. Gehst du auch _____ ?

3. Siehst du das alte Haus? _____ habe ich früher gewohnt.

6 Ergänzen Sie die Erklärung.

(A2)

1. Kommst du im Juli nach Berlin? – Nein, da (= _im Juli_____) habe ich keinen Urlaub.

2. Arbeitest du nächste Woche? – Nein, da (= _____) habe ich frei.

3. Ich habe im August Geburtstag. Da (= _____) möchte ich eine große Party machen.

4. Heute Abend kann ich nicht. Da (= _____) kommt Anna.

7 Markieren Sie wie im Beispiel.

(A2)

1. ◀ Kommst du auch ins (Kino)?

◀ Nein, da war ich gestern schon.

2. ◀ Was ist am 23. März?

◀ Da ist Ostern.

3. ◀ Warst du schon einmal in Peru?

◀ Nein, da war ich noch nicht, aber ich möchte dorthin fahren.

◀ Fährst du im Mai mit uns nach Peru?

◀ Leider kann ich da nicht. Ich habe erst im Juli Urlaub.

Was heißt das denn?
Partikeln

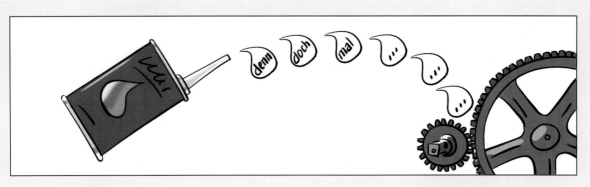

Es gibt viele Partikeln im Deutschen. Partikeln haben sehr viele verschiedene Bedeutungen.
Drei Beispiele:

denn	in Fragen: macht die Frage persönlicher	Was ist denn hier passiert?
doch	kann bedeuten: ich denke, dass du das auch weißt, und ich finde das nicht gut (Vorwurf)	Im Kino waren wir doch gestern. Ich möchte lieber in die Disko gehen.
doch (mal)	in Imperativen: macht die Aufforderung persönlicher/freundlicher	Probier doch (mal), es schmeckt lecker.
mal	in Imperativen und Sätzen: macht die Aussage unverbindlicher	Ich rufe dich an. (= Ich rufe dich bestimmt an.) Ich rufe dich mal an. (= Ich rufe dich vielleicht an, wenn ich Zeit und Lust habe.)

Die Wörter *denn* und *doch* haben auch noch eine andere Bedeutung:

Partikel denn   Warum kommen Sie denn heute?
Konjunktion denn   Morgen kann ich nicht, denn ich muss mein Auto zur Werkstatt bringen.

Partikel doch   Nehmen Sie doch noch ein Stück Kuchen, oder schmeckt er Ihnen nicht?
Antwort doch   Doch, er schmeckt wunderbar, ich nehme gerne noch ein Stück.

Partikeln betont man nicht.

---

1   **Lesen Sie die Sätze laut. Betonen Sie die unterstrichenen Wörter und betonen Sie die Partikel nicht.**

1. Wann kommst du denn?
2. Du kannst doch nicht mit Flipflops ins Theater gehen! Das geht doch nicht.
3. Helfen Sie doch bitte.
4. Sag doch mal, warum kommst du denn so spät?
5. Kannst du nächste Woche mal bei mir vorbeikommen?

2   **Was sind Partikeln? Notieren Sie Klammern.**

1. Was hast du (denn) da mitgebracht?
2. Kannst du mir das mal zeigen?
3. Ich hatte doch keine Ahnung, dass du keinen Käse magst.
4. ◀ Kennst du denn schon die neue Nachbarin?   ◀ Ja, ich habe schon mit ihr gesprochen.
5. Bring mir doch eine Zeitung mit.

3 Ergänzen Sie die Antworten.

> zu spät • zu teuer • zu klein • zu alt

1. ◖ Ich komme um acht Uhr.

   ◖ Nein, das ist _doch viel zu spät_____!

2. ◖ Möchten Sie diese Erdbeeren?

   ◖ Nein, die sind _____.

3. ◖ Sollen wir den Fernseher kaufen?

   Nein, der ist _____.

4. ◖ Wie gefällt dir das Auto?

   ◖ Das ist _____.

4 Fragen Sie persönlicher. Schreiben Sie die Fragen mit *denn*.

1. Wie war es im Urlaub?   _Wie war es denn im Urlaub?_____

2. Wie lange waren Sie in Brasilien?   _____?

3. Wie heißt du?   _____?

4. Wie lange sind Sie schon in Deutschland?   _____?

5a Sagen Sie es persönlicher. Schreiben Sie die Imperativsätze mit *doch*.

1. Machen Sie bitte das Fenster auf.   _Machen Sie doch bitte das Fenster auf._____

2. Nehmen Sie noch ein Stück Kuchen.   _____.

3. Schreibt bitte eure Adresse auf.   _____.

4. Geh joggen.   _____.

5b Sagen Sie es unverbindlicher. Schreiben Sie die Imperativsätze mit *mal*.

1. Ruf an.   _Ruf mal an._____

2. Probier die Suppe.   _____.

3. Kommen Sie ins Sekretariat.   _____.

4. Geht ins Kino.   _____.

6 Partikel oder Antwort/Konjunktion?

1. ◖ Beruhige dich doch (= _Partikel_), es ist doch (= _____) nichts passiert.

   ◖ Doch (= _Antwort_), guck mal, das Kleid ist kaputt!

2. ◖ Wie geht's dir denn (= _____), Daniel?

   ◖ Wunderbar, ich kann lange schlafen, denn (= _____) wir haben Ferien.

3. Komm doch (= _____) morgen vorbei, dann können wir zusammen einen Kaffee trinken.

4. ◖ Wo warst du denn (= _____) gestern? Du wolltest doch (= _____) zu mir kommen.

   ◖ Ich konnte nicht, denn (= _____) meine Tante ist gekommen.

   ◖ Kannst du dann heute auch nicht kommen?

   ◖ Doch (= _____), meine Tante ist schon wieder weg.

Partnerseite 7: Nebensätze
Partner A

Arbeiten Sie mit einem Partner.
Partner A sieht Seite 108, Partner B sieht Seite 109.
rot: Sie fragen und antworten.
grau: Sie kontrollieren.

Beispiel

Warum • er • bis 14 Uhr • schlafen?
Sie fragen:

> *Warum schläft er bis 14 Uhr?*

Emil

Marianne

Anette

	weil	wenn	dass
Emil	Warum • er • bis 14 Uhr • schlafen? Weil er auf einer Party war.	Was macht er, wenn er auf einer Party ist? Er • tanzen • lachen • und trinken.	Was • über Partys • er • denken? Er denkt, dass eine Party immer super ist.
Marianne	Warum steht sie um 7 Uhr auf? Weil • arbeiten • sie • müssen.	Was macht sie, wenn • müde • sein • sie? Sie trinkt fünf Espresso.	Was denkt sie über ihre Arbeit? Sie denkt, dass • die Arbeit • beginnen • zu früh.
Anette	Warum • sie • jeden Tag • drei Stunden • spazieren gehen? Weil sie einen Hund hat.	Was macht sie, wenn sie nervös ist? Sie • mit dem Hund • spazieren gehen.	Was • über Tiere • sie • denken? Sie denkt, dass Tiere besser als Menschen sind.
Carola und Norbert	Warum tanzen sie auf dem Tisch? Weil • im Lotto • sie • gewonnen • haben.	Was machen sie, wenn • sie • eine Million Euro • haben? Sie machen eine Weltreise.	Was denken sie über Geld? Sie denken, dass • Geld • manchmal • glücklich machen.
Jenny 4 Jahre alt	Warum • sie • das Mittagessen • nicht essen? Weil sie vorher sechs große Eis gegessen hat.	Was macht sie, wenn sie ins Bett gehen muss? Sie • protestieren • weinen • fernsehen möchten.	Was • sie • denken • über ihre Mama? Sie denkt, dass ihre Mama lieb, aber zu streng ist.
Jonas	Warum steht er jeden Tag acht Stunden vor dem Spiegel? Weil • Frisör • sein • er.	Was macht er, wenn • mit der Arbeit • er • aufhören? Er geht zum Frisör oder einkaufen.	Was denkt er über das Leben? Er denkt, dass • das Leben • Spaß machen • müssen.

Carola und Norbert

Jenny

Jonas

Arbeiten Sie mit einem Partner.
Partner A sieht Seite 108, Partner B sieht Seite 109.
rot: Sie fragen und antworten.
grau: Sie kontrollieren.

Beispiel

Warum schläft er bis 14 Uhr?

weil • er • war • auf einer Party

Sie kontrollieren Ihren Partner und antworten:

Weil er auf einer Party war.

   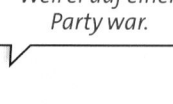 

	Emil	Marianne	Anette
	weil	**wenn**	**dass**
Emil	Warum schläft er bis 14 Uhr? / Weil • er • war • auf einer Party.	Was macht er, wenn • auf einer Party • er • sein? / Er tanzt, lacht und trinkt.	Was denkt er über Partys? / Er denkt, dass • eine Party • immer super • sein.
Marianne	Warum • sie • um 7 Uhr • aufstehen? / Weil sie arbeiten muss.	Was macht sie, wenn sie müde ist? / Sie • fünf Espresso • trinken.	Was • sie • über ihre Arbeit • denken? / Sie denkt, dass die Arbeit zu früh beginnt.
Anette	Warum geht sie jeden Tag drei Stunden spazieren? / Weil • einen Hund • sie • haben.	Was macht sie, wenn • sie • nervös • sein? / Sie geht mit dem Hund spazieren.	Was denkt sie über Tiere? / Sie denkt, dass • Tiere • besser als Menschen • sein.
Carola und Norbert	Warum • auf dem Tisch • sie • tanzen? / Weil sie im Lotto gewonnen haben.	Was machen sie, wenn sie eine Million Euro haben? / Sie • eine Weltreise • machen.	Was • über Geld • sie • denken? / Sie denken, dass Geld manchmal glücklich macht.
Jenny 4 Jahre alt	Warum isst sie das Mittagessen nicht? / Weil • vorher • sechs große Eis • sie • hat • gegessen.	Was macht sie, wenn • ins Bett • sie • gehen • müssen? / Sie protestiert, weint, möchte fernsehen.	Was denkt sie über ihre Mama? / Sie denkt, dass • ihre Mama • sein • lieb, aber zu streng.
Jonas	Warum • er • jeden Tag • 8 Stunden • vor dem Spiegel • stehen? / Weil er Frisör ist.	Was macht er, wenn er mit der Arbeit aufhört? / Er • zum Frisör • oder einkaufen • gehen.	Was • denken • über das Leben • er? / Er denkt, dass das Leben Spaß machen muss.

Carola und Norbert   *Jenny*   *Jonas*

45 Kinderarzt oder Arztkinder?
Komposita

der Schirm

der Regen

der Regenschirm

die Kinder

der Kinderschirm

die Sonne

der Sonnenschirm

Wort 1	**+ Wort 2**	**= Wort 3**
der Kaffee	+ die Tasse	= die Kaffeetasse

Wort 2 ist die Basis. Wort 1 gibt mehr Informationen.
Der Artikel (der, die, das) kommt vom letzten Wort.

Der Akzent ist fast immer auf Wort 1: die Kaffeetasse

⚠ Manchmal gibt es zwischen Wort 1 und Wort 2 ein *n* (*Familienname*) oder ein *s* (*Sonntagszeitung*).

Auf Deutsch kann man auch mehrere Wörter kombinieren z.B.:
die Kinder (Pl.) + der Garten + die Tasche = die Kindergartentasche

---

1   Schreiben Sie Komposita.

1. der Käse   +   der Kuchen   =   *der Käsekuchen* _____

2. die Kinder   +   der Arzt   = _____

3. der Tisch   +   das Bein   = _____

4. das Haar   +   die Farbe   = _____

5. der Lehrer   +   das Zimmer   = _____

6. das Haus   +   die Nummer   = _____

7. der Fuß   +   der Ball   +   der Platz   = _____

8. das Haus   +   die Tür   +   der Schlüssel   = _____

2   Schreiben Sie Komposita mit *n* zwischen Wort 1 und Wort 2.

1. die Straße   +   der Name   = _____

2. die Toilette +   die Brille   = _____

3. die Dame   +   der Schuh   = _____

3 Schreiben Sie Komposita mit *s* zwischen Wort 1 und Wort 2.

1. die Zeitung + der Kiosk = _____

2. der Vertrag + der Partner = _____

3. die Übernachtung + der Preis = _____

4. die Geburt + der Tag = _____

4 Was kann man essen? Unterstreichen Sie.

der Kopfsalat   der Suppenteller   das Pausenbrot   das Fischgeschäft   die Frühstückspause

die Frühlingssuppe   der Pfannkuchen   der Apfelbaum   der Blattsalat   die Butterdose

das Wachtelei   das Hähnchenfleisch   das Dosengemüse   das Gartenobst   der Obstgarten

5 Schreiben Sie mit den Wörtern Komposita. Es gibt verschiedene Möglichkeiten.

die Tasche(+n) + die Lampe = die Taschenlampe

der Ball

die Uhr

die Lampe(n)

das Telefon

der Regen

die Sonne(n)

die Hand

das Buch

der Fuß

der Schirm

die Tasche(n)

Nicht alle *Arztkinder* werden *Kinderarzt*.

6 Kombinieren Sie.

① ② ③ ④ ⑤ ⑥ ⑦

A Handtuch

B Betttuch

C Kopftuch

D Halstuch

E Taschentuch

F Duschtuch

G Tischtuch

Nomen + *-chen, -lein*	*-chen* und *-lein* machen die Sache klein (Diminutiv). Der Artikel ist immer *das*, der Plural hat keine Endung. Es gibt oft einen Umlaut.	das Haus – das Häuschen das Haus – das Häuslein
Verbstamm + *-er*	männliche Personen Apparate/Maschinen Der Artikel ist immer *der*, der Plural hat keine Endung. **Es gibt oft einen Umlaut.**	Fußball spielen – der Fußballspieler rechnen – der Taschenrechner
Land + *-er*	männliche Personen aus einem Land **Es gibt oft einen Umlaut.**	das Ausland – der Ausländer die Schweiz – der Schweizer
männliche Person + *-in*	weibliche Personen Der Artikel ist immer *die*, der Plural ist *-nen*.	der Ausländer – die Ausländerin der Physiker – die Physikerin der Pole – die Polin ⚠ der Deutsche – die Deutsche der Gast (hat keine weibliche Form)
Verbstamm + *-ung*	Nomen Der Artikel ist immer *die*, der Plural ist immer *-en*.	einladen – die Einladung sich verspäten – die Verspätung
Infinitiv als Nomen	Der Artikel ist immer *das*. Es gibt keinen Plural. Oft stehen die Nomen ohne Artikel oder mit einer Präposition.	tanzen – das Tanzen Ich finde Tanzen toll. Beim Tanzen bin ich glücklich. Zum Tanzen brauche ich gute Musik.

---

1   Machen Sie die „Sachen" klein. Benutzen Sie die Endung *-chen* und Umlaute (wenn nötig).

1. die Stadt – _das Städtchen_   3. das Kleid – _____   5. der Finger – _____

2. der Baum – _____   4. der Hund – _____   6. das Kind – _____

2 Frauen oder Männer? Ordnen Sie zu und schreiben Sie im Singular und Plural.

Ausländerinnen • Piloten • Mathematiker • Verkäuferin • Studenten • Studentin • Freunde • Freundin

Frauen	Männer
die Ausländerin, –nen	der Pilot, –en

3 Wie heißt der Apparat? Ergänzen Sie die Nomen.

1. Mit dem Apparat kann man fernsehen: Das ist ein _____ .

2. Mit dem Apparat kann man Reis kochen: Das ist ein _____ .

3. Mit dem Apparat kann man Wäsche trocknen: Das ist ein _____ .

4 Bilden Sie Nomen mit *-ung*. Schreiben Sie die Nomen mit Artikel.

1. lösen – _____   4. vorbereiten – _____

2. wohnen – _____   5. erinnern – _____

3. meinen – _____   6. erklären – _____

5 Verb oder Nomen? Ergänzen Sie.

1. erklären • die Erklärung

   Die _____ von Herrn Schmidt habe ich nicht verstanden. Herr Müller kann viel besser

   _____ , bei ihm verstehe ich immer alles.

2. wohnen • die Wohnung

   Wo _____ Sie? – In der Hauptstraße 3, unsere _____ liegt im 3. Stock.

3. lösen • die Lösung

   Ich kann die Aufgabe nicht _____ . Guck doch mal hinten im Buch auf Seite 118, da steht

   die _____ .

6 Was machen Sie im Unterricht gerne, was können Sie gut? Bilden Sie aus den Verben Nomen.

~~hören~~ • lesen • sprechen • schreiben

1. Ich mag gerne CDs. _Das Hören_____ finde ich am besten.

2. Ich bin sehr kommunikativ und spreche gerne mit anderen Leuten. _____ finde ich leicht.

3. Ich möchte gerne deutsche Zeitungen lesen. Deshalb ist _____ für mich wichtig.

4. Ich brauche ein bisschen Zeit und arbeite gerne alleine. Deshalb gefällt mir _____ am besten.

7 Ergänzen Sie die Nomen.

~~Lesen~~ • Fernsehen • Einkaufen • Duschen • Schreiben • Joggen

1. Zum _Lesen_____ brauche ich eine Brille.   4. Beim _____ singe ich.

2. Zum _____ brauche ich das Auto.   5. Beim _____ höre ich Musik.

3. Beim _____ esse ich Popcorn.   6. Zum _____ nehme ich einen Stift.

47 Ich bin dann mal weg

Zusammengesetzte Verben 🔊))) 47

aus sein
(= ausgeschaltet sein) an sein
(= eingeschaltet sein)

Der Fernseher ist aus.

Der Fernseher ist an.

zu sein
(= geschlossen sein) auf sein
(= geöffnet sein)

Die Tür ist zu.

Die Tür ist auf.

da sein
(= anwesend sein) weg sein
(= verschwunden sein)

Das Geld ist da.

Das Geld ist weg.

dafür sein
(= einverstanden sein,
etwas gut finden) dagegen sein
(= nicht einverstanden sein,
etwas nicht gut finden)

Ich bin dafür.

Ich bin dagegen.

los sein	(= Aktivität)	Abends ist hier viel los.
dabeihaben	(= mitgebracht haben)	Haben Sie die Dokumente dabei?
anhaben	(= Kleidung tragen)	Du hast eine schöne Jacke an.

Diese Verben benutzt man beim Sprechen. Man schreibt sie nicht so oft.

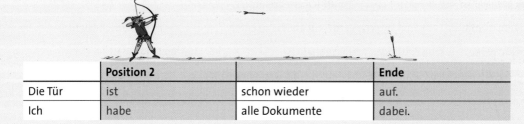

	Position 2		Ende
Die Tür	ist	schon wieder	auf.
Ich	habe	alle Dokumente	dabei.

---

1 Ergänzen Sie *auf*, *an*, *zu* oder *aus*.

1. Ich schalte das Radio ein. Jetzt ist es _____.

2. Er schaltet das Radio wieder aus. Jetzt ist es _____.

3. Er öffnet die Tür. Jetzt ist sie _____.

4. Sie schließt das Fenster. Jetzt ist es _____.

2 Ergänzen Sie *da* oder *weg*.

1. Nein, das darf doch nicht wahr sein! Mein Auto ist _____. Ich gehe sofort zur Polizei.

2. Hallo, Ulrike. Klaus ist wieder _____. Er ist gestern Abend aus dem Urlaub zurückgekommen.

3. Ich verliere alles. Mein Schlüssel ist wieder _____, ich habe ihn in meiner Jackentasche gefunden.

   Aber jetzt ist mein Handy _____! Wo kann es nur sein?

3 Ergänzen Sie *dafür* oder *dagegen*.

1. ◖ Sollen wir ins Kino gehen? ◖ Ja, ich bin _____.

2. ◖ Bist du für oder gegen nukleare Energie? ◖ Ich finde das zu gefährlich, ich bin _____.

3. ◖ Sollen wir ein Geschenk für Lukas und Merle kaufen? ◖ Ja, ich bin _____.

4 Ergänzen Sie *nichts los* oder *viel los*.

1. Ich wohne in einem kleinen Dorf. Am Wochenende ist hier _____.

2. Im Urlaub war es toll. Jeden Abend war Disko! Es war immer _____.

3. Berlin ist die Hauptstadt. Da gibt es viele Angebote. Es ist immer _____.

4. Im Sommer sind hier viele Touristen. Aber im Winter ist hier _____.

5 Ergänzen Sie *an* oder *dabei*.

1. Er hat heute sein Handy nicht _____. Es liegt hier auf dem Tisch.

2. Er hat eine schicke Hose _____. Er sieht gut aus.

3. Haben Sie Ihren Pass _____? Dann können Sie sofort den Antrag stellen.

4. Stell dir vor, sie hatte in der Oper eine Jeans _____!

6 Ergänzen Sie.

auf • aus • weg • los • zu • an • dabei • dagegen

1. Heute Abend ist hier nichts _____.

2. Tut mir leid, das Buch habe ich nicht _____.

3. Es ist eiskalt! Warum ist denn schon wieder das Fenster _____.

4. Das ist Pech. Das Geschäft hat Mittwochnachmittag immer _____.

5. ◖ Sollen wir uns ein neues Auto kaufen? ◖ Nein, ich bin _____, das ist zu teuer.

6. Meine Tasche ist _____! Das ist ärgerlich. Alle meine Dokumente sind in der Tasche.

7. Es ist zu dunkel. Das Licht ist _____. Mach es doch bitte an.

8. Was hast du denn _____? Die Hose sieht unmöglich aus!

7 Sagen Sie es anders.
1. Luise trägt ein rotes Kleid.
2. Was ist passiert?
3. Läuft der Fernseher?
4. Sie hat die Augen geschlossen.
5. War Helmi gestern im Kurs?
6. Hast du das Buch mitgebracht?
7. Das Licht ist nicht eingeschaltet.

1. Luise hat ein rotes Kleid an.

48 Der, die *oder* das?
Genusregeln

der (maskulin):	Alkohol	der Gin, der Wodka ⚠ das Bier
	Automarken	der BMW, der Honda ⚠ das Auto
	Zeiträume	der Tag, der Monat, der Januar, der Mittwoch, der Frühling ⚠ die Woche, das Jahr, die Nacht
	Wetter	der Regen, der Schnee ⚠ das Gewitter, die Sonne

die (feminin):	Ende -eit	die Krankheit, die Höflichkeit
	Ende -ung	die Ausbildung, die Beratung
	Ende -ion	die Rezeption, die Information
	Ende -in	die Lehrerin, die Freundin
	Motorradmarken	die Kawasaki, die BMW
	Ende -e (80 %)	die Tasche, die Batterie ⚠ der Name, der Buch- stabe, das Auge, das Ende und alle männlichen Personen und Tiere (der Junge, der Hase)

das (neutral):	Ende -chen	das Mädchen, das Brötchen
	Ende -lein	das Äuglein, das Brötlein
	Ende -o	das Kino ⚠ die Disko
	Beginn Ge- (90 %)	das Gemüse, das Gesicht ⚠ die Gesundheit, die Gebühr

---

1   *Der, die oder das?* Ordnen Sie die Nomen zu.

> Schönheit • Emotion • Opel • Büro • Frühling • Fähnchen • Ferrari • Häuschen • Gefühl • Liebe •
> Tequila • Konzentration • Häuflein • Abteilung • Farbe • Schnee • Herbst • Arbeiterin

der	die	das

2   *Der, die* oder *das*? Ergänzen Sie den Artikel.

1. _____ Freitag, August, Sommer, Morgen

2. _____ Hähnchen, Fräulein, Brötchen, Lädchen

3. _____ Wein, Rum, Martini, Sekt

4. _____ Portion, Kreuzung , Variation, Mitteilung

5. _____ Reise, Nase, Sahne, Küche

6. _____ Wind, Schnee, Hurrikan, Sturm

3   Ergänzen Sie *der, die* oder *das* und die passende Regel.

1. *das* Geschäft (*Beginn Ge-*)   8. _____ Feindin (_____)

2. _____ Funktion (_____)   9. _____ Vase (_____)

3. _____ Wind (_____)   10. _____ Freiheit (_____)

4. _____ Männlein (_____)   11. _____ Fläschchen (_____)

5. _____ Entschuldigung (_____)   12. _____ Yamaha (_____)

6. _____ Monat (_____)   13. _____ Rum (_____)

7. _____ Mercedes (_____)   14. _____ Konto (_____)

4   Wie heißen der Singular und der Artikel? Schreiben Sie.

1. die Ausstellungen – *die Ausstellung*   7. die Lampen – _____

2. die Päckchen – _____   8. die Radios – _____

3. die Portionen – _____   9. die Kindlein – _____

4. die Nachbarinnen – _____   10. die Möglichkeiten – _____

5. die Kawasakis – _____   11. die Mitsubishis – _____

6. die Geschenke – _____   12. die Monate – _____

5   Welches Wort hat einen anderen Artikel? Ergänzen Sie die Artikel und markieren Sie.

1. *der* Rotwein   3. _____ Wärme   5. _____ Gepäck   7. _____ Schnee

   der Champagner   _____ Rosine   _____ Gericht   _____ Wind

⚠ *das* Bier   _____ Name   _____ Geschichte   _____ Gewitter

   der Schnaps   _____ Rose   _____ Geschirr   _____ Regen

2. _____ Abend   4. _____ Auto   6. _____ Herbst   8. _____ Kino

   _____ Nacht   _____ Ford   _____ Woche   _____ Foto

   _____ Tag   _____ Trabant   _____ Nachmittag   _____ Radio

   _____ Monat   _____ Renault   _____ Winter   _____ Disko

Er kam, sah und sagte
Präteritum))) 48–59

Es waren einmal zwei Geschwister. Sie hießen Hänsel und Gretel. Ihre Eltern arbeiteten im Wald …

	regelmäßige Verben	unregelmäßige Verben
ich	sag**te**	kam
du	sag**test**	kam**st**
er/sie/es/man	sag**te**	kam
wir	sag**ten**	kam**en**
ihr	sag**tet**	kam**t**
sie/Sie	sag**ten**	kam**en**

⚠ denken – dachte
bringen – brachte
nennen – nannte
wissen – wusste

⚠ *baden – bad**e**te, arbeiten – arbeit**e**te*

Die unregelmäßigen Verben finden Sie in der Liste ab Seite 214. Sie müssen diese Formen lernen.

Präteritum benutzt man beim Schreiben für die Vergangenheit (beim Sprechen und in Briefen und E-Mails benutzt man Perfekt).
⚠ Die Modalverben und *sein* und *haben* benutzt man fast immer im Präteritum (siehe Kapitel 23, 27 und 28); **wusste, fand, es ging**, **es gab** wird auch beim Sprechen oft im Präteritum benutzt.

---

1   **Wie heißt der Infinitiv? Ergänzen Sie.**

traf – *treffen* _____   gewann – _____   lief – _____

blieb – _____   fuhr – _____   schlief – _____

zog an – _____   kam – _____   dachte – _____

hieß – _____   fing an – _____   brachte mit – _____

ging – _____   verlor – _____   wusch – _____

2   **Ergänzen Sie die regelmäßigen Verben im Präteritum.**

Ein Mann und eine Frau _____ (*lieben*) sich und _____ (*heiraten*). Sie _____

(*leben*) in einer kleinen Wohnung. Die Frau _____ (*arbeiten*) sehr viel und ihr Mann _____

(*freuen*) sich und _____ (*einkaufen*). Die Frau _____ (*verdienen*) mehr Geld und sie _____

(*kaufen*) ein Haus, aber der Mann _____ (*suchen*) eine Villa. Die Frau _____ (*verkaufen*) ihren

Mercedes, aber der Mann _____ (*wünschen*) sich ein schönes Auto und ein noch größeres Haus.

Da _____ (*suchen*) sich die Frau einen sparsamen Mann.

3 Ergänzen Sie die unregelmäßigen Verben im Präteritum.

Mit zwölf _____ (bekommen) ich zum Geburtstag einen Hund. Da _____ (beginnen) eine

glückliche Zeit. Ich _____ (verbringen) jede freie Minute mit dem Hund und _____ (gehen)

täglich mit ihm spazieren. In der Nacht _____ (liegen) er in meinem Zimmer und _____

(schlafen) neben meinem Bett. Es _____ (geben) nichts Schöneres für mich!

4 Aus der Zeitung. Ergänzen Sie die Verben im Präteritum.

5-Jähriger stiehlt Auto seines Vaters

Am Sonntagmorgen _____ der 5-jährige Kevin M. _____ (aufstehen), als seine Eltern

noch _____ (schlafen). Er _____ (finden) die Autoschlüssel und _____ (setzen*)

sich in den Golf seines Vaters. Das Kind _____ (starten*) das Auto und _____ (fahren)

vier Kilometer weit bis ins nächste Dorf. Dort _____ (bleiben) es an einem kleinen Berg

stehen. Eine Frau _____ (finden) den Jungen und _____ (rufen) die Polizei. Als die

Polizisten das Kind nach Hause _____ (bringen), _____ (schlafen) die Eltern noch

immer.

5 Das Märchen vom Aschenputtel. Ergänzen Sie die Verben im Präteritum.

Es _____ (sein) einmal ein Mädchen. Es _____ (heißen)

Aschenputtel. Seine Mutter _____ (sein) tot. Sein Vater

_____ (heiraten*) eine neue, böse Frau. Die Frau _____

zwei böse Töchter _____ (mitbringen). Aschenputtel _____

(müssen) viel arbeiten. Aschenputtel _____ (kochen*),

_____ (waschen) und _____ (putzen*). Eines Tages

_____ (geben) es ein großes Fest beim Prinzen. Aschenputtel

_____ (gehen) heimlich auf das Fest. Der Prinz _____

(tanzen*) mit Aschenputtel. Er _____ (verlieben*) sich in

Aschenputtel. In der Nacht _____ (laufen) Aschenputtel

schnell weg. Sie _____ (verlieren) einen Schuh. Der Prinz

_____ (wollen) Aschenputtel heiraten. Er _____ (haben) den

Schuh und _____ (suchen*) Aschenputtel. Die bösen

Schwestern _____ (sagen*): „Ich habe gestern mit Ihnen

getanzt, werter Prinz". Aber der Schuh _____ (passen*)

ihnen nicht. Der Schuh _____ (passen*) Aschenputtel.

Der Prinz und Aschenputtel _____ (leben*) glücklich bis

zum Ende.

* diese Verben sind regelmäßig

50 Ich hatte zu lange geschlafen
Plusquamperfekt

B1

Ich bin zu spät gekommen, denn ich hatte zu lange geschlafen. Da war der Zug schon abgefahren.

Ich bin zu spät gekommen.

Perfekt, Präteritum

Der Zug war schon abgefahren.

Plusquamperfekt

Perfekt	Plusquamperfekt
Der Zug ist schon abgefahren.	Der Zug war schon abgefahren.
Ich habe zu lange geschlafen.	Ich hatte zu lange geschlafen.

Position im Satz

	Position 2 sein/haben im Präteritum		Ende Partizip Perfekt
Der Zug	war	schon	abgefahren.
Ich	hatte	zu lange	geschlafen.

Das Plusquamperfekt bildet man mit *sein* oder *haben* im Präteritum und Partizip Perfekt.
Das Plusquamperfekt benutzt man besonders häufig in Nebensätzen mit *nachdem* (siehe Kapitel 73).

Man benutzt das Plusquamperfekt nur zusammen mit einem anderen Satz in der Vergangenheit:

Ich hatte vorgestern gerade die Treppe geputzt, da kamen die Kinder mit schmutzigen Schuhen ins Haus.

Dieselben Verben wie im Perfekt bilden das Plusquamperfekt mit *sein* (siehe Kapitel 25).

---

1 Bilden Sie die Formen im Plusquamperfekt.

1. ich • machen	4. Sie • verlieren	7. sie (Sg.) • vergessen
2. er • fahren	5. ihr • gehen	8. du • bringen
3. wir • geben	6. sie (Pl.) • arbeiten	9. es • bleiben

2 Was war zuerst? Lesen Sie die Sätze, ordnen Sie zu und unterstreichen Sie das Plusquamperfekt.

Sie ist zu spät aufgestanden.	1 ○	○ A	Der Wecker hat nicht geklingelt.
Sie hatte vergessen, den Wecker anzustellen.	2 ○	○ B	Sie war am Tag vorher nicht einkaufen gegangen.
Das Portemonnaie war unter den Schrank gefallen.	3 ○	○ C	Der Wecker hatte nicht geklingelt.
Sie hatte nichts zu essen zum Frühstück.	4 ○	○ D	Sie hat ihr Portemonnaie wiedergefunden.

3   Ergänzen Sie den passenden Satz im Plusquamperfekt.

die ganze Nacht • feiern

alle • mithelfen

sich sehr gut • vorbereiten

den Anfang • verpassen

seine Freunde • wegfahren

Rotwein • über das Kleid • schütten • er

Er war traurig. _____

Er hat die Prüfung bestanden. _____

Die Arbeit war fertig. _____

Ich war müde. _____

Sie hat den Film nicht richtig verstanden. _____

Sie war stinksauer. _____

4a   Der Umzug. Was war zuerst? Schreiben Sie Sätze im Perfekt oder Plusquamperfekt.
1. eine neue Wohnung finden • das Umzugsunternehmen bestellen
2. das Umzugsunternehmen bestellen • alle Sachen in Kisten einpacken
3. alle Sachen in Kisten einpacken • die Kisten und Möbel in das Umzugsauto tragen
4. alles in das Umzugsauto einladen • zur neuen Wohnung fahren
5. an der neuen Wohnung ankommen • alles in die Wohnung tragen
6. alles in die Wohnung tragen • alle Helfer zum Essen einladen

> *1. Wir hatten eine neue Wohnung gefunden. Wir haben das Umzugsunternehmen bestellt.*

4b   Verbinden Sie die Sätze mit *nachdem*.

5   Perfekt oder Plusquamperfekt? Ergänzen Sie *sein/haben* in der richtigen Form.

1. Ich _____ zu spät gekommen, sie _____ schon weggegangen. Ich _____ mich total geärgert, denn ich _____ mich beeilt. Ich _____ sogar über eine rote Ampel gefahren.

2. Nachdem er sein Abitur gemacht _____, _____ er zum Studium nach Berlin gegangen und _____ dort seine jetzige Frau kennengelernt. Sie _____ drei Jahre vorher aus Russland nach Berlin gekommen und _____ eine Woche vorher in Berlin ihre Ausbildung als Krankenschwester beendet.

3. Er _____ seine Mails gerade fertig geschrieben, als sein Kollege ihn gefragt _____, ob er mit in die Kantine gehen wollte. Nachdem sie gegessen _____, _____ sie noch einen Kaffee getrunken.

6a   Was passt zusammen? Lesen Sie die Sätze und ordnen Sie zu.

auf den Wecker sehen	1 ○	○ A	dem Taxifahrer ein Extra-Trinkgeld geben
einen schnellen Kaffee trinken	2 ○	○ B	ein Taxi rufen
lange auf den Bus warten	3 ○	○ C	schnell aufstehen
das Taxi endlich kommen	4 ○	○ D	den Mantel anziehen und die Arbeitstasche nehmen
über mehrere rote Ampeln fahren	5 ○	○ E	merken, dass Sonntag ist
Taxifahrer wieder wegfahren	6 ○	○ F	schnell zur Firma kommen

6b   Schreiben Sie Sätze mit *nachdem* im Perfekt und Plusquamperfekt. Schreiben Sie in der Ich-Form.

51 Ich wasche mir die Hände
Reflexivpronomen im Dativ 🔊 ⏵ 60

B1

Ich wasche mich.

Ich wasche *mir* die Hände.

Wenn im Satz ein Akkusativ-Objekt ist, steht das Reflexivpronomen im Dativ.
Reflexivpronomen

	Akkusativ	**Dativ**
ich	mich	mir
du	dich	dir
er/sie/es/man	sich	sich
wir	uns	uns
ihr	euch	euch
sie/Sie	sich	sich

Einige Verben haben das Reflexivpronomen immer im Dativ (weil sie immer ein Akkusativ-Objekt oder einen Nebensatz haben), z. B. *sich etwas kaufen, sich etwas wünschen, sich etwas aussuchen, sich etwas vorstellen, sich etwas vornehmen*.

---

1 **Akkusativ oder Dativ? Ergänzen Sie das Reflexivpronomen.**

1. Ich kämme _____ .   Ich kämme _____ die Haare.

2. Zieh _____ doch bitte an.   Zieh _____ doch einen Mantel an.

3. Er wäscht _____ .   Er wäscht _____ das Gesicht.

4. Katzen putzen _____ häufig.   Katzen putzen _____ häufig die Ohren.

5. Wasch _____ .   Wasch _____ die Hände.

6. Wir ziehen _____ aus.   Wir ziehen _____ die Jacke aus.

7. Vorsicht, schneidet _____ nicht!   Schneidet _____ die Fingernägel vorsichtig.

8. Beim Sport habe ich _____ verletzt.   Beim Sport habe ich _____ die Hand verletzt.

2 **Was passt zusammen? Lesen Sie die Sätze und ordnen Sie zu.**

Ich kaufe	1 ○	○ A	mir die Hand verletzt.
Warum wünschst du	2 ○	○ B	mir nicht vorstellen, dass immer die Sonne scheint.
Letztes Jahr habe ich	3 ○	○ C	dir immer zu viel vor.
Such	4 ○	○ D	mir bald ein neues Auto.
Ich kann	5 ○	○ E	dir aus, was du haben willst.
Du nimmst	6 ○	○ F	dir schon wieder ein neues Handy?

3 Markieren Sie den Akkusativ.

1. Hast du dir schon eine Zeitung gekauft?
2. Beim Volleyball hat er sich den Finger gebrochen.
3. Warum machst du dir Sorgen?
4. Bei uns zu Hause ziehen wir uns immer die Schuhe aus.
5. Er wünscht sich zum Geburtstag ein neues Fahrrad.
6. Was wünscht er sich zum Geburtstag?

4a Steht das Reflexivpronomen im **Dativ** oder **Akkusativ**? Unterstreichen Sie.

1. Er wünscht sich ein Pferd.
2. Er hat sich geschnitten.
3. Er kauft sich einen BMW.
4. Er macht sich keine Sorgen.
5. Er unterhält sich gut auf der Party.
6. Er lässt sich für ein paar Tage krankschreiben.
7. Er nimmt sich immer viele Dinge vor.
8. Er kann sich nicht vorstellen, dass es bald Sommer wird.

4b Schreiben Sie Sätze mit *ich* wie im Beispiel.

> 1. Ich wünsche mir auch ein Pferd.

5 *Sich vorstellen – sich etwas vorstellen*. Ergänzen Sie die Reflexivpronomen im Dativ oder Akkusativ.

1. Guten Tag, ich möchte _____ erst einmal vorstellen: Mein Name ist Meier.

2. Ich war noch nie in den Alpen. Ich kann _____ nicht vorstellen, wie die Leute dort leben.

3. Stell _____ vor, gestern war das totale Chaos in der Stadt.

4. Soll ich _____ vorstellen, oder machst du das lieber selbst?

> ich stelle mich vor =
> ich sage meinen Namen
>
> ich stelle mir etwas vor =
> ich habe eine Idee von etwas

6 Schreiben Sie Sätze.

1. sich Sorgen machen: wir · um unsere Tochter
2. sich machen lassen: sie · eine neue Frisur
3. sich bestätigen lassen: ich · den Termin
4. sich ausstellen lassen: ich · einen internationalen Führerschein
5. sich genau durchlesen sollen: man · einen Vertrag · immer
6. sich krankmelden müssen: man · schon am ersten Tag
7. sich die Hände waschen müssen: Krankenschwestern · häufig

7 Akkusativ oder Dativ? Ergänzen Sie die Reflexivpronomen.

1. Erinnert ihr _____ an die letzte Party?

2. Klar, ich hatte _____ so gut vorbereitet. Ich hatte _____ schick gemacht, ich hatte _____ die

   Fingernägel knallrot lackiert und hatte _____ eine tolle Frisur gemacht.

3. Und dann habe ich _____ verlaufen und bin zu spät gekommen.

4. Als ich um elf Uhr ankam, hast du _____ gerade so gut mit Laura unterhalten.

5. Inka und Tamara haben _____ über die Musik gestritten.

6. Ich habe _____ Sorgen gemacht, dass sie schlechte Laune bekommen.

7. Aber sie haben _____ dann entschuldigt und haben zusammen zu der Musik getanzt.

8. Benno hat _____ in Anna-Maria verliebt und hat _____ den ganzen

   Abend nicht mehr von ihr getrennt.

9. Ich kann _____ vorstellen, wie glücklich die beiden waren.

10. Wir haben _____ wirklich gut amüsiert.

Nur mir/mich und dir/dich sind im Dativ und Akkusativ unterschiedlich.

Kaufe ich ein oder bestelle ich Pizza?

Trennbare und untrennbare Verben 61

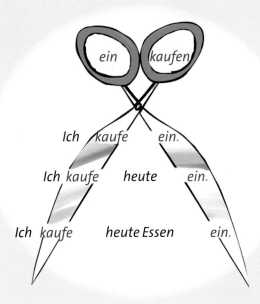

Diese Präfixe sind immer untrennbar:

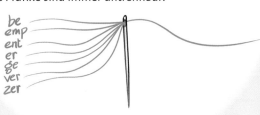

be
emp
ent
er
ge
ver
zer

	trennbar	untrennbar
Präsens	Ich kaufe heute Essen ein.	Ich bestelle heute Pizza.
Perfekt	Ich habe gestern eingekauft.	Ich habe gestern Pizza bestellt.
Präteritum	Ich kaufte gestern ein.	Ich bestellte auch gestern Pizza.
mit Modalverb	Ich möchte heute einkaufen.	Ich möchte heute Pizza bestellen.
im Nebensatz	Ich habe keine Zeit, weil ich heute einkaufe.	Ich habe viel Zeit, weil ich heute Pizza bestelle.
zu + Infinitiv	Ich habe Zeit, heute einzukaufen.	Ich habe Lust, Pizza zu bestellen.
Imperativ	Kauf doch auch mal ein!	Bestell dir doch eine Pizza!

Untrennbare Verben haben im Perfekt kein -ge.

1a Unterstreichen Sie die untrennbaren Verben.

anrufen • verbieten • ausmachen • einladen • empfehlen • bezahlen • aufräumen • erzählen

1b Schreiben Sie Sätze mit den Verben aus 1a.

die Rechnung • die Nachbarin zum Essen • die Firma • das Zimmer • dem Kind das Fernsehen •
der Kollegin ein Restaurant • die Geschichte • die Lampe

Ich lade meine Nachbarin zum Essen ein.

2 Ergänzen Sie das Partizip Perfekt.

Ich bin in mein Auto _eingestiegen_ (einsteigen), aber das Auto ist nicht _____

(anspringen). Ich bin wieder _____ (aussteigen). Ich habe mich _____

(entscheiden), die Straßenbahn zu nehmen und habe eine Fahrkarte _____

(bezahlen). Da ist die Straßenbahn vor meiner Nase ohne mich _____ (abfahren).

Also habe ich bei der Arbeit _____ (anrufen) und habe _____ (mitteilen),

dass ich später komme. Mein Chef war sauer. Ich habe _____ (versuchen), ein Taxi

zu bekommen, aber es hat kein Taxi _____ (anhalten). Ich bin 20 Minuten zu spät bei der Arbeit

_____ (ankommen) und habe meinem Chef noch einmal alles _____ (erklären).

Da hat er mich _____ (verstehen) und ich habe mich wieder _____ (entspannen).

> **Unregelmäßig:**
> steigen – gestiegen
> springen – gesprungen
> scheiden – geschieden
> fahren – gefahren
> halten – gehalten
> kommen – gekommen
> stehen – gestanden

3 Schreiben Sie Nebensätze mit *wenn*.
1. Ich habe viel Spaß. Ich sehe fern.
2. Es ist gut. Du ziehst die Schuhe aus.
3. Ich finde es toll. Ihr bringt Essen zur Party mit.
4. Man ist glücklich. Man gewinnt im Lotto.
5. Ich hasse es. Ich schlafe im Büro ein.
6. Man hat Stress. Man bewirbt sich um einen neuen Job.

> 1. Ich habe viel Spaß, wenn ich fernsehe.

4 Frau Meier hat keine Lust. Ergänzen Sie den Satz mit den Wörtern im Kasten.

> einkaufen • die Wohnung aufräumen • meine Arbeit
> beginnen • die Waschmaschine anmachen •
> die Kleidung aus der Reinigung abholen • das Essen
> vorbereiten • die Kinder erziehen • aufstehen •
> meinem Mann die Situation erklären

> Ich habe keine Lust,
> einkaufen zu gehen.

> Ich habe keine
> Lust, ...

5 Ergänzen Sie die Verben (*zu* + Infinitiv, Partizip Perfekt oder Präsens).

Ich habe immer große Lust _____ (verreisen). Also habe ich mich

_____ (entscheiden), bald _____ (wegfahren).

Meine Nachbarin hat mir einen Urlaub in der Türkei _____

(empfehlen). Ich habe gleich _____ (anfangen), im Internet nach

attraktiven Angeboten zu suchen. Es gab eine tolle Reise nach Alanya, die ich gleich gebucht habe. Ich habe

gedacht: „Dort _____ ich _____ (ausschlafen) und _____ (erholen) mich.

Und wenn das langweilig wird, _____ ich _____ (ausgehen) und _____

(besichtigen) Sehenswürdigkeiten. Als ich _____ (abfahren) bin, habe ich ganz früh meine

Wohnung _____ (verlassen). Als ich im Taxi zum Flughafen saß, habe ich bemerkt, dass ich

mein Geld _____ (vergessen) hatte. Also sind wir _____ (zurückfahren). Aber zu

Hause habe ich mein Geld nicht gefunden. Dann habe ich mich _____ (erinnern), dass ich mein

Geld doch _____ (mitnehmen) hatte. Es war im Koffer. Wir sind wieder zum Flughafen

_____ (losfahren), aber ich hatte den Flug _____ (verpassen)! Wenn ich das nächste

Mal _____ (wegfahren), _____ ich _____ (aufpassen),

dass ich alles _____ (mitnehmen).

> be-, emp-, ent-, er-,
> ge-, ver-, zer- =
> **immer untrennbar**

53

Sie freut sich über die Blumen
Verben mit Präpositionen 🔊)) 62

Er [kauft] einen Blumenstrauß.
　　　Akkusativ

Viele Verben haben ein Akkusativ-Objekt.

Er [gibt] ihr den Blumenstrauß.
　　Dativ　　Akkusativ

Viele Verben haben ein Dativ-Objekt
(Person) und ein Akkusativ-Objekt.

Die Blumen [gefallen] ihr.
　　　　　　　　　Dativ

Einige Verben haben nur ein Dativ-Objekt (Person).

Verben mit Präpositionen

```
        ┌─ Verb ─┐
Subjekt          Objekt mit
                 Präposition

Sie [ freut sich ] über die Blumen.
```

Viele Verben haben
ein Objekt mit einer
Präposition.
Diese Präposition muss
man mit dem Verb
zusammen lernen.
Eine Liste mit
wichtigen Verben mit
Präpositionen finden
Sie auf Seite 213.

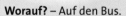

Worauf? – Auf den Bus.

Auf wen? – Auf ihren Mann.

Fragewort für Personen: Präposition + Fragewort, z. B. *Für wen?, Von wem?* ...

Fragewort für Sachen: *wo(r)* + Präposition, z. B. *wofür*, ...
Wenn die Präposition mit einem Vokal beginnt: + „r", z. B. *Worauf?*

In der gesprochenen Sprache benutzen viele Deutsche auch Präposition + *was*
z. B. *Für was?*

---

1 Ordnen Sie zu.

Er interessiert sich	1 ○	○ A	auf eine Antwort.
Ich träume	2 ○	○ B	an dich.
Sie wartet schon lange	3 ○	○ C	nach seiner Handynummer.
Frag doch mal bitte	4 ○	○ D	für Politik.
Wir denken oft	5 ○	○ E	von einem wunderbaren Urlaub.

Präposition mit Akkusativ

sich ärgern über

denken an

sich interessieren für

warten auf

diskutieren über (Thema)

sprechen über (Thema)

sich anmelden für

sich kümmern um

...

2 Ergänzen Sie die Präpositionen und schreiben Sie Sätze.
1. Er • sich ärgern • der Stau • .
2. Wir • sprechen • eine Party • .
3. Wir • sprechen • unsere Nachbarn • .
4. Er • telefonieren • seine Freundin • .
5. Sie • teilnehmen • der Deutschkurs • .
6. Sie • sich kümmern • die kranke Nachbarin • .

Präposition mit Dativ

träumen von

fragen nach

sich beschäftigen mit

telefonieren mit

sprechen mit (Person)

teilnehmen an

diskutieren mit (Person)

3 Ergänzen Sie die Tabelle. Markieren Sie das eingefügte *r*.

Verb	+ Präposition	Fragewort für Dinge	Fragewort für Personen
warten	*auf*	*Worauf?*	*Auf wen?*
träumen	*von*	*Wovon?*	*Von wem?*
denken			
fragen			
diskutieren			
sich interessieren			

4 Welche Antwort passt? Ordnen Sie zu.

Mit wem telefoniert sie?	1 ○	○ A	Mit dem Polizisten.
Womit telefoniert sie?	2 ○	○ B	Über den Strafzettel.
Mit wem diskutiert der Autofahrer?	3 ○	○ C	Für die Urlaubsfotos.
Worüber diskutieren sie?	4 ○	○ D	Mit ihrer Freundin.
Für wen interessieren Sie sich?	5 ○	○ E	Mit meinem Handy.
Wofür interessieren Sie sich?	6 ○	○ F	Für den Popstar.

5 Sache oder Person? Schreiben Sie die Fragen.

1a. Wir warten schon lange auf eine Antwort.
1b. Wir warten schon lange auf Luis.
2a. Kinder freuen sich auf Weihnachten.
2b. Die Kinder freuen sich auf ihre Oma.

3a. Wir beschäftigen uns mit Musik.
3b. Wir beschäftigen uns mit ihm.
4a. Keiner hat an den Schlüssel gedacht.
4b. Keiner hat an die Nachbarn gedacht.

6 Finden Sie die Verben mit Präposition wie im Beispiel.

1. Wir gratulieren dir zum Führerschein! (*gratulieren zu + Dativ*)

2. Kannst du dich noch an deinen sechsten Geburtstag erinnern? (_____)

3. Meine Großmutter erzählt gerne von früher. (_____)

4. Auf die Abschlussprüfung muss ich mich gut vorbereiten. (_____)

5. Ich möchte mich über meine Nachbarn beschweren. (_____)

7 *Sich freuen auf* oder *sich freuen über*? Ergänzen Sie die Präposition oder das Fragewort.

1. Joni heiratet nächste Woche. Ich freue mich schon _____ die Hochzeitsfeier.

2. Du hast so viele Geschenke bekommen. _____ hast du dich am meisten gefreut?

3. Freitagnachmittag, bald ist Wochenende. _____ freust du dich am meisten?

4. In den Ferien fahren wir nach Griechenland. Ich freue mich schon _____ das Meer.

> **Präposition mit Akkusativ**
> sich freuen auf (Zukunft)
> sich freuen über (Gegenwart + Vergangenheit)

8 Männer und Frauen. Ergänzen Sie die Präpositionen.

Der Mann interessiert sich nur _____ Fußball. Aber heute will er mit seiner Frau ins Kino gehen. Sie

wartet schon eine Stunde _____ ihn. Er kommt immer noch nicht. Sie ärgert sich _____ ihn und

träumt _____ einem Mann, der immer für sie da ist. Sie telefoniert _____ ihrer Freundin und spricht

_____ ihr _____ ihren Mann. Die Freundin gibt ihr einen guten Rat: „Melde dich doch _____

einen Tanzkurs an." Sie findet die Idee gut und geht zu einem Tanzkurs. Dort interessieren sich viele

Männer _____ sie. Da nimmt ihr Mann auch _____ dem Tanzkurs teil. Vielleicht interessiert er sich

doch mehr _____ sie als _____ Fußball?

54

Daneben, danach, dafür ...
Präpositionaladverbien und -pronomen 🔊))) 63

Als Adverb für Orts- oder Zeitangaben

Ortsangaben für Dinge

Du gehst die Straße geradeaus bis zu <u>einer Apotheke</u>, und links <u>daneben</u> (= neben der Apotheke) ist das Kino.

Zeitangaben

Sollen wir ins Kino gehen? – Nein, ich muss erst <u>etwas essen</u>, <u>danach</u> (= nach dem Essen) können wir gehen.

Als Pronomen für Dinge bei Verben mit Präpositionen

Interessierst du dich <u>für Filme</u>? – Ja, ich interessiere mich sogar sehr <u>dafür</u> (= für Filme).

Daneben, dafür ... verwendet man nur für Dinge. Bei Personen benutzt man Präposition + Pronomen:
Interessierst du dich für Woody Allen? Ja, ich interessiere mich sogar sehr <u>für ihn</u>.

Für Nebensätze

Interessierst du dich <u>dafür</u>, <u>welche Filmstars zum Filmfestival nach Berlin kommen</u>?

---

1   Ortsangaben. Wo liegt was? Ergänzen Sie die Sätze.

> davor • daneben • daran • dahinter • daneben

In der Mitte steht der Bildschirm.

1. Links _____ liegt ein Buch.

2. _____ steht eine Lampe.

3. _____ ist die Tastatur.

4. Rechts _____ liegen viele Papiere. _____ hängt ein Notizzettel.

2   Zeitangaben. Sagen Sie es kürzer, so wie im Beispiel.
1. Ich muss jetzt das Mittagessen kochen. Beim Kochen höre ich immer Radio.
2. Ich räume erst noch auf. Nach dem Aufräumen können wir Kaffee trinken.
3. Ich will jetzt noch nicht putzen. Vor dem Putzen möchte ich mich noch ausruhen.
4. Lukas will Fußball spielen gehen. Vor dem Fußballspielen muss er seine Hausaufgaben machen.
5. Erzähl mir doch von deinem Wochenende. Wir können beim Erzählen gemütlich einen Kaffee trinken.

> *1. Ich muss jetzt das Mittagessen kochen. Dabei höre ich immer Radio.*

3 Verben mit Präpositionen. Ergänzen Sie die Tabelle. Markieren Sie die eingefügten *r*.

Präposition	Dinge		Personen	
	Fragewort für Dinge	Präpositionalverb/ Präpositionalpronomen	Fragewort für Personen	Präposition + Personal-pronomen
über	Worüber?	darüber	über wen?	über mich, dich, ihn/den ...
um				
mit				
bei				
von				
vor				
für				
auf				

4 Ergänzen Sie Fragewort (*wo-*) und Präpositionalpronomen (*da-*).

1. Ich interessiere mich für Politik. Interessierst du dich auch _____ oder _____ interessierst du dich?

2. Ich freue mich auf das Wochenende. Freut Ihr euch auch _____ oder _____ freut ihr euch?

3. Ich beschäftige mich gerne mit meinem Haushalt und Garten. Beschäftigen Sie sich auch gerne _____ oder _____ beschäftigen Sie sich gerne?

5 Ergänzen Sie Präposition, Fragewort und Personalpronomen.

1. Sie telefoniert viel mit ihrer Mutter. Telefonieren Sie auch viel _____ _____ oder _____ _____ telefonieren Sie viel?

2. Der junge Mann hat nach meiner Schwester gefragt. Hat die junge Frau auch _____ _____ gefragt oder _____ _____ hat sie gefragt?

3. Ich warte auf den Chef. Wartest du auch _____ _____ oder _____ _____ wartest du?

6 Schreiben Sie eine Antwort wie im Beispiel.
1. Interessieren Sie sich für den neuesten Kinofilm?
2. Interessieren Sie sich für die Popsängerin Lady Gaga?
3. Ärgern Sie sich über ein verlorenes Fußballspiel?
4. Ärgern Sie sich über Politiker?
5. Können Sie sich auf Ihre Freunde verlassen?
6. Können Sie sich an das Leben in Deutschland gewöhnen?

1. Ja, ich interessiere mich dafür.

7 Ergänzen Sie das passende Präpositionalpronomen.

1. Erinnern Sie sich noch _____, wie es war, als Sie nach Deutschland gekommen sind?

2. Haben Sie sich _____ geärgert, dass es so viele bürokratische Probleme gibt?

3. Erzählen Sie doch _____, wie Sie eine Wohnung gefunden haben.

4. Wenn man mit seiner Familie in ein fremdes Land zieht, ist es wichtig _____ zu achten, dass die Kinder schnell die neue Sprache lernen.

5. Ich möchte mich _____ engagieren, dass Migranten sich in der neuen Umgebung schnell zurechtfinden.

sich erinnern an + A
sich ärgern über + A
erzählen von + D
achten auf + A
sich engagieren für + A

Wäre, hätte, würde …

Konjunktiv 2: Formen 64+65

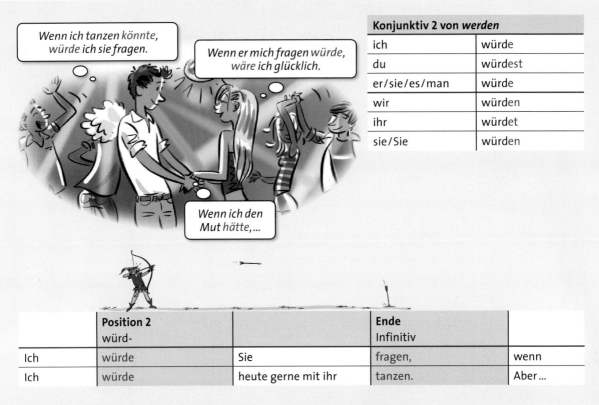

Wenn ich tanzen könnte, würde ich sie fragen.

Wenn er mich fragen würde, wäre ich glücklich.

Wenn ich den Mut hätte, …

Konjunktiv 2 von *werden*	
ich	würde
du	würdest
er/sie/es/man	würde
wir	würden
ihr	würdet
sie/Sie	würden

	Position 2 würd-		Ende Infinitiv	
Ich	würde	Sie	fragen,	wenn
Ich	würde	heute gerne mit ihr	tanzen.	Aber …

Den Konjunktiv 2 für die meisten Verben bildet man mit *würde-* + **Infinitiv**.

Extra-Formen für den Konjunktiv 2 bei *sein, haben* und den Modalverben:

Ich würde gerne glücklich sein. ➜ Ich *wäre* gerne glücklich.

Wenn ich den Mut haben würde, … ➜ Wenn ich den Mut *hätte*, …

Wenn ich tanzen können würde, … ➜ Wenn ich tanzen *könnte*, …

	sein	haben
ich	wäre	hätte
du	wär(e)st	hättest
er/sie/es/man	wäre	hätte
wir	wären	hätten
ihr	wär(e)t	hättet
sie/Sie	wären	hätten

	können	wollen	müssen	dürfen	sollen
ich	könnte	wollte	müsste	dürfte	sollte
du	könntest	wolltest	müsstest	dürftest	solltest
er/sie/es/man	könnte	wollte	müsste	dürfte	sollte
wir	könnten	wollten	müssten	dürften	sollten
ihr	könntet	wolltet	müsstet	dürftet	solltet
sie/Sie	könnten	wollten	müssten	dürften	sollten

---

1 Ergänzen Sie die Verben im Konjunktiv 2.

1. Ich _____ gerne auf den Mond _____ (*fliegen*). _____ du _____ (*mitkommen*)?

2. Sie _____ am liebsten alles _____ (*kaufen*), aber sie haben nicht genug Geld dabei.

3. _____ ihr mir _____ (*helfen*)?

4. Er _____ lieber in eine eigene Wohnung _____ (*ziehen*), aber seine Eltern wollen das nicht.

2   *Sein* und *haben* im Konjunktiv 2. Ergänzen Sie.

1. Ohne die Hilfe von deinem Bruder _____ (*haben*) du keinen Führerschein.

2. Ohne seine Freunde _____ (*sein*) er am Wochenende immer allein.

3. Ohne die Unterstützung von meinen Eltern _____ (*haben*) wir kein Haus.

4. Ohne die Panne _____ (*sein*) sie schon lange wieder zu Hause.

5. Ohne meine Kinder _____ (*sein*) ich nicht glücklich.

3   Modalverben im Konjunktiv 2. Ergänzen Sie.

1. Sie _____ (*müssen*) jetzt eigentlich Hausaufgaben machen, aber sie haben keine Lust.

2. Er _____ (*können*) in unserem Team mitspielen, aber er hat keine Zeit.

3. Die Kinder _____ (*dürfen*) ins Theater gehen, aber sie wollen nicht.

4. Ich _____ (*können*) natürlich den Marathon mitlaufen, aber ich habe meine Schuhe vergessen.

5. Sie hat kein Geld, sie _____ (*sollen*) nicht schon wieder shoppen gehen.

4   Schreiben Sie Sätze im Konjunktiv 2.
Wenn es vier Monate regnen würde,

_____ alle Straßen nass. (*sein*)

_____ man immer Regenjacke und Gummistiefel _____. (*müssen/tragen*)

_____ wir zur Arbeit _____. (*können/schwimmen*)

_____ alle Leute schlechte Laune. (*haben*)

_____ ich gerne _____. (*auswandern*)

Wenn mein Handy kaputt wäre,

_____ ich am Anfang sehr froh. (*sein*)

_____ ich viel Ruhe. (*haben*)

_____ ich keine SMS von meinen Freunden mehr _____.(*bekommen*)

_____ ich nicht _____, was los ist. (*wissen*)

_____ ich schnell ein neues Handy _____. (*kaufen*)

5   Schreiben Sie Sätze im Konjunktiv 2.

1. Ich habe nicht viel Geld und kann keine Weltreise machen. Aber wenn ...

2. Seine Freunde sind alle in einer anderen Stadt und er ist viel allein. Aber wenn ...

3. Sie ist kein Sprachgenie und muss neue Wörter sehr oft wiederholen. Aber wenn ...

4. Er ist sehr alt und kann deshalb nicht so schnell laufen. Aber wenn ...

5. Sie haben kein Auto und müssen mit dem Fahrrad fahren. Aber wenn ...

1. Aber wenn ich viel Geld hätte, könnte ich eine Weltreise machen.

6   Konjunktiv 2 oder Präteritum? Schreiben Sie.

1. Wenn ich nicht so müde wäre, könnten wir noch ausgehen. (*Konjunktiv 2* / *Konjunktiv 2*)

2. Warst du gestern bei Anna? – Nein, ich hatte keine Zeit. (_____ / _____)

3. Sie hätte gerne ein Abendkleid. (_____)

4. Wir konnten leider nicht kommen, wir mussten noch arbeiten. (_____ / _____)

5. Ich würde morgen kommen, wenn ich nicht arbeiten müsste. (_____ / _____)

56 Wenn ich viel Geld hätte, ...
Konjunktiv 2: Gebrauch

Bedeutung		Beispiel
Wunsch		*Er hätte **gerne** einen Porsche.* *Er wäre **gerne** Olympiasieger.* **In Wunschsätzen steht der Konjunktiv 2 meistens zusammen mit einer Form von *gerne* (*lieber, am liebsten*).**
irreale Bedingung		*Wenn ich viel Geld hätte, wäre ich glücklich.* **Im Haupt- und im Nebensatz steht der Konjunktiv 2.**
Höflichkeit		*Entschuldigung, könnten Sie mir bitte helfen?* *Entschuldigung, würden Sie mir bitte helfen?* **Konjunktiv 2 macht eine Bitte noch höflicher.**
Ratschlag		*Du solltest früher schlafen gehen.* **Mit dem Modalverb *sollen* im Konjunktiv 2 kann man Ratschläge geben.**
Vorschlag		*Wir könnten ins Kino gehen.* **Mit dem Modalverb *können* im Konjunktiv 2 kann man Vorschläge machen.**

1 Schreiben Sie Wunschsätze im Konjunktiv 2.

1. Er ist klein. (*größer*)
2. Sie hat ein normales Fahrrad. (*Elektro-Fahrrad*)
3. Wir haben ein altes Auto. (*neues Auto*)
4. Sie bleiben immer zu Hause. (*reisen*)
5. Er tanzt nicht gut. (*besser tanzen*)

> *1. Er wäre gerne größer.*

2 *Wenn ... dann* – Ordnen Sie zu und schreiben Sie Bedingungssätze mit Konjunktiv 2 wie im Beispiel.

Blumen können sprechen.	1 ○	○ A	Viele Bäume sind kaputt.
Katzen sind Vegetarier.	2 ○	○ B	Kinder müssen nicht zur Schule gehen.
Autos können fliegen.	3 ○	○ C	Menschen haben immer Freizeit.
Deutschland liegt in Afrika.	4 ○	○ D	Mäuse haben keine Angst.
Elefanten können klettern.	5 ○	○ E	Es ist wärmer und es regnet nicht so viel.
Roboter können alle Arbeit machen.	6 ○	○ F	Es gibt keine Weltmeisterschaft.
Babys können lesen und schreiben.	7 ○	○ G	Es ist laut im Garten.
Alle Menschen können gleich gut Fußball spielen.	8 ○	○ H	Es gibt keinen Stau auf der Straße.

> *1G: Wenn Blumen sprechen könnten, wäre es im Garten laut.*

3 Formulieren Sie eine höfliche Bitte mit *können* im Konjunktiv 2.

mir Geld wechseln
das Fenster schließen
mir ein Glas Wasser geben
mir mit dem
Kinderwagen helfen
mich vorbeilassen
mir sagen, wie spät es ist

Könnten Sie mir bitte Geld

wechseln?

_____   _____

_____   _____

_____   _____

_____   _____

4 Schreiben Sie Ratschläge.

1. Ich habe kein Geld. (*weniger Schuhe kaufen*)

2. Ich habe keine Zeit. (*weniger Computerspiele spielen*)

3. Ich habe keine Lust dazu. (*es trotzdem machen*)

4. Ich habe Angst vor der Prüfung. (*sich gut vorbereiten*)

5. Ich kann nicht tanzen. (*einen Tanzkurs machen*)

1. Du solltest weniger Schuhe kaufen.

5 Machen Sie Vorschläge.

1. Langweilst du dich? *Du könntest ins Kino gehen.* _____ (*du • ins Kino gehen*)

2. Wollt ihr essen gehen? _____ (*wir • zum Inder gehen*)

3. Was machen wir heute Abend? _____ (*wir • zu Hause fernsehen*)

4. Du musst das nicht alleine machen. _____ (*ich • dir helfen*)

5. Sollen wir zusammen arbeiten? _____ (*du • zu mir kommen*)

6. Hast du dein Portemonnaie vergessen? _____ (*ich • dir Geld leihen*)

6 Welche Bedeutung hat der Konjunktiv 2? Notieren Sie.

A) Wunsch • B) irreale Bedingung • C) Höflichkeit • D) Ratschlag • E) Vorschlag

1. Würden Sie bitte das Fenster öffnen? (____)

2. Sie sollten lieber noch eine Jacke anziehen. (____)

3. Wir könnten heute eine Fahrradtour machen. (____)

4. Ich würde mir gerne diese Schuhe hier kaufen. (____)

5. Wenn ich jetzt Urlaub hätte, würde ich dich besuchen. (____)

6. Er würde gerne länger bleiben. (____)

Der Mechaniker montiert den Motor.　　Der Motor wird **montiert**.　　Hier muss Lärmschutz **getragen** werden.

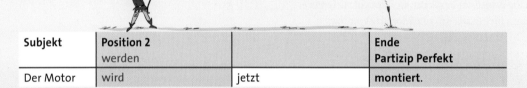

Subjekt	Position 2 werden		Ende Partizip Perfekt
Der Motor	wird	jetzt	**montiert**.

Das Passiv bildet man mit **werden** + **Partizip Perfekt**.
Beim Passiv ist die Aktion wichtiger als die Person.

Der Mechaniker montiert den Motor.
　Subjekt　　　　Akkusativ-Objekt

Der Motor wird (von dem Mechaniker) montiert.
　Subjekt

	werden
ich	werde
du	wirst
er, sie, es, man	wird
wir	werden
ihr	werdet
sie, Sie	werden

Das Akkusativ-Objekt aus dem Aktivsatz wird zum Subjekt im Passivsatz. Das Subjekt aus dem Aktivsatz nennt man meistens nicht. Man kann es mit *von* + Dativ ergänzen.

Passiv mit Modalverben

	Position 2 Modalverb		Ende Partizip Perfekt + werden (im Infinitiv)
Hier	muss	Lärmschutz	**getragen** werden.

1　**Bilden Sie die Formen im Passiv und schreiben Sie Sätze.**

1. ein Paket • senden
2. ich • operieren
3. die Getränke • verkaufen
4. ihr • informieren
5. Sie • abholen
6. du • nach Hause bringen
7. der Olympiasieg • feiern
8. die Pizza • bestellen
9. wir • vom Arzt behandeln

> *1. Das Paket wird gesendet.*

2 Bilden Sie die Formen im Passiv mit Modalverb und schreiben Sie Sätze.
1. ich • müssen • operieren
2. die Bremsen vom Auto • müssen • kontrollieren
3. du • wollen • vom Arzt behandeln
4. wir • müssen • untersuchen
5. Eis • dürfen • hier nicht essen

1. Ich muss operiert werden.

3 Was wird vor einer längeren Reise gemacht? Ordnen Sie die Sätze.
1. in Koffer und Taschen • die Kleidung • wird • eingepackt • .
2. zu den Nachbarn • gebracht • werden • die Blumen und der Haustürschlüssel • .
3. wird • und abgestellt • leer geräumt • der Kühlschrank • .
4. die Fenster • in allen Räumen • geschlossen • werden • .
5. ausgestellt • werden • die elektrischen Geräte • .
6. werden • gepackt • ins Auto • die Taschen und Koffer • .

Passiv = *werden* + *Partizip Perfekt*

4 Essgewohnheiten. Schreiben Sie die Sätze im Aktiv wie im Beispiel.
1. In Deutschland werden viele Kartoffeln gegessen.
2. In Baden werden auch häufig Spätzle und Knödel gegessen.
3. In Wien kann Sachertorte probiert werden.
4. In Argentinien wird viel Rindfleisch gegessen.

1. In Deutschland isst man viele Kartoffeln.

5a Trinkgewohnheiten. Schreiben Sie die Sätze im Passiv wie im Beispiel.
1. In Norddeutschland und in Bayern trinkt man viel Bier.
2. In der Pfalz und in Baden-Württemberg trinkt man Wein.
3. In Hessen kann man Apfelsaft und Apfelwein trinken.
4. Zum Frühstück trinken die meisten Leute in Deutschland Kaffee.

1. In Norddeutschland und in Bayern wird viel Bier getrunken.

5b Ergänzen Sie die Nebensätze mit *dass*.
1. Ich wusste (nicht), dass in Norddeutschland und Bayern *viel Bier getrunken wird* .
2. Ich wusste (nicht), dass in der Pfalz und in Baden-Württemberg _____ .
3. Ich wusste (nicht), dass in Hessen _____ .
4. Ich wusste (nicht), dass in Deutschland zum Frühstück meistens _____ .

6 Verbote. Schreiben Sie Sätze zu den Schildern wie im Beispiel.

kein Eis essen
keine Schuhe tragen
das Handy nicht anschalten
das Auto nicht parken

1. *Hier darf kein Eis gegessen werden.*
2. *Hier darf man kein Eis essen.*
3. _____
4. _____

Parken verboten!

5. _____
6. _____
7. _____
8. _____

Wann wurde der Kölner Dom gebaut?

Passiv Teil 2 🔊 68

Der Kölner Dom wurde von 1248 bis 1880 gebaut.
Er ist über 600 Jahre lang gebaut worden.
Im 20. Jahrhundert musste er renoviert werden.

Passiv Präteritum

	Position 2 wurd-		Ende Partizip Perfekt
Der Kölner Dom	wurde	von 1248 bis 1880	**gebaut.**

Präteritum von *werden*	
ich	wurde
du	wurdest
er/sie/es/man	wurde
wir	wurden
ihr	wurdet
sie/Sie	wurden

Passiv Perfekt

	Position 2 sein		Ende Partizip Perfekt + worden
Er	ist	lange	**gebaut** worden.

⚠ Das Partizip von *werden* für das Passiv hat kein *ge-*.

Passiv Präteritum mit Modalverb

	Position 2 Modalverb *(im Präteritum)*		Ende Partizip Perfekt + werden (im Infinitiv)
Er	musste	im 20. Jahrhundert	**renoviert** werden.

1a Formen üben. Schreiben Sie Sätze im Passiv Präteritum und im Passiv Perfekt.

1. die Zeitung • lesen
2. eine Mail • schreiben
3. ich • operieren
4. du • zur Party einladen
5. wir • gut behandeln
6. diese Kinder • schlecht erziehen
7. Sie • falsch informieren
8. die Bücher • zu einem günstigen Preis anbieten

> 1. Die Zeitung wurde gelesen.
> Die Zeitung ist gelesen worden.

1b Schreiben Sie Sätze im Passiv Präteritum mit Modalverb.

1. der Verletzte • müssen • operieren
2. die Bremsen • müssen • reparieren
3. du • müssen • fragen
4. ich • wollen • schnell bedienen
5. der Anruf • nicht können • weiterleiten

> 1. Der Verletzte musste operiert werden.

2 Deutsche Geschichte. Schreiben Sie aus den Notizen Sätze im Passiv Präteritum.

1945	Krieg beenden
nach dem Krieg	Deutschland in zwei Staaten teilen
1949	1. Bundestag wählen
1961	Mauer bauen
am 9. November 1989	Mauer in Berlin öffnen
am 3. Oktober 1990	die beiden deutschen Staaten wiedervereinigen

der Krieg
die Mauer
der Vertrag

1945 wurde der Krieg beendet.

3 Schreiben Sie Fragen im Passiv Perfekt. Kennen Sie die Antwort?

1. Aspirin • entdecken • wann • ?
2. von wem • Amerika • entdecken • ?
3. wo • erfinden • Buchdruck • ?
4. wie lange • bauen • Kölner Dom • ?
5. wann • das erste Handy • verkaufen • ?
6. wo • schon vor 3500 Jahren • Glas • produzieren • ?

1. Wann ist Aspirin entdeckt worden?

4 Antworten Sie im Passiv Perfekt.

unterschreiben • sortieren • beantworten • bezahlen • kochen • einladen

1. die E-Mails?
2. die Geschäftspartner (Pl.)?
3. die Rechnungen?
4. der Vertrag?
5. die Papiere?
6. der Kaffee?

Die E-Mails?

Die E-Mails sind schon beantwortet worden.

5 Ein erfolgreicher Existenzgründer. Was musste gemacht werden?
Schreiben Sie Sätze.

einen Geschäftspartner finden	einen Laden mieten
die Geschäftsidee ausprobieren	die Räume renovieren
eine Finanzierung planen	Waren kaufen
einen Kredit aufnehmen	den Laden eröffnen

Ein Geschäftspartner musste gefunden werden.

6 Prüfungsvorbereitung. Schreiben Sie die Sätze im Passiv (Präsens, Präteritum oder Perfekt).

1. Man musste die Prüfung gut vorbereiten.
2. Man hat die Wörter wiederholt.
3. Man hat mit einem Partner zusammen die Dialoge geübt.
4. Man hat viele Hörtexte gehört.
5. Man konnte in der kurzen Zeit nicht alles perfekt machen.
6. Nach der Prüfung feiert man eine Party.
7. Oft vergisst man alles wieder.

1. Die Prüfung musste gut vorbereitet werden.

7 Aus der Zeitung. Schreiben Sie für jede Schlagzeile zwei Passivsätze wie im Beispiel.

1. **Neuer Saturnmond entdeckt!**

2. **Bank im Zentrum überfallen**

3. **Neues Schwimmbad eröffnet**

4. **Baby von Schwan gebissen**

5. **Präsident mit großer Mehrheit gewählt**

1. Ein neuer Saturnmond ist entdeckt worden.

Ein neuer Saturnmond wurde entdeckt.

Der Präsident wird kommen
Vermutung und Zukunft mit Futur 1 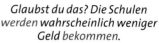 69

„Im kommenden Jahr werden die Schulen mehr Geld bekommen."

Glaubst du das? Die Schulen werden wahrscheinlich weniger Geld bekommen.

	Position 2 werden		Ende Infinitiv
Die Schulen	werden	nächstes Jahr mehr Geld	bekommen.
Die Schulen	werden	(wahrscheinlich) weniger Geld	bekommen.

Das Futur 1 bildet man mit **werden** + **Infinitiv**.

Futur 1 bedeutet Zukunft oder Vermutung.
Die Wörter *wohl, vielleicht, wahrscheinlich, ...* betonen die Vermutung.

	werden
ich	werde
du	wirst
er, sie, es, man	wird
wir	werden
ihr	werdet
sie, Sie	werden

Der Präsident wird morgen Berlin besuchen.

Guck mal, der Präsident kommt morgen zu uns nach Berlin.

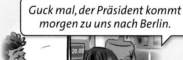

formelle Situation: Futur   informelle Situation: Präsens

In informellen Situationen benutzt man das Präsens für die Zukunft.

---

1 Ein Rendevouz. So könnte es sein! Ordnen Sie zu.

Paul	1 o	o A	wirst wahrscheinlich mit Peter zusammen kommen.
Ich	2 o	o B	werden einen wunderschönen Abend zusammen verbringen.
Wir	3 o	o C	werden wohl in ein Restaurant gehen.
Du	4 o	o D	werde ihm das Foto zeigen.
Ihr	5 o	o E	wird wahrscheinlich schon im Park auf mich warten.
Wir	6 o	o F	werdet von eurer Reise erzählen.

2 So könnte es auch sein! Ordnen Sie die Sätze.

1. Paul • zu spät kommen • wird • wohl wie so oft • .
2. bestimmt sehr ärgerlich auf ihn • ich • werde • sein • .
3. streiten • uns wohl • werden • wir • .
4. wir • ins Restaurant zu gehen • wahrscheinlich keine Lust mehr haben, • werden • .
5. ohne uns • verbringen • werden • einen wunderschönen Abend • unsere Freunde • .
6. ich • werde • sein • wahrscheinlich sehr unglücklich • .

3 Schreiben Sie Vermutungen.

1. Ich glaube, dass es gleich schneit.
2. Ich glaube, dass die Straßen glatt sind.
3. Ich glaube, dass es heute viele Unfälle gibt.
4. Ich glaube, dass wir das Auto wahrscheinlich stehenlassen.
5. Ich glaube, dass wir spät nach Hause kommen.

> 1. Es wird wahrscheinlich gleich schneien.

4 Was ist das wohl für eine Frau? Schreiben Sie Vermutungen.

1. viel Geld haben
2. ungefähr 30 Jahre alt
3. verheiratet sein
4. Kinder haben
5. Lehrerin oder Ärztin sein

> 1. Ich glaube, dass sie viel Geld hat. / Sie wird wohl viel Geld haben.

5 Formell oder informell? Ordnen Sie die Sätze zu.

	A In der Zeitung	B Paul zu Barbara
1a Hast du schon gehört, morgen kommt Peter Fox?		X
1b Am kommenden Freitag wird Peter Fox zu einem Konzert in der Jahrhunderthalle kommen.		
2a Die Olympischen Spiele werden am nächsten Samstag beginnen.		
2b Die Olympischen Spiele fangen am Samstag an. Ich freue mich schon!		
3a Das städtische Schwimmbad wird wegen Reparaturarbeiten vom 4. 6. bis 6. 6. geschlossen sein.		
3b Das Schwimmbad ist am nächsten Dienstag, Mittwoch und Donnerstag zu.		

6 Das macht Erkan in der Zukunft. Schreiben Sie informelle Sätze über die Zukunft im Präsens.

1. morgen: mit Freunden treffen
2. nächste Woche: umziehen
3. nächsten Monat: neue Arbeit anfangen
4. in einem halben Jahr: heiraten
5. nach der Hochzeit: eine Hochzeitsreise nach Südamerika machen
6. in zehn Jahren: zwei Kinder haben

> 1. Morgen trifft er sich mit Freunden.

7 Nachrichten. Schreiben Sie formelle Sätze über die Zukunft im Futur 1.

1. Am kommenden Montag: die Präsidentin • im Parlament • sprechen
2. Morgen: der König • zu einem offiziellen Besuch • in die Schweiz • fliegen
3. Nächstes Jahr: die Deutschen • ein neues Parlament • wählen
4. Nächsten Monat: die Weltmeisterschaften • in Wien • stattfinden

> 1. Am kommenden Montag wird die Präsidentin im Parlament sprechen.

Werden, werden, werden …
Funktionen von *werden*

Prozess	*Wenn ich groß bin, werde ich Arzt! Ich werde reich!*	normales Verb werden + <u>Nomen</u> werden + <u>Adjektiv</u>	Ich werde Arzt. Ich werde reich. Perfekt: Ich bin Arzt **geworden**. Ich bin reich **geworden**.
Passiv		Passiv: werden + <u>Partizip 2</u>	Der Motor wird montiert. Perfekt: Der Motor ist montiert **worden**.
Zukunft **Vermutung**		Futur: werden + <u>Infinitiv</u>	Die Schulen werden mehr Geld bekommen. Die Schulen werden wohl weniger Geld bekommen.

1 Welche Funktion hat *werden* in den Sätzen? Kreuzen Sie an.

	Prozess	Passiv	Zukunft/Vermutung
1. Mein Sohn möchte Pilot werden.			
2. Morgen wird es wohl regnen.			
3. Wenn das so weitergeht, werde ich noch verrückt.			
4. Das Treffen der Minister wird morgen stattfinden.			
5. Der Salat wird gewaschen.			
6. Das Baby muss gefüttert werden.			

2a Ergänzen Sie die Verben in der richtigen Form.

1. Der Präsident _____ nächste Woche China _____ . (*werden • besuchen*)

2. Wenn ich weiter so viel Schokolade esse, _____ ich immer dicker. (*werden*)

3. Meine Schwester studiert Medizin, denn sie _____ Ärztin _____ . (*wollen • werden*)

4. In den Henschel-Werken _____ monatlich 12–15 Lokomotiven _____ . (*werden • produzieren*)

5. Ich brauche keinen Wecker. Wenn es hell _____ , wache ich immer auf. (*werden*)

6. Orangen _____ _____ . (*werden • schälen*)

7. Warum _____ er rot? (*werden*)

8. Morgen _____ das Parlament über das neue Gesetz _____ . (*werden • entscheiden*)

9. Das Bad _____ gerade _____ . (*werden • putzen*)

10. Der Zug Nr. 312 aus Brüssel _____ zehn Minuten später _____ . (*werden • ankommen*)

11. Glaubst du, er kommt morgen pünktlich? Ja, er _____ pünktlich _____ . (*werden • kommen*)

2b Welche Funktion hat *werden* in den Sätzen in 2a? Ordnen Sie zu.

Prozess	Passiv	Zukunft/Vermutung
		1,

3a Welche Funktion hat *werden*? Unterstreichen Sie: Prozess (grün), Passiv (rot).

1. Ich werde krank. – Der Arzt wird angerufen.
2. Nur Obst wird gegessen. – Man wird schlank.
3. Etwas Unangenehmes wird gesagt. – Man wird rot.
4. Es wird kalt. – Die Heizung wird angestellt.
5. Meine Tochter wird 18 Jahre alt! – Eine große Party wird gefeiert.
6. Man wird immer dicker. – Eine Diät wird gemacht.
7. Er wird sechs Jahre alt. – Er wird eingeschult.

3b Schreiben Sie die Sätze im Perfekt.

1. *Ich bin krank geworden. Der Arzt ist angerufen worden.* _____
2. _____
3. _____
4. _____
5. _____
6. _____
7. _____

4 Ergänzen Sie *worden* oder *geworden* und kreuzen Sie die richtige Funktion von *werden* an.

	Prozess	Passiv
1. Zuerst ist die Küche renoviert _____.		
2. Er hatte Geburtstag. Er ist schon 98 _____!		
3. Er ist nicht gefragt _____.		
4. Seit Jahren sind keine Kassetten mehr verkauft _____.		
5. Ihr Sohn ist Lehrer _____.		
6. Er ist mit 50 gestorben. Er ist nicht alt _____.		
7. 2005 ist Angela Merkel Kanzlerin _____.		
8. Sie ist 2009 zum zweiten Mal gewählt _____.		

5 Traumberuf. Ergänzen Sie *werden*, *worden* oder *geworden*.

Als Kind wollte ich unbedingt Arzt _____. Aber vor jeder Prüfung

in der Schule bin ich sehr nervös _____. Also waren meine

Resultate nicht so gut und ich konnte nicht Medizin studieren. Von meinem

Vater bin ich sehr kritisiert _____, aber dadurch ist auch nichts

anders _____, ich war nur unglücklich. Dann habe ich eine Ausbildung zum Installateur gemacht.

Ich bin nach meinem Abschluss bei einer guten Firma genommen _____ und Installateure

_____ dort fast so gut bezahlt wie ein Arzt. Nun bin ich doch noch glücklich _____ und

mein Vater sogar auch!

Leben und leben lassen

Das Verb *lassen* 🔊))) 70+71

B1

nicht mitnehmen		Kann ich meine Koffer hier lassen? Perfekt: Ich habe meinen Koffer hier **gelassen**.
(nicht) erlauben *lassen* + Infinitiv		Ich lasse mein Kind nicht fernsehen. ⚠ Perfekt: Ich habe mein Kind nicht fernsehen **lassen**.
nicht selbst machen *lassen* + Infinitiv		Ich lasse meine Haare schneiden. ⚠ Perfekt: Ich habe meine Haare schneiden **lassen**.

1 **Nicht mitnehmen. Antworten Sie wie im Beispiel.**
1. Regnet es? (*Schirm zu Hause*)
2. Brauche ich meine Brille? (*Brille hier*)
3. Brauchst du deine Bücher? (*Bücher in der Schule*)
4. Nimmst du deine Tasche mit? (*Tasche im Auto*)
5. Wo kann ich das Auto parken? (*Auto vor der Garage*)

> 1. *Nein, du kannst den Schirm zu Hause lassen.*

2 **Etwas erlauben. Fragen Sie anders.**
1. Erlauben Sie Ihrer Tochter in die Disko zu gehen?
2. Erlauben Sie Ihrem Sohn allein in den Urlaub zu fahren?
3. Erlauben Sie Ihrer Sekretärin früher nach Hause zu gehen?
4. Erlauben Sie Ihrem Hund im Bett zu schlafen?
5. Erlauben Sie Ihren Freunden im Auto zu rauchen?

> 1. *Lassen Sie Ihre Tochter in die Disko gehen?*

3a Selbst arbeiten oder arbeiten lassen? Beantworten Sie die Fragen.

1. Kocht er seinen Kaffee selbst?
2. Kopiert er die Dokumente selbst?
3. Bereitet er die Präsentation selbst vor?
4. Kauft er die Blumen für seine Frau selbst?
5. Ruft er seine Frau selbst an?

> *1. Nein, er lässt seinen Kaffee kochen.*

3b Schreiben Sie die Sätze aus 3a im Perfekt.

> *1. Er hat seinen Kaffee kochen lassen.*

4 Welche Bedeutung hat *lassen* hier? Kreuzen Sie an.

	nicht mitnehmen	(nicht) erlauben	nicht selbst machen
1. Ich lasse meine schwere Tasche zu Hause.			
2. Ich lasse mein Auto in der Werkstatt reparieren.			
3. Ich lasse meine kleine Tochter nicht fernsehen.			
4. Kann ich meinen Koffer am Flughafen lassen?			
5. Ich muss meine Haare schneiden lassen.			
6. Wir haben den Vogel fliegen lassen.			

5 Was passt? Ergänzen Sie.

> machen lassen • drucken lassen • untersuchen lassen • schneiden lassen • sagen lassen • lassen

1. Wenn du schlecht siehst, musst du deine Augen _____ .

2. _____ deine Handtasche nicht im Auto. Man kann nie wissen.

3. Warum _____ du deine Tochter nicht ihre eigenen Erfahrungen _____ ?

4. Es kommen etwa 200 Gäste. Am besten _____ wir Einladungskarten _____ .

5. Er glaubt, er hat immer recht. Er _____ sich nichts _____ .

6. Du könntest dir wirklich mal die Haare _____ , die sind viel zu lang.

6a Welche Bedeutung hat *lassen* hier? Kreuzen Sie an: *nicht mitnehmen* (A), *erlauben* (B), *nicht selbst machen* (C).

1. Ich lasse meine Tasche zu Hause. (☒ A • ◯ B • ◯ C)
2. Ich lasse mein Kind viel Schokolade essen. (◯ A • ◯ B • ◯ C)
3. Ich lasse mich vom Arzt untersuchen. (◯ A • ◯ B • ◯ C)
4. Ich lasse mein Fahrrad hier. (◯ A • ◯ B • ◯ C)
5. Ich lasse meine Waschmaschine reparieren. (◯ A • ◯ B • ◯ C)
6. Ich lasse meinen Mann lange schlafen. (◯ A • ◯ B • ◯ C)
7. Ich lasse mein Gepäck am Bahnhof. (◯ A • ◯ B • ◯ C)

6b Schreiben Sie die Sätze im Perfekt.

> *1. Ich habe meine Tasche zu Hause gelassen.*

Sitzen/Setzen, stehen/stellen, liegen/legen *und* hängen

Positions- und Direktionsverben 🔊 72+73

B1

	Direktion (Aktion) regelmäßig (mit Akkusativ-Objekt)		Position unregelmäßig (ohne Akkusativ-Objekt)
	(sich) **stellen** (stellte, gestellt)		**stehen** (stand, gestanden)
	(sich) **setzen** (setzte, gesetzt)		**sitzen** (saß, gesessen)
	(sich) **legen** (legte, gelegt)		**liegen** (lag, gelegen)
	hängen (hängte, gehängt)		**hängen** (hing, gehangen)
	Wohin? (in, an, auf, über, unter, vor, hinter, neben, zwischen + Akkusativ)		**Wo?** (in, an, auf, über, unter, vor, hinter, neben, zwischen + Dativ)

1 Positionen. Was liegt? Was steht? Was sitzt? Was hängt?

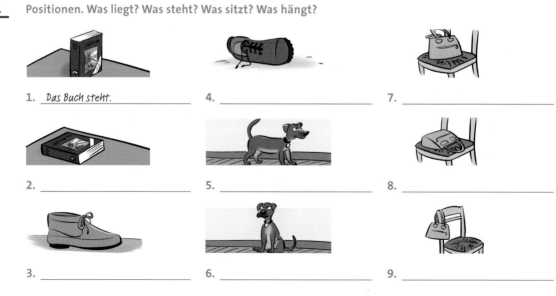

1. *Das Buch steht.*

4. _____

7. _____

2. _____

5. _____

8. _____

3. _____

6. _____

9. _____

2 Was ist falsch? Streichen Sie es durch. Kreuzen Sie dann an: Position oder Direktion?

	Position	Direktion
1. Die Blumen stehen auf dem Tisch • ~~auf den Tisch.~~	X	
2. Er stellt das Auto vor der Garage • vor die Garage.		
3. Die Mutter legt das Baby im Bett • ins Bett.		
4. Der Opa liegt gemütlich auf dem Sofa • auf das Sofa.		
5. Wir sitzen gemütlich am Tisch • an den Tisch.		
6. Sie setzt sich neben dem Freund • neben den Freund.		
7. Der Mantel hängt an der Garderobe • an die Garderobe.		
8. Wir hängen die Lampe über dem Tisch • über den Tisch.		

3 Ergänzen Sie das passende Verb.

stell • stehe • stehen • stellen • liegt • sitzen • liegen • lege • liegt • setzen

1. _____ doch das Buch ins Regal! Warum _____ es hier auf dem Esstisch?

2. Sie können sich auf meinen Platz _____ . Im Bus _____ ich lieber.

3. Ich _____ doch meine Brille immer auf den Tisch. Warum _____ sie da jetzt nicht?

4. Wenn du krank bist, solltest du im Bett _____ und nicht auf dem Sportplatz _____ .

5. Komm, wir _____ den Fernseher hier neben den Schrank. Wenn wir auf dem Sofa

_____ , können wir gut sehen.

4 Was ist falsch? Streichen Sie es durch.
1. Sie hat die Kleider auf das Bett gelegen • gelegt.
2. Dann hat sie die Blusen an den Schrank gehängt • gehangen.
3. Ein Koffer hat auf dem Boden gestellt • gestanden.
4. Sie hat sich auf das Bett gesetzt • gesessen.
5. Ihr Mann hat neben ihr auf dem Stuhl gesetzt • gesessen.
6. Neben ihm hat ein Strauß Blumen auf dem Boden gelegt • gelegen.
7. Sein Foto hat noch über dem Bett gehängt • gehangen. ... Sie ist dann doch geblieben.

5 Ergänzen Sie die Verben im Präsens oder Perfekt und die Artikel (wenn nötig).

1. Wo _____ dein Fahrrad? Ich habe es vor _____ Schule _____ .

2. Wohin hast du das Papier _____ ? Da _____ es doch auf _____ Tisch.

3. Wo _____ die Gläser? Ich habe sie in _____ Schrank _____ .

4. Wohin _____ du dich gerne im Kino? Ich _____ am liebsten ganz hinten.

6 Welches Verb passt? Ergänzen Sie die Tabelle.

der Teller im Schrank • ~~die Tasse auf dem Tisch~~ • der Stift auf dem Tisch • die Blumen in der Vase • das Kissen auf dem Bett • die Brille auf der Nase • das Buch im Regal • die Kirche im Zentrum • der Vogel auf dem Baum • der Schrank im Zimmer • das Messer auf dem Tisch • der Fernseher auf dem Tisch

stehen	liegen	sitzen
die Tasse auf dem Tisch		

Partnerseite 8: Passiv-Bingo
Partner A

B1

Sie beschreiben die Aktionen auf den Bildern mit einem Passivsatz.

Beispiel: Die E-Mail wird geschrieben.

Ihr Partner kontrolliert sie und markiert das Feld auf seiner Seite. Wenn Sie drei Felder zusammen genannt haben, ist das Spiel beendet.

die E-Mail schreiben	den Kaffee servieren	ein Paket bringen
den Brief kopieren	den Vertrag unterschreiben	den Ordner holen
die Blumen (Pl.) gießen	die Grafik präsentieren	den Papierkorb ausleeren

Jetzt korrigieren Sie die Passivsätze Ihres Partners und markieren die Felder, wo der Satz steht. Wenn Ihr Partner drei Felder zusammen genannt hat, ist das Spiel beendet.

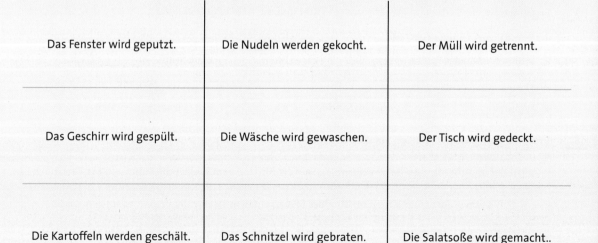

Das Fenster wird geputzt.	Die Nudeln werden gekocht.	Der Müll wird getrennt.
Das Geschirr wird gespült.	Die Wäsche wird gewaschen.	Der Tisch wird gedeckt.
Die Kartoffeln werden geschält.	Das Schnitzel wird gebraten.	Die Salatsoße wird gemacht..

Partnerseite 8: Passiv-Bingo
Partner B

Sie korrigieren die Passivsätze Ihres Partners und markieren die Felder, wo der Satz steht. Wenn Ihr Partner drei Felder zusammen genannt hat, ist das Spiel beendet.

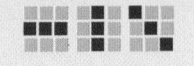

Der Ordner wird (aus dem Regal) geholt.	Das Paket wird gebracht.	Der Brief wird kopiert.
Der Kaffee wird serviert.	Die E-Mail wird geschrieben.	Der Vertrag wird unterschrieben.
Die Grafik wird präsentiert.	Der Papierkorb wird ausgeleert.	Die Blumen werden gegossen.

Sie beschreiben die Aktionen auf den Bildern mit einem Passivsatz. Beispiel: Die Salatsoße wird gemacht. Ihr Partner kontrolliert sie und markiert das Feld auf seiner Seite. Wenn Sie drei Felder zusammen genannt haben, ist das Spiel beendet.

die Salatsoße machen | die Wäsche waschen | den Tisch decken
das Schnitzel braten | die Kartoffeln (Pl.) schälen | das Fenster putzen
das Geschirr spülen | den Müll trennen | die Nudeln (Pl.) kochen

Das Auto seines Vaters
Genitiv 🔊 74

„Du, da fährt David. Ist das sein Auto?"

„Nein, das ist nicht Davids Auto, das ist das Auto seines Vaters."

maskulin	neutral	feminin	Plural
des Vaters	des Kindes	der Mutter	der Eltern
eines Vaters	eines Kindes	einer Mutter	von Eltern ⚠
ihres Vaters	unseres Kindes	seiner Mutter	meiner Eltern

Plural mit unbestimmtem Artikel existiert nicht im Genitiv (nur mit Adjektiv: *guter Eltern*)

Bei **maskulin** und **neutral** hat das Nomen im Genitiv ein -*s* am Ende.
Nach **s, ß, sch, x, z** und bei den meisten **einsilbigen (=kurzen) Wörtern** ein zusätzliches -*e* vor dem -*s*.
die Nummer des Platzes, das Alter des Mannes

Genitiv bei Namen: Davids Auto

Namen mit Genitiv-s + **Nomen (ohne Artikel)**

Bei Namen, die auf -*s* oder -*x* enden, kommt kein Genitiv-s, sondern ein Apostroph:
Hans' Auto, Beatrix' Auto

Genitiv bei Nomen: das Auto des Vaters

Nomen + Genitiv (mit Artikel)

Der Genitiv kann immer durch *von* + Dativ ersetzt werden:
Davids Auto = das Auto von David / das Auto seines Vaters = das Auto von seinem Vater

---

1 Ergänzen Sie den Genitiv.

1. Da steht das Auto mein _er_ Chefin _x_ .

2. Daneben ist das Fahrrad d____ Sekretärin____ .

3. Sie arbeitet heute im Büro d___ neuen Chef___ .

4. Der Chef ist der Bruder mein____ Freund____ .

5. Mein Freund ist ein guter Kunde d____ Geschäft____ .

6. Es gibt auch einen Parkplatz für die Kunden d _er_ Kaufhäuser.

7. Der Name d____ Straße____ ist „Kaufmeile".

2 Wem gehört das? Schreiben Sie Sätze.

Das ist Judiths Bilderbuch.

Rudi   Susi   Tobias   Judith

die Puppe, die Pfeife, das Bilderbuch, die Fußballschuhe, der Lippenstift, die Schuhe, das Kleid, die Schultasche

3 Bilden Sie den Genitiv.

die Seite / das Buch   der Geburtstag / eine Freundin   die Wünsche / Kunden
der Lehrer / die Kinder   der Ring / die Königin   die Hochzeit / das Jahr
die Probleme / Eltern   die Assistentin / ein Arzt   die Größe / der Garten

> *die Seite des Buches*

4 Neid. Namen und Nomen. Schreiben Sie die Sätze neu und benutzen Sie den Genitiv.

1. Der Freund von meiner Freundin hat schöne Augen.
2. Die Tasche von Luisa ist schöner als meine.
3. Die Äpfel von meinem Chef sind röter als unsere.
4. Das Auto von Thomas ist schneller als mein Motorrad.
5. Die Geschwister von meinen Freunden sind netter als meine.
6. Das Haus von meiner Schwester war teurer als unseres.
7. Die Tür von ihrem Haus ist moderner als die Tür von unserem Haus.
8. Das Gehalt von meinem Schwager ist viel besser als das von meinem Mann.
9. Aber die Probleme von meinen Nachbarn sind größer als meine.

> *1. Der Freund meiner Freundin hat schöne Augen.*

5 Antworten Sie auf die Fragen. Benutzen Sie den Genitiv.

1. Arri? Wer ist das?   (*die Frau / mein Freund*)
2. Wer ist diese Frau?   (*die Besitzerin / das Geschäft*)
3. Bruno? Wer ist das?   (*der Mann / Madeleine*)
4. Wer ist dieser Mann?   (*der Autor / der Bestseller*)
5. Wer ist Frau Blume?   (*die Lehrerin / mein Kind*)
6. Anja? Wer ist das?   (*die Freundin / Leonie*)
7. Wer ist Herr Pilz?   (*der Kollege / mein Mann*)
8. Wer sind Sie?

> *1. Das ist die Frau meines Freundes.*

6 Was ist das? Erklären Sie die Wörter mit dem Genitiv.

1. die Wassertemperatur
2. der Bankdirektor
3. das Tischbein
4. das Kinderzimmer
5. der Autofahrer
6. die Haustür
7. die Haarfarbe
8. das Reiseprogramm
9. die Landesgrenze
10. die Chefsekretärin

das Wasser	das Haus
die Bank	das Haar
der Tisch	die Reise
die Kinder (Pl.)	das Land
das Auto	der Chef

7 Alles vergessen? Antworten Sie auf die Fragen. Benutzen Sie den Genitiv.

1. Weißt du, wie alt der Chef ist? (*das Alter*)
2. Wisst ihr, wie viel die Schuhe gekostet haben? (*der Preis*)
3. Wissen Sie, wie lang der Fluss ist? (*die Länge*)
4. Weißt du, wie der Film heißt? (*der Titel*)
5. Wisst ihr, wo unser Lehrer wohnt? (*die Adresse*)
6. Wissen Sie, wie groß der Schrank ist? (*die Größe*)

> *1. Nein, ich habe das Alter des Chefs vergessen.*

8 Kombinieren Sie und schreiben Sie Sätze.

Zu Beginn	(der) Kurs	ist für mich der Sommer.
Am Ende	(die) Einwohner (Pl.)	war es ein bisschen langweilig.
In der Mitte	(der) Bahnhof	gibt es viele Hotels.
Die beste Zeit	(der) Abend	ist die Einkaufsstraße.
Fünf Prozent	(das) Jahr	bekommen Sie ein Zertifikat.
In der Nähe	(die) Stadt	haben vier oder mehr Kinder.

Wenn es ein *s* gibt, kommt noch ein zweites *s*: des Vaters[1][2]

> *Zu Beginn des Abends war es ein bisschen langweilig.*

64 Kennen Sie den Herrn?

N-Deklination

B1

	„normale Deklination"	n-Deklination
Nominativ	der Mann	der Herr
Akkusativ	den Mann	den Herrn
Dativ	dem Mann	dem Herrn
Genitiv	des Mannes	des Herrn

Im Plural ist die Endung immer *-(e)n*. Nach der n-Deklination werden nur **maskuline Nomen** dekliniert:

männliche Personen mit **Ende -e:**
der Junge, der Kollege, der Türke, ...
männliche Tiere mit **Ende -e:**
der Löwe, der Rabe, ...

Nomen mit Ende -and, -ant, -ent, -at, -ist:
der Doktorand, der Praktikant, der Student, der Automat, der Christ

einige abstrakte maskuline Nomen:
der Friede – des Friedens, der Name – des Namens, der Buchstabe – des Buchstabens:
⚠ diese haben im Genitiv ein extra **-s**

maskuline Nomen, die in keine Gruppe gehören:
der Bär, der Bauer, der Fürst, der Graf, der Held, der Herr, der Architekt, der Mensch, der Nachbar, der Fotograf, der Prinz, der Ungar
⚠ und ein einziges neutrales Nomen: das Herz

In der gesprochenen Sprache wird das *n* oft nicht mehr gesprochen.

---

1 **Nationalitäten. Unterstreichen Sie die Nomen der n-Deklination und ergänzen Sie die Akkusativformen.**

der Türke, *den Türken* _____ der Italiener, _____

der Schwede, _____ der Spanier, _____

der Ire, _____ der Portugiese, _____

der Finne, _____ der Grieche, _____

der Chinese, _____ der Japaner, _____

2 **Tiere. Unterstreichen Sie die Nomen der n-Deklination und ergänzen Sie die Akkusativformen.**

der Löwe, *den Löwen* _____ der Tiger, _____

der Bär, _____ der Affe, _____

die Katze, _____ der Ochse, _____

der Rabe, _____ der Hund, _____

3 Unterstreichen Sie die Nomen der n-Deklination.

1. der Schüler – der Student   4. der Präsident – der Kanzler   7. der König – der Prinz
2. der Christ – der Moslem   5. der Mann – der Herr   8. der Arbeiter – der Bauer
3. der Automat – die Maschine   6. der Kollege – der Freund   9. der Engländer – der Brite

4 Singular oder Plural? Notieren Sie hinter den Nomen.

1. Kennst du meine Kollegen (_Plural_)? Ja, den Kollegen (_____) aus der Buchhaltung kenne ich.

2. Hast du mit den Studenten (_____) Volleyball gespielt?

   Nein, ich habe mir nur den Ball von den Studenten (_____) geliehen und dann mit meinem

   Nachbarn (_____) gespielt.

3. Hast du mit dem Menschen (_____) da gesprochen?

   Welchen Menschen (_____) meinst du?

4. Ich kann das Problem des Touristen (_____) verstehen.

   Ich denke, die Touristen (_____) haben keine Probleme, nur Spaß.

5. Gehen wir heute zum Griechen (_____) essen?

   Nein, keine Lust. Im Studentenwohnheim bei mir wohnen Griechen (_____), die oft kochen.

   Ich möchte mal was anderes essen.

5 Schreiben Sie Sätze (Achtung: Nicht alle Nomen sind n-Deklination).

1. Die Dame • küssen • der Herr • .
2. Der Herr • küssen • die Dame • .
3. Der Tourist • fotografieren • der Löwe • .
4. Der Prinz • gratulieren • die Königin • .
5. Die Königin • danken • der Prinz • .
6. Der Franzose • einladen • der Chinese • .
7. Der Nachbar • füttern • der Hund • .
8. Der Hund • suchen • der Hase • .
9. Der Lieferant • bringen • der Neffe • ein Elefant • .

6 Ergänzen Sie -(e)n (wenn nötig).

An
Herr__ Müller
Siemensstraße 13
60587 Frankfurt

Sehr geehrter Herr__ Müller,

vielen Dank__ für Ihren Brief. Ich habe wirklich einen Elefant__ bei Ihnen bestellt. Ich kann mir

vorstellen, dass es nicht leicht ist, einen Lieferant__ zu finden. Aber ich bin Ihr Kunde__, und wenn

Sie Elefant__ anbieten, dann müssen Sie auch einen Weg__ finden, mir das Tier__ zu schicken,

damit Ihre Kunde__ zufrieden sind.

Also, ich erwarte die Lieferung__ mit meinem Elefant__ in den nächsten Tagen.

Mit freundlichen Grüßen
A. Grzimek

Der Jugendliche – ein Jugendlicher
Adjektive für Personen als Nomen

	Singular		Plural
	männliche Person	weibliche Person	männliche und weibliche Personen
Nominativ	der Jugendliche ein Jugendlicher	die Jugendliche eine Jugendliche	die Jugendlichen Jugendliche
Akkusativ	den Jugendlichen einen Jugendlichen	die Jugendliche eine Jugendliche	die Jugendlichen Jugendliche
Dativ	dem Jugendlichen einem Jugendlichen	der Jugendlichen einer Jugendlichen	den Jugendlichen Jugendlichen
Genitiv	des Jugendlichen eines Jugendlichen	der Jugendlichen einer Jugendlichen	der Jugendlichen Jugendlicher

Viele Adjektive, die eine Person bezeichnen, können als Nomen benutzt werden. Sie werden dann groß geschrieben, aber wie ein Adjektiv dekliniert:

der kranke Mann   der Kranke
ein kranker Mann   ein Kranker

1   Ergänzen Sie die Adjektive als Nomen.

	Mann	Frau	Mann/Frau
angestellt	*ein Angestellter*	*eine Angestellte*	*der/die Angestellte*
verwandt			
bekannt			
arbeitslos			
erwachsen			
krank			
verlobt			
deutsch			
verrückt			
selbstständig			

2 Ergänzen Sie die Endungen.

1. der Bekannte

Das ist ein Bekannte__ . Siehst du den Bekannte__ ? Was ist mit dem Bekannte__ ?

Da steht das Auto des Bekannte__ .

2. der Deutsche

Da sitzt ein Deutsche__ . Kennst du den Deutsche__ ? Gehst du zu dem Deutsche__ ? Ich bin der Nachbar

des Deutsche__ .

3. die Deutsche

Meine Freundin ist eine Deutsche__ . Wie findest du die Deutsche__ ? Arbeitest du mit der Deutsche__ ?

Ja, ich bin die Kollegin der Deutsche__ .

4. der Verrückte

Er ist wirklich ein Verrückte__ . Magst du den Verrückte__ ? Ich wohne bei dem Verrückte__ . Ich bin der

Untermieter des Verrückte__ .

3 Selbstständig sein. Ergänzen Sie die Endungen.

Selbstständige__ müssen nicht nur täglich mehr als acht Stunden arbeiten, sondern sie machen meistens

auch weniger Urlaub als ein Angestellte__ . Die Arbeitszeit eines Angestellte__ ist klar, aber ein Angestellte__

muss machen, was sein Vorgesetzte__ sagt. Der Selbstständige__ ist sein eigener Vorgesetzte__ . Ein Arbeits-

lose__ hat viel Freizeit, aber weniger Geld als ein Angestellte__ .

4 Ergänzen Sie die Endungen. Normales Nomen oder Adjektiv als Nomen?

Was ist der Unterschied zwischen   einem Freund__ und einem Bekannte__ ?

einem Arbeiter__ und einem Angestellte__ ?

einem Bruder__ und einem Verwandte__ ?

einem Kranke__ und einem Arzt__ ?

einem Deutsche__ und einem Schweizer__ ?

5 Ein Brief. Ergänzen Sie die Endungen.

Lieber Klaus,

gestern war ich auf der Hochzeit einer Bekannte__ . Das war
wirklich hochinteressant. Stell dir vor, sie hatte ihren
Ex-Verlobte__ eingeladen! Ich denke wirklich, sie ist eine Ver-
rückte__ . Die anderen Gäste waren vor allem Verwandte__ , auch
viele Kinder und Jugendliche__ . Ich habe zum Glück einen alten
Bekannte__ getroffen, deshalb habe ich nicht die ganze Zeit
alleine da gesessen wie eine Dumme__ .

Würdest du deine Ex-Verlobte__ zu deiner Hochzeit einladen?
Aber du willst ja gar nicht heiraten.

Viele Grüße
Bettina

> Alles Gute!

> Euch soll *nichts Schlechtes* passieren!

> Ich wünsche euch so *viel Schönes!*

> Die Braut trägt *etwas Altes, etwas Neues, etwas Geliehenes* und *etwas Blaues!*

> Wir wünschen euch nur *das Beste!*

Adjektive als Nomen schreibt man groß.
Nach *alles* und *das* hat das Adjektiv als Nomen ein *-e* am Ende: **alles** Gute, **das** Gute
Nach *etwas, nichts, viel, wenig, ein bisschen* hat das Adjektiv als Nomen *-es* am Ende: **etwas** Gutes, **nichts** Schlechtes, **wenig** Schlechtes, **ein bisschen** Gutes, **viel** Gutes

---

1   Machen Sie Nomen aus den Adjektiven und ergänzen Sie die Endungen.

bequem	etwas *Bequemes*_____		neu	viel _____
gut	alles _____		teuer	das _____
negativ	nichts _____		positiv	alles _____
ärgerlich	wenig _____		hübsch	etwas _____
alt	etwas _____			

2   Was kann man sagen? Kombinieren Sie.

Ich wünsche dir alles	1 ⚬	⚬ A	Beste.
Es ist gesünder, wenn sie wenig	2 ⚬	⚬ B	Teures.
Gestern hat in der Zeitung nichts	3 ⚬	⚬ C	Gute.
Das Teuerste ist nicht immer das	4 ⚬	⚬ D	Süßes essen.
Hoffentlich erlebst du viel	5 ⚬	⚬ E	Besonderes gestanden.
Ich bin sparsam. Ich kaufe wenig	6 ⚬	⚬ F	Schönes.

3 Beim Essen. Ergänzen Sie den Dialog mit den passenden Nomen.

Mann: Was ist das _____ (*rot*) da im Essen?

Frau: Da ist nichts _____ (*rot*)!

Mann: Doch, da ist etwas _____ (*rot*).

Frau: Da ist viel _____ (*grün*) und das ist Spinat!

Mann: Ich sehe viel _____ (*grün*) und auch ein

bisschen _____ (*rot*).

Frau: Das _____ (*wenig*) ist ein bisschen Paprika!

Kannst du vielleicht auch mal etwas _____

(*positiv*) über das Essen sagen?

Mann: Oh, Verzeihung! Das _____ (*grün*) und _____ (*rot*) hier ist das _____ (*gut im*

Superlativ), was ich je in meinem Leben gegessen habe.

4 Im Geschäft. Ergänzen Sie den Dialog mit den passenden Nomen.

◀ Ich suche ein Geschenk für meine siebzehnjährige Nichte.

Können Sie mir etwas empfehlen?

◀ Möchten Sie etwas _Teures_ oder etwas _Billiges_ (*teuer / billig*)?

◀ Nein, ich möchte nichts _____ aber auch nichts sehr

_____ (*billig / teuer*).

◀ Lieber etwas _____ oder etwas

_____ (*schön / praktisch*)?

◀ Nichts _____ , lieber etwas _____ (*praktisch / schön*).

◀ Vielleicht etwas _____ (*dekorativ*)?

◀ Gute Idee!

◀ Welche Farbe denn? Etwas _____ sieht immer gut aus (*rot*).

◀ Nein, lieber etwas _____ . In ihrem Zimmer ist wenig

_____ aber viel _____ und _____

(*grün / rot / gelb / grün*).

◀ Vielleicht eine Pflanze?

◀ Nein, nichts _____ (*lebendig*).

5 Träume. Adjektiv oder Nomen? Ergänzen Sie die Adjektive mit der richtigen Endung und schreiben Sie
die Nomen groß.

Viele Menschen träumen davon, etwas _Großes_ (*groß*) zu erreichen, wie zum Beispiel ein _berühmter_

(*berühmt*) Sänger oder eine _____ (*groß*) Sängerin zu werden. Beim Träumen ist es das _____

(*wichtig im Superlativ*), sich nichts _____ (*unrealistisch*) zu wünschen. Dann bedeutet Träumen viel

_____ (*gut*). Es gibt uns ein _____ (*wichtig*) Ziel im Leben und es ist eine _____ (*stark*)

Motivation. Ich wünsche _____ (*schön*) Träume! Und alles _____ (*gut*)!

Sie würfeln und gehen von „Start" oben links zum „Ziel" (auf der nächsten Seite oben rechts). Sie gehen nur auf die grünen Nomen. Sie würfeln noch einmal und finden auf der Liste in der Mitte ein Nomen. Zu diesem Nomen kombinieren Sie das Nomen, auf dem Sie stehen, im Genitiv.

Beispiel: Sie würfeln 1 und 1: Das Hobby der Dame.

Ihr Partner kann die Lösung sehen. Dann würfelt Ihr Partner und Sie kontrollieren ihn mit der Lösung links.

1 Heinrichs ...	8 ... der Studenten	15 ... des Freundes
2 Lukas' ...	9 Michaels ...	16 ... des Onkels
3 ... der Kinder	10 ... des Japaners	17 Manuelas ...
4 ... der Katze	11 Sophias ...	18 ... des Kindes
5 ... der Sekretärin	12 ... der Kollegin	19 ... des Chefs
6 ... des Mädchens	13 ... der Eltern	
7 ... der Schwester	14 Katjas ...	

10 der Japaner

9 Judith

11 Sophia

8 die Nachbarin

12 die Kollegin

7 die Geschwister (Pl.)

13 die Eltern

6 Susanne

ZIEL
START

19 der Chef

1 die Dame

18 das Kind

2 Thomas

Mitte:
- ⚀ das Hobby
- ⚁ der Wunsch
- ⚂ der Pullover
- ⚃ die Freunde
- ⚄ der Liebling
- ⚅ das Problem

17 Manuela

3 die Tante

16 der Onkel

4 das Baby

15 der Freund

5 die Freundin

14 Katja

Partnerseite 9: Genitiv
Partner B

Sie würfeln und gehen von „Start" unten links zum „Ziel" (auf der nächsten Seite unten rechts). Sie gehen nur auf die lila Nomen. Sie würfeln noch einmal und suchen auf der Liste in der Mitte ein Nomen. Zu diesem Nomen kombinieren Sie das Nomen, auf dem Sie stehen, im Genitiv.
Beispiel: Sie würfeln 1 und 1: Heinrichs Hobby.
Ihr Partner kann die Lösung sehen. Dann würfelt Ihr Partner und Sie kontrollieren ihn mit der Lösung links.

4 die Katze	5 der Hund 15	5 die Sekretärin	14 das Paar	6 das Mädchen	13 der Bruder	7 die Schwester
16 der Vater						12 die Lehrer (Pl.)
3 die Kinder (Pl.)						8 die Studenten (Pl.)
17 die Leute (Pl.)			das Hobby / der Wunsch / der Pullover / die Freunde / der Liebling / das Problem			11 Benjamin
2 Lukas						9 Michael
18 Lisa						10 der Spanier
1 Heinrich						
19 Frederik						
ZIEL / START						

Würfelliste (Mitte):
- ⚀ das Hobby
- ⚁ der Wunsch
- ⚂ der Pullover
- ⚃ die Freunde
- ⚄ der Liebling
- ⚅ das Problem

1 …der Dame	8 …der Nachbarin	15 …des Hundes
2 Thomas'…	9 Judiths …	16 …des Vaters
3 …der Tante	10 …des Spaniers	17 …der Leute
4 …des Babys	11 Benjamins…	18 Lisas…
5 …der Freundin	12 …der Lehrer	19 Frederiks…
6 Susannes…	13 …des Bruders	
7 …der Geschwister	14 …des Paar(e)s	

Wissen Sie, ob ...?

Indirekte Fragen 🔊))) 76+77

B1

Direkte Frage	Indirekte Frage
Wo ist der Bahnhof?	Wissen Sie, **wo** der Bahnhof **ist**?
Ist es noch weit zum Bahnhof?	Können Sie mir sagen, **ob** es noch weit zum Bahnhof **ist**?

	Hauptsatz	Nebensatz			
		Konjunktion	Subjekt		Verb
W-Fragen	Können Sie mir sagen,	wo	der Bahnhof		ist?
	Ich möchte gerne wissen,	warum	das Taxi	nicht	gekommen ist.
	Hast du eine Idee,	auf welchem Gleis	der Zug	heute	abfährt?
Ja/Nein-Fragen	Wissen Sie,	ob	es	noch weit zum Bahnhof	ist?
	Ich habe keine Ahnung,	ob	wir	den Zug	noch erreichen.

Die indirekte Frage beginnt mit dem *w-Fragewort* oder *ob*.
Indirekte Fragen sind Nebensätze. Das Verb steht am Ende.
Indirekte Fragen sind höfliche Fragen.

---

1 **Urlaub im Hotel. Schreiben Sie indirekte Fragen.**

1. Wieviel kostet ein Doppelzimmer?
2. Liegt das Hotel zentral?
3. Wie viel kostet das Frühstück?
4. Von wann bis wann kann man frühstücken?
5. Gibt es einen Swimmingpool?
6. Wo kann ich parken?
7. Kann ich meinen Hund mitbringen?
8. Akzeptieren Sie Kreditkarten?
9. Wo ist der Frühstücksraum?

> 1. Können Sie mir sagen, wie viel ein Doppelzimmer kostet?

2 **Party, Party. Schreiben Sie direkte Fragen.**

1. Weißt du, wann die Party beginnt?
2. Hast du gehört, wie viele Gäste kommen?
3. Weißt du, ob Peter auch eingeladen ist?
4. Hast du eine Ahnung, was es zu essen gibt?
5. Hast du dich schon informiert, wo die Party stattfindet?
6. Weißt du schon, ob du zu der Party gehst?

> 1. Wann beginnt die Party?

3   Fragen an Frau Stern. Schreiben Sie indirekte Fragen.

1. Wann können wir Ihren nächsten Film sehen?
2. Wovon handelt der Film?
3. Spielen Sie die Hauptrolle?
4. Wie lange haben Sie an dem Film gearbeitet?
5. Wo haben Sie den Film gedreht?
6. Konnten Sie Ihre Tochter zum Set mitnehmen?
7. Wie hat Ihnen die Zusammenarbeit mit dem Regisseur gefallen?
8. Werden Sie für den Oskar nominiert?
9. Wann fangen Sie mit dem nächsten Film an?

> *1. Frau Stern, darf ich Sie fragen, wann wir Ihren nächsten Film sehen können?*

4   Keine Ahnung. Beantworten Sie die Fragen so kurz wie möglich.

1. Weißt du, wo die Band spielt?
2. Hast du eine Ahnung, wann das Konzert anfängt?
3. Weißt du vielleicht, wie lange sie spielen?
4. Kannst du mir sagen, wie viel der Eintritt kostet?
5. Hast du eine Ahnung, welche Band im Vorprogramm spielt?
6. Kannst du mir sagen, wie ich da hinkomme?
7. Weißt du vielleicht, wann der letzte Bus fährt?

> *Ich weiß nicht wo.*

> *1. Nein, ich weiß nicht wo.*

5   Ergänzen Sie *ob* oder *dass*.

◖ Weißt du, _____ es in Deutschland Palmen gibt?

◖ Ich habe gehört, _____ es zum Beispiel am Bodensee Palmen gibt.

◖ Aber ich frage mich, _____ in Deutschland auch Ananas wachsen?

◖ Oh, ich habe auch keine Ahnung, _____ hier Obst aus südlichen Ländern wächst.

   Aber ich bin sicher, _____ es Äpfel und Birnen gibt.

> *ob*: indirekte Frage
> *dass*: Aussage

6   Ergänzen Sie *wenn* oder *ob*.

1. Ich bleibe zu Hause, _____ es regnet. Aber keiner weiß, _____

   es heute noch regnet.

2. Er wollte wissen, _____ sie mit ins Kino kommt. Aber sie hat gesagt,

   dass sie nur geht, _____ ihre Freundin auch mitkommt.

3. _____ sie dieses Mal wieder nicht zu meiner Party kommt, weiß ich

   nicht, _____ ich sie noch einmal einlade!

4. Es ist die Frage, _____ wir besser mit dem Auto oder mit dem Zug fahren. Ich würde lieber mit

   dem Zug fahren, _____ es nicht so teuer wäre.

5. Ich weiß nicht, _____ er wirklich krank ist.

   Aber _____ er krank ist, sollte er zum Arzt gehen.

> *wenn*: konditional oder temporal
> *ob*: indirekte Frage

> indirekte ja/nein-Frage: ob

68

Es ist schön, zu feiern

Infinitiv mit *zu*  78

Infinitiv mit *zu* nach:

es ist + Adjektiv *ich finde es* + Adjektiv	abstrakten Nomen	Verben, nach denen noch ein Verb kommen kann
Es ist wunderbar,... Es ist nicht schlecht,... Es ist gefährlich,... Ich finde es gut,... ...	Es ist mein Traum,... Ich habe keine Zeit,... Ich habe die Chance,... Es gibt Probleme,... Es macht mir Angst,... ...	Ich hoffe,... Ich versuche,... Ich fange an/beginne/höre auf,... Ich rate dir/empfehle dir/schlage dir vor,... ...

Position von *zu*:

ein Verb	Ich fange an zu <u>kochen</u>.
trennbare Verben	Ich habe oft versucht, dich <u>anzurufen</u>.
zwei Verben	Es ist gut, oft <u>spazieren</u> zu <u>gehen</u>.
mit Modalverb	Es ist schön, viel Urlaub <u>machen</u> zu <u>können</u>.

Zu + Infinitiv steht am Ende des Satzes. *Zu* steht direkt vor dem letzten Infinitiv, bei trennbaren Verben hinter dem Präfix.

Beim Infinitiv mit *zu* steht kein Subjekt. Das Subjekt vom Hauptsatz ist auch das Subjekt für den Nebensatz. Wenn es zwei Subjekte gibt, muss man einen Nebensatz mit *dass* benutzen.

Ich hoffe, pünktlich *zu* kommen.
Ich hoffe, *dass* er pünktlich kommt.

---

1 **Was passt? Ordnen Sie zu.**

Ich versuche,	1 o	o A	in diesem Sommer in die USA zu reisen.
Es ist nicht schön,	2 o	o B	drei Kilogramm abzunehmen.
Ich habe die Chance	3 o	o C	auf dem Dach spazieren zu gehen.
Ich finde es gefährlich	4 o	o D	zu verlieren.

2 Ergänzen Sie die Satzanfänge und schreiben Sie Sätze mit Infinitiv mit *zu*.

1. Es macht Spaß,

> tanzen • in die Disko gehen • mit Leuten sprechen • Tennis spielen

2. Ich habe Probleme, ...

> um 5.00 Uhr aufstehen • in der Firma anrufen • mit dem Rauchen aufhören

3. Es ist schön, ...

> sonntags nicht arbeiten müssen • lange schlafen können •
> spazieren gehen • gemütlich sitzen bleiben

4. Ich hoffe, ...

> meine Freunde treffen • am Abend fernsehen • besser Deutsch sprechen ·
> heute einkaufen können • pünktlich ankommen • mein Auto verkaufen

3 Schreiben Sie die Sätze mit Infinitiv mit *zu*.

1. Ich habe keine Chance, • werden • Millionär • .
2. Ich versuche, • freundlich • sein • zu allen Leuten • .
3. Ich vergesse immer, • mitnehmen • einen Schirm • .
4. Es ist gefährlich, • gehen • spazieren • nachts im Park • .
5. Mein Freund hat nie Zeit, • mit mir • gehen • ins Café • .

4 Wie kann man es noch sagen? Formulieren Sie die Sätze um.

1. Ich möchte jetzt gerne ins Schwimmbad gehen.
2. Ich spiele sehr gerne Volleyball.
3. Er kann nicht gut Tango tanzen.
4. Unser Plan: Morgen ins Kino gehen.
5. Ich fahre im Zentrum nicht mit dem Fahrrad, das ist zu gefährlich.
6. Ich habe nichts zu tun. Ich besuche meine Nachbarn.

> ~~Lust haben~~ • es macht Spaß •
> vorhaben • Probleme haben •
> Angst haben • Zeit haben

> *1. Ich habe jetzt Lust, ins Schwimmbad zu gehen.*

5 Wo fehlt *zu*? Ergänzen Sie *zu* (wenn nötig).

1. Ich empfehle dir   dieses _____ Restaurant. / in dieses Restaurant _____ gehen.

2. Er beginnt jetzt   einen Kurs _____ machen. / mit dem _____ Kurs.

3. Wir versuchen immer   neue _____ Gerichte. / neue Gerichte _____ kochen.

4. Es gibt Probleme   mit der neuen _____ Wohnung. / eine neue Wohnung _____ finden.

5. Ich habe keine Zeit   heute zu dir _____ kommen. / für _____ dich.

6 Eltern und Kinder. Infinitiv mit *zu* oder *dass*? Schreiben Sie Sätze.

1. Ich habe das Glück, (*drei Kinder haben*). Ich habe das Glück,
   (*meine drei Kinder gesund sein*).
2. Wir haben das Glück, (*eine glückliche Familie sein*).
3. Wir haben den Traum, (*unsere Kinder berühmt und reich werden*).
4. Meine Nachbarin hat keine Zeit; (*sich um ihre Kinder kümmern*).
5. Ich schlage ihr vor, (*ihre kleine Tochter morgen zu mir kommen*).
6. Hier hat sie die Chance, (*in Ruhe ihre Hausaufgaben machen*).
7. Ich hoffe, (*ihr bei den Hausaufgaben helfen können*).
8. Ich hoffe, (*meine Nachbarin bald weniger arbeiten müssen*).

> *1. Ich habe das Glück, drei Kinder zu haben.*

ein Subjekt: Infinitiv mit *zu*
zwei Subjekte: *dass*

69 Ich will singen, lass mich singen!

Infinitiv ohne *zu* 🔊))) 79

B1

Ich **möchte** Sport **treiben**.
Ich **lasse** das Auto **stehen**.
Ich **gehe** **schwimmen**.
Ich **sehe** die Kinder **spielen**.
Ich **höre** die Nachbarin **singen**.
Aber mein Mann **bleibt** vor dem Fernseher **sitzen**.

Infinitiv ohne *zu*

1. nach den Modalverben *müssen, können, dürfen, möchten, sollen, wollen*
2. nach *lassen, gehen, sehen, hören, bleiben*
Nach *lernen* kann man den Infinitiv mit oder ohne *zu* benutzen: *Das Kind lernt laufen.* Oder: *Das Kind lernt zu laufen.*
Die meisten Infinitive stehen mit *zu*.
Siehe Kapitel 68 Infinitiv mit *zu*.

---

1 **Was tun die Leute? Ergänzen Sie die Verben.**

> kommen sehen • schwimmen gehen • liegen bleiben • spielen hören •
> liegen lassen • ~~Ski laufen gehen~~ • essen gehen • fahren lernen

1. Der Mann geht *Ski* *laufen* .

3. Das Publikum _____ den Pianisten _____.

5. Die Leute _____ das Schiff _____.

7. Er _____ die Brille _____.

2. Sie _____ _____.

4. Er _____ im Bett _____.

6. Das Paar _____ _____.

8. Das Kind _____ Fahrrad _____.

---

2 **Infinitiv mit oder ohne *zu*? Ergänzen Sie *zu* (wenn nötig).**

1. Es ist verboten, hier _____ essen.   Man darf hier nicht _____ essen.

2. Ich will heute Abend _____ kochen.   Ich habe Lust, heute Abend _____ kochen.

3. Er erlaubt seiner Tochter, den Film _____ sehen.   Er lässt seine Tochter den Film _____ sehen.

4. Wir gehen am Sonntag _____ tanzen.   Wir haben vor, am Sonntag tanzen _____ gehen.

5. Es ist sehr schön, ihn _____ sehen.   Ich sehe ihn _____ kommen.

6. Sie hört ihren Nachbarn Klavier _____ spielen.   Ich liebe es, dich Klavier spielen _____ hören.

3 Ergänzen Sie die Sätze mit dem Verb *sitzen* und *zu* (wenn nötig).

1. Ich bin zwar älter als du, aber du musst nicht aufstehen. Bleib _____ !

2. Ich lasse dich _____ .

3. Es ist natürlich viel bequemer _____ als zu stehen.

4. Ich empfehle Ihnen _____ .

5. Willst du nicht _____ oder kannst du nicht _____ ?

6. Die Bahn ist voll. Ich habe keine Möglichkeit _____ .

7. Wenn ich an deinem Haus vorbeigehe, sehe ich dich oft auf der Terrasse _____ .

4 Schreiben Sie die Sätze anders. Benutzen Sie immer ein Verb von rechts und eins von links.

hören • lassen • bleiben • sehen • gehen • hören • gehen • sehen • liegen	stehen • kommen • spielen • lassen • essen • tanzen • liegen • kommen • singen

1. Wenn meine Frau nach Hause kommt, ist sie immer sehr laut.
2. Ich nehme das Auto nicht.
3. Wir gehen ins Restaurant.
4. Im Fernsehen spielt Moritz Mecker Tennis.
5. Sie geht in die Disko.
6. Ich habe mein Buch in der Schule vergessen.
7. Meine Tochter singt ein Lied.
8. Heute stehe ich nicht aus dem Bett auf.
9. Da hinten kommt mein Freund.

1. Ich höre meine Frau (immer nach Hause) kommen.

5 Infinitiv mit oder ohne *zu*? Ergänzen Sie.

1. Ich möchte am Wochenende immer _____ (*lange schlafen*).

2. Es ist immer schön _____ (*ins Kino gehen*).

3. Ich versuche jetzt _____ (*mit dem Rauchen aufhören*).

4. Wir haben keine Zeit _____ (*die Hausaufgaben machen*).

5. Ich sehe ihn _____ (*kommen*).

6. Meine Tochter bleibt _____ (*immer lange am Computer sitzen*).

7. Das Kind darf nicht _____ (*so viel Eis essen*).

8. Ich hoffe sehr _____ (*drei Kilo abnehmen können*).

9. Willst du wirklich nicht _____ (*deinem Nachbarn 300 € leihen*)?

10. Er hat große Angst _____ (*durch die Prüfung fallen*).

11. Wir lassen unseren Sohn _____ (*abends bis 22 Uhr ausgehen*).

Modalverben und *lassen, gehen, sehen, hören, bleiben* – kein *zu*!

Das ist der Mann, der immer meine Nachbarin besucht

Relativsätze 1 80

Wer ist die Frau, die das große Motorrad fährt?

Da hinten, das sind die Leute, die immer so laute Musik machen.

Guck mal, der Mann, der immer meine Nachbarin besucht, kommt heute mit einem großen Blumenstrauß.

Ist das das Kind, das so toll Geige spielen kann?

Hauptsatz	Bezugswort	Relativsatz		Verb am Ende
		Relativpronomen		
Das ist	der Mann,	der	immer meine Nachbarin	besucht.
Siehst du	den Mann,	der	immer meine Nachbarin	besucht?
Das ist	das Kind,	das	so toll Violine	spielen kann.
Das Rad gehört	dem Kind,	das	so toll Violine	spielen kann.
Das ist	die Frau,	die	das große Motorrad	fährt.
Kennst du	die Frau,	die	das große Motorrad	fährt?
Das sind	die Leute,	die	immer so laut Musik	hören.
Ich spreche nicht mit	den Leuten,	die	immer so laut Musik	hören.

Der Relativsatz ist ein Nebensatz: Das Verb steht am Ende.
Der Relativsatz steht (fast immer) direkt hinter dem Bezugswort und steht deshalb manchmal mitten im Hauptsatz: Der Mann, der immer meine Nachbarin besucht, kommt heute mit einem großen Blumenstrauß.

---

1 Was passt zusammen? Ordnen Sie zu.

Das ist die Nachbarin, **1 o**

Das ist der Student aus dem dritten Stock, **2 o**

Ich kenne den jungen Mann nicht, **3 o**

Treffen Sie sich manchmal mit der Frau, **4 o**

Da kommt die Frau mit dem Baby, **5 o**

Das sind die Jugendlichen, **6 o**

Da ist das kleine Kind, **7 o**

Manchmal helfe ich den Schülern, **8 o**

o **A** die jeden Tag einkaufen geht.

o **B** der so aussieht wie Brad Pitt.

o **C** das nachts immer weint.

o **D** die hier immer Fußball spielen.

2 Unordnung. Schreiben Sie die Relativsätze.

1. Wo ist das Wörterbuch, • immer hier im Regal • das • steht • ?
2. Wo ist mein Kuli, • hat • gelegen • der • gestern hier auf dem Tisch • ?
3. Wer hat meine Jacke gesehen, • die • war • hier auf dem Stuhl • ?
4. Wem gehört das Handy, • auf dem Boden • liegt • das • ?

3 Berühmte Deutsche. Ergänzen Sie das Relativpronomen.

1. Einstein, _____ 1921 den Nobelpreis bekommen hat, war ein großer Physiker.

2. Angela Merkel, _____ als erste Frau Bundeskanzlerin wurde, hat auch Physik studiert.

3. Johann Wolfang von Goethe und Friedrich Schiller, _____ zu den größten deutschen Dichtern gehören,

   waren viele Jahre lang gut befreundet.

4. Johann Sebastian Bach, _____ in Eisenach geboren ist und nicht weit gereist ist, ist jetzt in der ganzen

   Welt bekannt.

5. Anne-Sophie Mutter, _____ mit fünf Jahren schon einen ersten Wettbewerb gewonnen hat, ist heute

   eine weltbekannte Geigerin.

4 Wer oder was ist das? Schreiben Sie Relativsätze.
1. Das ist mein Kollege Herr Schmidt. Er kommt immer schon um 7 Uhr.
2. Das ist das Büro. Das Büro ist immer ab halb neun geöffnet.
3. Das ist die Sekretärin Frau Markus. Sie ist immer sehr hilfsbereit.
4. Das ist Herr Möbius. Er ist erst vor einem halben Jahr zu uns gekommen.
5. Das ist unser Firmenauto. Das Auto steht immer auf diesem Parkplatz.
6. Das sind Herr Meier und Herr Naumann. Sie arbeiten normalerweise in einer anderen Abteilung.

> 1. Das ist mein Kollege Herr Schmidt, der immer schon um 7 Uhr kommt.

5 Relativsätze mitten im Satz. Schreiben Sie Sätze.
1. Meine Tante kommt morgen zu Besuch. Meine Tante kann sehr gut Kuchen backen.
2. Mein Onkel ist nach Afrika gefahren. Mein Onkel wohnt in Hamburg.
3. Meine Kusinen studieren in Berlin. Meine Kusinen wollen Lehrerinnen werden.
4. Mein Bruder heiratet nächste Woche. Mein Bruder wollte eigentlich immer Single bleiben.
5. Meine Schwester ist in der Klinik. Sie hat gerade ein Baby bekommen.
6. Sie kommt mit dem Baby übermorgen nach Hause. Das Baby ist gesund und munter und total süß.

> 1. Meine Tante, die sehr gut Kuchen backen kann, kommt morgen zu Besuch.

6 Was ist das? Schreiben Sie Relativsätze.

| ~~die Schlange~~ • die Giraffe • der Bär • der Mann mit Hut • die Putzfrau | die Treppe putzen • ~~einen Elefanten essen~~ • Fahrrad fahren • auf den Baum klettern • am Fenster vorbeilaufen |

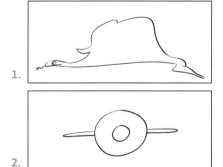

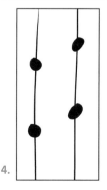

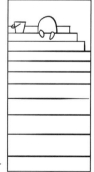

> 1. Das ist eine Schlange, die einen Elefanten gegessen hat.

Wie heißt das Ding, mit dem man …?

Relativsätze 2  81

Ist das der <u>Schlüssel</u>, den du seit gestern <u>suchst</u>?

maskulin ⌒ Akkusativ

Wer ist die <u>Frau</u>, die das große Motorrad <u>fährt</u>?
Wie heißt das <u>Ding</u>, mit dem man Flaschen <u>öffnen</u> kann.

Das Bezugswort determiniert den Genus: maskulin, neutral, feminin oder Plural.
Das Verb im Relativsatz determiniert den Kasus: Nominativ, Akkusativ, Dativ. Wenn das Verb mit einer Präposition steht, steht die Präposition vor dem Relativpronomen und determiniert den Kasus (z. B. *mit* + Dativ).

	maskulin	neutral	feminin	Plural
Nominativ	der	das	die	die
Akkusativ	den	das	die	die
Dativ	dem	dem	der	denen

Die Relativpronomen sind wie die bestimmten Artikel.
Ausnahme: Dativ Plural: *denen*

---

1 **Ergänzen Sie die Relativpronomen.**

1. Das ist der Mann, _____ so gut aussieht.

_____ ich gestern kennengelernt habe.

_____ ich gerne gefallen möchte.

_____ _____ ich gerne tanzen möchte.

2. Das ist die Frau, _____ toll singen kann.

_____ ich schon zweimal im Radio gehört habe.

_____ ich Blumen schenken möchte.

_____ _____ ich dir gestern erzählt habe.

3. Das ist das Kind, _____ so lustig lacht.

_____ ich so gern habe.

_____ ich gestern ein Eis gegeben habe.

_____ _____ mein Sohn gerne spielt.

4. Das sind die Leute, _____ immer Party machen.

_____ ich am Samstag zu meiner Party eingeladen habe.

_____ ich beim Umzug geholfen habe.

_____ _____ ich jetzt eine halbe Stunde gewartet habe.

> tanzen mit
> erzählen von
> spielen mit
> warten auf

2 **Meine Nachbarn. Machen Sie aus einem Satz zwei Sätze.**
1. Die Nachbarn, **mit denen** du gerade gesprochen hast, sind erst zwei Wochen hier.
2. Die Nachbarn, **die** neu eingezogen sind, haben mich zum Essen eingeladen.
3. Die Stadt, **aus der** sie kommen, ist eine richtige Großstadt mit elf Millionen Einwohnern.

4. Die Nachbarn sprechen eine Sprache, **die** ich nicht verstehen kann.
5. Die Kinder, **von denen** die Nachbarn viel erzählt haben, sind noch bei den Großeltern.
6. Der Hausmeister, **dem** die Nachbarn herzlich gedankt haben, war sehr freundlich.

> 1. Die Nachbarn sind erst seit zwei Wochen hier. Du hast mit den Nachbarn gesprochen.

3 Machen Sie aus zwei Sätzen einen Hauptsatz mit Relativsatz.
1. Das ist der Mann. Meine Nachbarin hat mir viel **von dem Mann** erzählt.
2. Das ist die Frau. **Die Frau** wohnt seit zwei Jahren in unserem Haus.
3. Das ist das Kind. Ich sehe **das Kind** jeden Tag auf dem Spielplatz.
4. Das sind die Jugendlichen. Die Skaterbahn gefällt **den Jugendlichen** sehr gut.
5. Ich wünsche dem Jungen viel Glück. **Der Junge** muss heute seine Abschlussprüfung machen.

> 1. Das ist der Mann, von dem mir meine Nachbarin viel erzählt hat.

4 Welche Informationen geben die Pfeile? Schreiben Sie wie im Beispiel.

maskulin ⟶ ⟵ Akkusativ
1. Das ist der Tee, den ich am liebsten trinke.

⟶ ⟵
2. Kennst du den Friseur, zu dem ich immer gehe.

⟶ ⟵
3. Ich habe gute Chancen, die Stelle, um die ich mich beworben habe, zu bekommen.

5a Im Büro. Unterstreichen Sie das Bezugswort blau und das Verb im Relativsatz rot und ergänzen Sie das Relativpronomen.

1. Das Computerprogramm, _____ gestern abgestürzt ist, läuft heute wieder ohne Probleme.
2. Ich arbeite gern mit dem Laptop, _____ ich letzte Woche neu bekommen habe.
3. Der Kollege, _____ ich den Kopierer erklärt habe, hat mich zu einem Kaffee eingeladen.
4. Der Drucker, _____ im Kopierraum steht, funktioniert nicht.
5. Das ist die Tastatur, _____ _____ ich am besten schreiben kann.

5b Ergänzen Sie in 5a das Relativpronomen und die Präpositionen (wenn nötig).

6 Definieren. Schreiben Sie zu jedem Gegenstand einen Relativsatz.

> Suppe essen (mit) · ~~Kleidung packen (in + Akk)~~ · Frauen und Mädchen tragen ·
> mehr als 300 km/h fahren · vertrauen können (+ Dativ) · schlafen (in + Dativ)

der Koffer (*das Ding*)

der Löffel (*das Ding*)

der Rock (*das Kleidungsstück*)

der ICE (*der Zug*)

der Freund (*der Mensch*)

das Bett (*das Möbelstück*)

> Ein Koffer ist ein Ding, in das man Kleidung packt.

Ich gehe, wenn ... / Ich ging, als ...
Temporale Nebensätze mit *wenn* und *als* 🔊 ⟩⟩ 82

> Wenn ich mit dem Zug nach Hause fahre, lese ich immer.

> Als ich letzte Woche nach Hause gefahren bin, hat der Zug auf einmal mitten auf der Strecke gehalten. ...

wenn: Gegenwart und Zukunft
In der Vergangenheit nur für Routinen und wiederholte Ereignisse:
(Immer) wenn ich im letzten Jahr mit dem Zug nach Hause gefahren bin, habe ich gelesen.

als: einmaliges Ereignis in der Vergangenheit

---

1 Schreiben Sie Sätze mit *wenn* und *als*.

1. Wenn: du • heute Abend • kommen/wir • können • gleich • ins Kino gehen • .
2. Wenn: Sie • Zeit • haben/möchte • ich • Sie • gerne zu einem Kaffee • einladen • .
3. Wenn: alles • fertig sein/wir • können • nach Hause • gehen • .
4. Wenn: das Auto • kaputt • ist/musst • du • es • schnell in die Werkstatt • bringen • .
5. Als: er • gekommen • ist / sie • hat • sofort • den Raum • verlassen • .
6. Als: neue Stelle • bekommen • hat • sie / mit ihren Freunden eine Party • sie • gemacht • .
7. Als: er • letzte Woche • den Unfall • hatte / musste • das Auto • in die Werkstatt • gebracht werden • .
8. Als: wir • Urlaub • hatten / hat • es • die ganze Zeit • geregnet • .

> 1. Wenn du heute Abend kommst, können wir gleich ins Kino gehen.

2 Ergänzen Sie *wenn* oder *als*.

1. _____ sie morgen Zeit hat, will sie shoppen gehen.

2. _____ sie gestern Zeit hatte, hat sie die Wohnung aufgeräumt.

3. _____ ich nächste Woche nach Madrid komme, besuche ich dich.

4. _____ ich letzte Woche in Madrid war, habe ich ein tolles Fußballspiel gesehen.

5. _____ er letztes Jahr in unsere Stadt kam, kannte er keinen Menschen.

6. _____ er jetzt in der Stadt spazieren geht, trifft er immer Bekannte.

7. _____ ich vor einer Stunde nach Hause kam, hatte Marlen schon ein Essen gekocht.

8. _____ ich nächste Woche nach Hause komme, bin ich alleine und muss selbst kochen.

3 Gegenwart oder Vergangenheit? Ordnen Sie zu und ergänzen Sie *wenn* oder *als*.

Ich freue mich,   **1** ○   ○ **A**   es plötzlich an der Tür geklingelt hat.

Gestern hatte ich gerade einen Kaffee gekocht,   **2** ○   ○ **B**   ich zehn Jahre alt war.

Kommen Sie doch bitte vorbei,   **3** ○   ○ **C**   du im Urlaub zu mir kommst.

Ich bin nach Deutschland gekommen,   **4** ○   ○ **D**   Sie Zeit haben.

4 Einmaliges oder wiederkehrendes Ereignis? Ergänzen Sie *wenn* oder *als*.

1. _____ in den letzten Wochen mein Handy geklingelt hat, war ich jedes Mal ganz nervös.

   Aber erst am letzten Freitag war es so weit: _____ mein Handy nachmittags geklingelt hat, war es

   tatsächlich Sophie.

2. _____ er gestern um 7:30 Uhr zur Arbeit kam, waren alle Kollegen schon da. Normalerweise,

   _____ er um acht gekommen ist, war noch keiner da.

3. _____ meine Schwester in die Schule kam, wollte ich auch unbedingt in die Schule gehen.

   Aber ich war erst vier und musste noch in den Kindergarten. Jeden Tag _____ meine Schwester

   morgens mit dem Schulranzen zur Schule ging, wollte ich mit ihr gehen.

4. _____ ich mich zum ersten Mal bei einem Arbeitgeber vorgestellt habe, hatte ich große Angst vor

   dem Vorstellungsgespräch. In den letzten Jahren habe ich häufiger die Stelle gewechselt und habe mich

   daran gewöhnt und war nur ein bisschen nervös, _____ ich mich vorgestellt habe.

5 Polizeibesuch. Ergänzen Sie *wenn* oder *als*.

Hi Katrin,

wie geht es dir? Mir geht es jetzt wieder gut, aber in der letzten Woche ist etwas passiert, was ich dir

unbedingt erzählen muss. Stell dir vor, _____ ich am letzten Donnerstag zur Arbeit gehen wollte, stand

plötzlich die Polizei vor der Tür. Ich habe erst gedacht, dass sie zu den Nachbarn wollte. Die sind ein

bisschen komisch und ich war nicht überrascht, dass sie Probleme mit der Polizei haben. Aber sie haben

bei mir geklingelt. _____ ich die Tür öffnete, fragten sie nach Anne Meyer. Die Nachbarn sahen natürlich

alle aus den Fenstern. Immer _____ etwas los ist, stehen sie hinter den Gardinen. Es war mir furchtbar

peinlich. Du weißt ja, _____ ich im Mittelpunkt stehe, fühle ich mich nicht wohl. Ich sagte, dass ich

Anne Meyer bin und fragte, was los ist. Sie waren sehr höflich und erklärten mir, dass von meinem

Internetanschluss aus illegale Downloads gemacht wurden. _____ ich das gehört habe, musste ich sofort

an Hannes denken. Mit seinen zwölf Jahren surft er ziemlich viel im Internet. Immer _____ ich ihn

gefragt habe, was er gemacht hat, sagte er, dass er etwas für die Schule machen musste. Aber _____ die

Polizei und ich mit ihm gesprochen haben, hat er erzählt, dass er viel ausprobiert hatte und auch auf

illegale Seiten gekommen war. Oh je, das wird teuer für mich!

Wünsch mir Glück!

Liebe Grüße

Anne

Während, bevor, nachdem *und* seit
Temporale Nebensätze

bevor		*bevor* + Aktivität 2, Hauptsatz + Aktivität 1	Bevor ich frühstücke, putze ich meine Zähne.
nachdem		*nachdem* + Aktivität 1, Hauptsatz + Aktivität 2	Nachdem ich gefrühstückt habe, putze ich meine Zähne.
während		2 parallele Aktivitäten	Während ich frühstücke, höre ich Radio.
seit(dem)		Beginn in der Vergangenheit, dauert heute noch an	Seitdem ich immer meine Zähne putze, muss ich nicht mehr zum Zahnarzt.

Hauptsatz	Nebensatz			
	Konjunktion	Subjekt		Verb
Ich putze meine Zähne,	bevor	ich		**frühstücke.**
Ich putze die Zähne,	nachdem	ich		**gefrühstückt habe.**
Ich höre Radio,	während	ich		**frühstücke.**
Ich muss nicht mehr zum Zahnarzt,	seit(dem)	ich	immer die Zähne	**putze.**

Die Zeit im nachdem-Satz muss eine Stufe vor der Zeit im Hauptsatz liegen:

Präsens

Perfekt, Präteritum

Plusquamperfekt

Nachdem ich **gefrühstückt habe,**   **mache** ich Gymnastik.

Nachdem ich **gefrühstückt hatte,**   **habe** ich Gymnastik gemacht.

In den temporalen Nebensätzen mit *bevor, nachdem, während* und *seitdem* steht das Verb am Ende.

---

1   Aktivität 1 und Aktivität 2. Schreiben Sie Sätze mit *bevor*.

1. Zähne putzen • ins Bett gehen
2. die Fenster schließen • aus dem Haus gehen
3. Koffer packen • eine Reise machen
4. einkaufen müssen • kochen können
5. Geld abheben • einkaufen gehen
6. meinen Mann küssen • zur Arbeit gehen

> 1. Ich putze mir die Zähne, bevor ich ins Bett gehe.
>
> Bevor ich ins Bett gehe, putze ich mir die Zähne.

2 Was passiert gleichzeitig? Schreiben Sie Sätze mit *während*.

Während die Frau kocht, liegt der Mann auf dem Sofa und liest Zeitung.

3a Was passt zusammen? Ordnen Sie zu und schreiben Sie Sätze mit *nachdem*.

ich • Eintrittskarte kaufen   1 ○   ○ A   Bauchschmerzen haben

er • zehn Kilometer joggen   2 ○   ○ B   kein Geld mehr haben

wir • 16 Stunden fliegen   3 ○   ○ C   ins Kino gehen

du • sechs Stück Kuchen essen   4 ○   ○ D   großen Durst haben

sie • lange einkaufen gehen   5 ○   ○ E   in Australien ankommen

1. Nachdem ich eine Eintritts- karte gekauft habe, gehe ich ins Kino.

3b Schreiben Sie jetzt die Sätze aus 3a in der Vergangenheit.

1. Nachdem ich eine Eintrittskarte gekauft hatte, bin ich ins Kino gegangen.

4 Was hat sich verändert? Schreiben Sie Sätze mit *seit(dem)* wie im Beispiel.

1. er hat fünf Kilogramm abgenommen • er isst keine Schokolade mehr
2. er fühlt sich wohler • er hat fünf Kilogramm abgenommen
3. er ist fit und treibt Sport • er ist schlanker
4. er hat eine Freundin gefunden • er ist fit, schlank und sportlich
5. er ist glücklich • er hat eine nette Freundin
6. er möchte heiraten und Kinder haben • er ist glücklich mit seiner Freundin

1. Er hat fünf Kilo- gramm abgenommen, seitdem er keine Schokolade mehr isst.

5 Ergänzen Sie die Sätze mit den Wörtern aus dem Schüttelkasten.

während • während • nachdem • bevor • seit(dem)

_____ ich in Deutschland lebe, habe ich mich ganz schön verändert: _____ ich den Tag

beginne, schreibe ich eine Liste, was ich tun möchte. Ich bin sehr effektiv und mache nie nur eine Sache.

_____ ich frühstücke, höre ich die Nachrichten, und _____ ich in der U-Bahn sitze, lerne ich

Vokabeln. Aber am Abend, _____ ich dann alles gemacht habe, bin ich immer todmüde!

6 Ergänzen Sie das Verb im *nachdem*-Satz in der richtigen Zeitform.

Nachdem der Wecker _____ (*klingeln*), ist sie ganz langsam aufgestanden.

Sie frühstückt dann immer, nachdem sie _____ (*duschen*). Heute ist ihr Mann erst

aufgewacht, nachdem sie schon aus dem Haus _____ (*gehen*). Nachdem sie auf der Arbeit

angekommen ist, _____ (*kochen*) sie normalerweise erst mal Kaffee. Heute hat sie

erst um 15 Uhr zu Mittag gegessen, nachdem sie sehr viel Arbeit schon fertig _____

(*machen*). Wenn die Arbeit beendet ist und sie zu Hause ankommt, ist sie erst richtig glücklich, nachdem sie

auch der Katze Futter _____ (*geben*), und alle satt sind.

Um ... zu *und* damit
Finalsätze 🔊 83

Ich koche ohne Fett, um abzunehmen.

Ich koche ohne Fett, damit mein Mann abnimmt.

Hauptsatz	Nebensatz		
	Konjunktion	Subjekt	Verb
Ich koche ohne Fett,	**um**		**abzu**nehmen.
Ich koche ohne Fett,	**damit**	mein Mann	abnimmt.

Um ... zu und *damit* nennen das Ziel. Das Fragewort ist *wozu?*

Im *um ... zu-Satz* steht kein Subjekt.
Das Subjekt aus dem Hauptsatz ist auch das Subjekt für den Nebensatz.

Wenn es zwei Subjekte gibt, muss man einen Nebensatz mit *damit* benutzen.
Ich koche ohne Fett. *Mein Mann* will/soll abnehmen.
*Ich koche ohne Fett, **damit** mein Mann abnimmt.*

Wenn es nur ein Subjekt gibt, kann man *damit* oder *um ... zu* benutzen.
Ich koche ohne Fett. *Ich will* abnehmen.
*Ich koche ohne Fett, **damit** ich abnehme. / Ich koche ohne Fett, **um** abzunehmen.*

Die Modalverben *möchten* und *wollen* sind bei *um ... zu* inklusive.
Die Modalverben *sollen, wollen* und *möchten* sind bei *damit* inklusive.

---

1 Wozu? Schreiben Sie Sätze mit *um ... zu*.

> Ich möchte sie kennenlernen. • Ich möchte meinen deutschen Mann verstehen. • Wir wollen unser Gehirn trainieren. • Sie will Karriere machen. • Ich fahre zur Arbeit. • ~~Ich möchte mich informieren.~~

1. Wozu lesen Sie Zeitung?
2. Wozu lernen Sie Deutsch?
3. Wozu arbeitet sie so viel?
4. Wozu brauchen Sie Ihr Auto?
5. Wozu laden Sie Ihre Nachbarn ein?
6. Wozu spielen Sie Schach?

1. Ich lese Zeitung, um mich zu informieren.

2 Wozu? Ordnen Sie zu und schreiben Sie Sätze mit *damit*.

Wozu ziehen Sie aufs Land?	1 ○	○ A	Seine Frau soll ihn wieder attraktiv finden.
Wozu ist er ganz leise?	2 ○	○ B	Mein Kind soll in der Natur aufwachsen.
Wozu arbeitet er so viel?	3 ○	○ C	Ich will informiert sein.
Wozu geht Frau Meier zum Zahnarzt?	4 ○	○ D	Sein Kind soll nicht aufwachen.
Wozu geht er ins Fitness-Studio?	5 ○	○ E	Er will ein besseres Leben haben.
Wozu kaufen Sie sich ein teures Auto?	6 ○	○ F	Er soll ihr einen Zahn ziehen.
Wozu lesen Sie Zeitung?	7 ○	○ G	Meine Nachbarn sollen denken, dass ich reich bin.

1. Ich ziehe aufs Land, damit mein Kind in der Natur aufwächst.

3a Unterstreichen Sie die Subjekte in den Sätzen.

1. Ich nehme an einem Aerobic-Kurs teil. Ich möchte fit sein.
2. Ich lade meine Nachbarn ein. Ich möchte sie kennenlernen.
3. Wir gehen ins Kino. Wir wollen den neuen Film sehen.
4. Ich bereite heute schon alles vor. Wir können morgen früh schnell losgehen.
5. Ich creme meinen Sohn ein. Er soll keinen Sonnenbrand bekommen.
6. Er spielt Schach gegen den Computer. Er möchte sein Gehirn trainieren.
7. Ich schreibe dir eine E-Mail. Du sollst mich nicht vergessen.

3b Schreiben Sie die Sätze aus 3a mit *damit* und *um … zu*, wenn es möglich ist.

4 Marias Leben. Schreiben Sie Sätze mit *um … zu* oder *damit*.

1. Maria lernt Deutsch, • sie • in Deutschland • arbeiten • .
2. Sie macht jetzt ein Praktikum, • sie • den Beruf • kennenlernen • .
3. Sie arbeitet viel, • ihr Chef • zufrieden sein • .
4. Abends geht sie in die Disko, • sie • ihren Traummann • finden.
5. Sie möchte bald heiraten, • ihre Mutter • glücklich sein • .

ein Subjekt: *um … zu* + Infinitiv
zwei Subjekte: *damit* + Nebensatz

5 Wozu oder warum? Ergänzen Sie die Sätze mit *damit* oder *weil*.

1. Lisa geht ins Ausland, _____ ihre Tochter dort die Schule beginnt und die Sprache lernt.
2. Tina geht ins Ausland, _____ sie dort eine Arbeitsstelle gefunden hat.
3. Mireille lernt Deutsch, _____ ihr Mann Deutscher ist.
4. Anna lernt Deutsch, _____ sie mit ihren deutschen Nachbarn sprechen kann.
5. Kerem macht die Prüfung, _____ er weiß, was er kann.
6. Nicolas macht eine Prüfung, _____ er sie für seine Arbeit braucht.
7. Ich trage eine Brille, _____ meine Augen schlecht sind.
8. Du trägst eine Brille, _____ du intelligent aussiehst.

6 Was ist richtig? Ergänzen Sie die Sätze mit *um… zu, damit* oder Infinitiv.

1. Ich habe nur selten Lust _____ (*einkaufen*).
2. Aber man muss Lebensmittel einkaufen, _____ (*kochen können*).
3. Ich habe auch oft keine Lust _____ (*kochen*).
4. Aber ich muss kochen, _____ (*essen können*).
5. Ich habe Angst, _____ (*dick werden*).
6. _____ mein Mann doch etwas _____ , geht er manchmal auch alleine ins Restaurant (*essen können*).
7. Einmal hat er vergessen Geld _____ (*mitnehmen*).
8. _____ , musste er die Teller abwaschen (*bezahlen*).
9. Er hat mich angerufen, _____ ich nicht so lange auf ihn _____ (*warten*).

75

Entweder ... oder, weder ... noch, sowohl ... als auch *und* nicht nur ... sondern auch

Doppelkonnektoren

sowohl ... als auch		Ich trinke Kaffee sowohl mit Milch als auch mit Zucker.	+ + **beides**
nicht nur ... sondern auch		Er trinkt Kaffee nicht nur mit viel Zucker sondern auch mit Sahne.	+ + **beides** **das 2. betont**
weder ... noch		Sie trinkt Kaffee weder mit Milch noch mit Zucker.	– – **beides nicht**
entweder ... oder		Ich trinke Tee entweder mit Zitrone oder mit Milch.	**a** *oder* **b** **starkes *oder***

---

1 **Fernsehen. Was passt zusammen? Ordnen Sie zu.**

Im Fernsehen kann man sowohl Filme	**1** ○	○ **A**	oder informieren.
Es gibt nicht nur gute Serien	**2** ○	○ **B**	noch Science-Fiction-Filme.
Aber ich mag weder Krimis	**3** ○	○ **C**	als auch Nachrichten sehen.
Ich kann mich beim Fernsehen entweder entspannen	**4** ○	○ **D**	sondern auch interessante Dokumentationen und Talkshows.

---

2 **Auf Zimmersuche. Ergänzen Sie die Sätze mit dem passenden Konnektor.**

> sowohl ... als auch • nicht nur ... sondern auch • entweder ... oder • weder ... noch

1. In der Nähe des Bahnhofs gibt es _____ Hotels _____ kleine Pensionen. (+/+)

2. Wir haben noch kein Zimmer gefunden: _____ in einem Hotel _____ in einer Pension. (–/–)

3. Jetzt ist es _____ zu spät _____ sehr kalt. (+/+)

4. Wir müssen _____ im Auto _____ unter der Brücke schlafen. (a oder b)

---

3 **Schreiben Sie Sätze mit *sowohl ... als auch* und *nicht nur ... sondern auch* wie im Beispiel.**

1. Heute • gehen • wir • ins Restaurant • ins Kino • .
2. Elena • schön • intelligent • ist • .
3. Die Reise • war • interessant • entspannend • .

> 1. Heute gehen wir sowohl ins Restaurant als auch ins Kino. Heute gehen wir nicht nur ins Restaurant ...

4 Schreiben Sie Sätze mit *entweder ... oder*.

1. Liva • möchte • studieren • eine Ausbildung machen • .
2. Jörg • möchte • fahren • nach Island • nach Finnland • .
3. Gisela • heute • trifft • Hans • Willi • .

5 Schreiben Sie Sätze mit *weder ... noch*.

1. Tatjana • trinkt • Kaffee • Tee • . Nur Coca Cola.
2. Bettina • Italienisch • Spanisch • kann • sprechen • . Aber Bulgarisch, Englisch und Russisch.
3. Heiner • will • baden • duschen • . Er hasst Wasser.

6

1. *Er isst sowohl Käse als auch Wurst.* _____

_____

2. Familie Meier hat _____

_____

3. Pascal kann heute Abend nur eines machen: Er kann _____

_____

4. Mia geht zu Fuß. Sie hat _____

_____

5. Morgen wird das Wetter _____

_____

7 Schreiben Sie Sätze mit *weder ... noch* oder *sowohl ... als auch*.

1. Ich nehme diese Wohnung, denn sie ist _____ (*hell/groß*).

2. Ich kaufe dieses Kleid, denn es ist _____ (*modern/schick*).

3. Ich trinke keinen Alkohol, _____ (*Bier/Wein*).

4. Ich nehme dieses Buch, denn es ist _____ (*interessant/spannend*).

5. Ich gehe nicht in dieses Restaurant, denn es ist _____ (*günstig/gut*).

8 Essen gehen. Ergänzen Sie die Doppelkonnektoren. Es gibt manchmal mehrere Möglichkeiten.

In der Nähe haben wir leider _____ ein gutes Restaurant _____ eine gemütliche Kneipe.

Das ist wirklich schade. Wir müssen _____ in der Nähe beim Schnellimbiss essen, _____

30 km weit in ein Restaurant fahren. Das Restaurant hat ein tolles Angebot: Zu dem Menu gehört _____

ein gutes Hauptgericht, _____ ein leckeres Dessert. Der Wein ist auch exzellent: Er hat _____

_____ einen sehr guten Geschmack _____ genau die richtige Temperatur. Aber ich

mache eine Diät. Ich esse _____ ein Hauptgericht _____ ein Dessert. Nur einen Salat.

Je größer, desto besser!
Vergleichssätze

*Je **mehr** man arbeitet, ...*

*... desto **müder** wird man.*

*... umso **mehr Arbeit** schafft man.*

Nebensatz (immer am Beginn)			Hauptsatz		
je + Komparativ (+ Nomen)	Subjekt	Verb am Ende	desto/umso + Komparativ (+ Nomen)	Verb = Position 2	Subjekt
Je **schneller**	man	arbeitet,	desto **müder**	wird	man.
			umso **müder**	wird	man.
			desto **mehr Arbeit**	schafft	man.

---

1   *Je ... desto.* **Was passt zusammen? Ordnen Sie zu.**

Je weniger man schläft,	1 ○	○ A	desto weniger verstehe ich.
Je mehr Bücher ich habe,	2 ○	○ B	desto größere Portionen kann man essen.
Je mehr Alkohol man trinkt,	3 ○	○ C	desto müder ist man.
Je schneller du sprichst,	4 ○	○ D	umso mehr muss man putzen.
Je größer die Wohnung ist,	5 ○	○ E	umso mehr Regale brauche ich.
Je mehr Hunger man hat,	6 ○	○ F	desto mehr Kopfschmerzen hat man am nächsten Morgen.

2   **Die Gesundheit. Ergänzen Sie die Komparative.**

1. Je _____ (*gesund*) man lebt, desto _____ (*wohl*) fühlt man sich.

2. Je _____ (*gut*) man isst, desto _____ (*wahrscheinlich*) bleibt man gesund.

3. Je _____ (*lang*) man lebt, desto _____ (*viel*) Erfahrung hat man.

4. Je _____ (*lecker*) etwas schmeckt, umso _____ (*gern*) isst man es.

5. Je _____ (*salzig*) das Essen ist, desto _____ (*durstig*) wird man.

6. Je _____ (*intensiv*) jemand trainiert, umso _____ (*kräftig*) wird er.

7. Je _____ (*stark*) ein Mann ist, desto _____ (*schwer*) kann er tragen.

3   **Die Liebe. Ordnen Sie die Sätze und schreiben Sie sie.**

1. je • sie • kennt • sympathischer • sie • besser • ihn • umso • findet • ihn • .
2. netter • desto • er • je • ist • ist • sie • verliebter • .
3. er • ist • nervöser • desto • liebt • sie • er • mehr • je • .
4. unsicherer • er • umso • süßer • sie • ihn • je • wird • findet • .
5. sich • sie • öfter • je • kennen • besser • desto • treffen • sich • sie • .
6. je • sie • länger • wird • er • unruhiger • mit dem Heiratsantrag • desto • wartet • .
7. die Hochzeit • besser • vorbereitet wird • umso • schöner • das Fest • wird • je • .

> *1. Je besser sie ihn kennt, umso sympathischer findet sie ihn.*

4 Schreiben Sie zu den Bildern Sätze mit *je ... desto/umso.*

wenig schlafen – müde   viel Alkohol – betrunken   viele Autos – Luft schlecht

fleißig – Zeugnis gut   viel Kaffee – nervös   hoch steigen – schwer atmen können

Je weniger er geschlafen hat, desto müder ist er.

5a Ist das wahr? Schreiben Sie Sätze mit *je ... desto/umso.*

1. viel arbeiten • viel verdienen   *Je mehr man arbeitet, desto mehr verdient man.*

2. alt sein • viel können

3. lange studieren • Gehalt ist gut

4. intelligent sein • Position ist hoch

5. wenig arbeiten • glücklich sein

6. viel essen • dick werden

5b Stimmt das wirklich? Wie ist Ihre Meinung?

> *Ja und nein. Wenn man selbstständig ist, kann man mehr verdienen, wenn man mehr arbeitet. Aber wenn man angestellt ist, kann man auch nicht mehr verdienen, wenn man mehr arbeitet.*

6 Was passt zusammen? Schreiben Sie Sätze mit *je ... desto/umso* wie im Beispiel.

| ~~Sport treiben~~ • Kollegen nett sein • lernen • arm sein • viele Freunde haben | gern arbeiten • viel können • glücklich sein • viele Probleme haben • ~~schlank sein~~ |

1. *Je mehr Sport man treibt, desto schlanker ist man.*

7 Das Wetter. Schreiben Sie die Sätze neu mit *je ... desto/umso.*

1. Wenn es viel regnet, ist es nass.
2. Wenn es kalt ist, muss ich viel anziehen.
3. Wenn es dunkel ist, kann ich schlecht sehen.
4. Wenn das Wetter gut ist, sind die Leute fröhlich.
5. Wenn ich lange in der Sonne liege, werde ich braun.
6. Wenn es viel geschneit hat, kann man gut Ski fahren.
7. Wenn es viel Nebel gibt, kann man schlecht sehen.
8. Wenn die Nacht klar ist, kann man viele Sterne sehen.

1. *Je mehr es regnet, desto nasser wird man.*

je – Verb am Ende,
desto – Verb auf Position 2

Sie müssen eine Familie finden: Baby, Vater, Mutter und Großeltern. Wer gehört zusammen?
Ihr Partner kennt die Familiennamen der Personen unten.

Sie fragen nach den Namen der Personen unten mit Relativsätzen.
Zum Beispiel: *Wie heißt das Baby, das immer lacht?* Ihr Partner kontrolliert und sagt Ihnen den Namen.

das Baby	der Vater	die Mutter	die Großeltern (Pl.)
Es lacht immer.	Der Nachbar hilft **ihm** oft im Garten.	Die Nachbarin geht oft **mit ihr** einkaufen.	**Sie** kümmern sich dreimal pro Woche um das Baby.

das Baby	der Vater	die Mutter	die Großeltern (Pl.)
Es hat die ganze Nacht geweint.	Seine Frau muss oft **auf ihn** warten.	Ihr Mann repariert **ihr** alles.	Die Mutter kümmert sich **um sie.**

das Baby	der Vater	die Mutter	die Großeltern (Pl.)
Es möchte immer trinken.	Seine Frau ruft **ihn** oft auf der Arbeit an.	Ihr Mann nennt **sie** Schätzchen.	Der Vater hilft **ihnen** oft.

Hier korrigieren Sie Ihren Partner und sagen dann den Namen der Personen:

das Kind Jan Lange	der Vater Bruno Pilz	die Mutter Uschi Zeise	die Großeltern (Pl.) Lange
Wie heißt das Kind, dem die Mutter jeden Tag drei Brote für die Schule macht?	Wie heißt der Vater, der abends für die ganze Familie kocht?	Wie heißt die Mutter, mit der das Kind immer spielen möchte?	Wie heißen die Großeltern, denen das Kind oft selbstgemalte Bilder schenkt?

das Kind Pascal Zeise	der Vater Helmut Zeise	die Mutter Liva Pilz	die Großeltern (Pl.) Pilz
Wie heißt das Kind, das letzte Woche ein Hund gebissen hat?	Wie heißt der Vater, den seine Frau früher nicht heiraten wollte?	Wie heißt die Mutter, die der Mann sehr liebt?	Wie heißen die Großeltern, für die das Kind oft einkauft?

das Kind Leo Pilz	der Vater Joachim Lange	die Mutter Elisabeth Lange	die Großeltern (Pl.) Lange
Wie heißt das Kind, auf das die Nachbarin manchmal abends aufpasst?	Wie heißt der Vater, dem das Essen zu Hause nicht schmeckt?	Wie heißt die Mutter, der die Großeltern im Haushalt helfen?	Wie heißen die Großeltern, die ihrem Enkel ein Fahrrad geschenkt haben?

Sie müssen eine Familie finden: Kind, Vater, Mutter und Großeltern. Wer gehört zusammen? Ihr Partner weiß die Familiennamen der Personen unten.

Sie fragen nach den Namen der Personen unten mit Relativsätzen. Zum Beispiel: *Wie heißt das Kind, dem die Mutter jeden Tag drei Brote für die Schule macht?* Ihr Partner kontrolliert und sagt Ihnen den Namen.

das Kind	der Vater	die Mutter	die Großeltern (Pl.)
Die Mutter macht **ihm** jeden Tag drei Brote für die Schule.	**Er** kocht abends für die ganze Familie.	Das Kind möchte immer **mit ihr** spielen.	Das Kind schenkt **ihnen** oft selbstgemalte Bilder.

das Kind	der Vater	die Mutter	die Großeltern (Pl.)
Ein Hund hat **es** letzte Woche gebissen.	Seine Frau wollte **ihn** früher nicht heiraten.	Der Mann liebt **sie** sehr.	Das Kind kauft oft für **sie** ein.

das Kind	der Vater	die Mutter	die Großeltern (Pl.)
Die Nachbarin passt manchmal abends **auf es** auf.	Das Essen zu Hause schmeckt **ihm** oft nicht.	Die Großeltern helfen **ihr** im Haushalt.	**Sie** haben ihrem Enkel ein Fahrrad geschenkt.

Hier korrigieren Sie Ihren Partner und sagen dann den Namen der Personen:

das Baby — Anna Wagner	der Vater — Hans Kühne	die Mutter — Angelika Kaiser	die Großeltern (Pl.) Wagner
Wie heißt das Baby, das immer lacht?	Wie heißt der Vater, dem der Nachbar oft im Garten hilft?	Wie heißt die Mutter, mit der die Nachbarin oft einkaufen geht?	Wie heißen die Großeltern, die sich dreimal pro Woche um das Baby kümmern?

das Baby — Sofia Kühne	der Vater — Michael Kaiser	die Mutter — Bettina Wagner	die Großeltern (Pl.) — Kaiser
Wie heißt das Baby, das die ganze Nacht geweint hat?	Wie heißt der Vater, auf den seine Frau oft warten muss?	Wie heißt die Mutter, der ihr Mann alles repariert?	Wie heißen die Großeltern, um die die Mutter sich kümmert?

das Baby — Nika Kaiser	der Vater — Frederik Wagner	die Mutter — Gisela Kühne	die Großeltern (Pl.) — Kühne
Wie heißt das Baby, das immer trinken möchte?	Wie heißt der Vater, den seine Frau oft auf der Arbeit anruft?	Wie heißt die Mutter, die ihr Mann Schätzchen nennt?	Wie heißen die Großeltern, denen der Vater oft hilft?

während			Während des Essens raucht er.	temporal 2 parallele Aktionen
wegen		„weil"	Wegen des Rauchs kann sie nicht essen	kausal Grund
trotz		„obwohl"	Trotz des Rauchs isst er.	konzessiv Gegen-argument
innerhalb	**Innerhalb des Restaurants ist das Rauchen verboten**	⊙	Innerhalb des Restaurants ist das Rauchen verboten.	lokal
			Innerhalb eines Tages raucht er 40 Zigaretten.	temporal
außerhalb	Restaurant Restaurant von 12 bis 22 Uhr geöffnet	○ •	Außerhalb des Restaurants ist das Rauchen erlaubt.	lokal
			Außerhalb der Öffnungszeiten kann man hier nicht essen.	temporal

Die Präpositionen *während, wegen, trotz, innerhalb* und *außerhalb* haben den Genitiv.
In der gesprochenen Sprache benutzt man *während, wegen* und *trotz* auch oft mit Dativ.

---

1 Was passt zusammen? Ordnen Sie zu.

Während des Fluges	1 ○	○ A	höre und sehe ich meinen Chef nie.
Während des Kochens	2 ○	○ B	darf man das Handy nicht benutzen.
Während der Arbeit	3 ○	○ C	kann ich jeden Tag lange schlafen.
Während der Ferien	4 ○	○ D	trinke ich schon ein bisschen Wein.

2 Was passt zusammen? Ordnen Sie zu.

Wegen des Lärms	1 ○	○ A	ist sie jetzt nicht fit.
Wegen des Geschenks	2 ○	○ B	muss er viel arbeiten.
Wegen der Krankheit	3 ○	○ C	freut sich das Kind und lacht.
Wegen seiner sieben Kinder	4 ○	○ D	ist er aus seiner Wohnung ausgezogen.

3   Was passt zusammen? Ordnen Sie zu.

Trotz des Lottogewinns   1 ○   ○ A   hat sie das Examen gemacht.

Trotz des Gewitters   2 ○   ○ B   lernt sie nicht.

Trotz der Prüfung   3 ○   ○ C   gehen wir spazieren.

Trotz ihrer Kopfschmerzen   4 ○   ○ D   hat er nicht genug Geld.

4   Ordnen Sie zu und bilden Sie den Genitiv. Was passt wo? Manchmal gibt es zwei Möglichkeiten.

> das Geschenk • die Arbeit • eine Stunde • das Haus • der Unterricht • ihr Sohn •
> die Region • ~~die Reise~~ • das Essen • der Unterricht • meine Freundin

wegen/trotz	während	innerhalb/außerhalb
	der Reise	

5   Stress. *Während, wegen* oder *trotz*? Streichen Sie die falschen Präpositionen.

1. Während • Wegen • Trotz der Arbeit klingelt 60 mal das Telefon und man kann sich nicht konzentrieren
2. Viele Berufe sind anstrengend, aber die meisten Leute lieben ihre Arbeit während • wegen • trotz des Stresses.
3. Viele Menschen müssen während • wegen • trotz ihrer Arbeit umziehen.
4. In der Stadt ist es laut und viele Leute sind während • wegen • trotz des Lärms gestresst. Aber während • wegen • trotz ihrer Arbeit ziehen viele Leute während • wegen • trotz des Lärms in die Stadt.
5. Ein Umzug ist immer viel Arbeit. Deshalb ist es zu empfehlen, während • wegen • trotz der Ferien umzuziehen.

6   Was passt zusammen? Kombinieren Sie und schreiben Sie Sätze.

Wegen	(ihre) Arbeitslosigkeit	sind die Mieten billiger.
Während	(das) Zentrum	können Sie uns anrufen.
Trotz	(die) Sprechzeiten	kauft sie einen Mercedes.
Innerhalb	(das) Laufen	muss man vorsichtig fahren.
Außerhalb	(der) Schnee	hört er Musik.

7   Welche Präposition passt? Ergänzen Sie die Sätze und schreiben Sie das Nomen in der richtigen Form.

> außerhalb • innerhalb • trotz • trotz • während • während • wegen

1. _____ (*das Wetter*) können wir nicht ausgehen.

2. _____ (*das Geld*) ist er nicht glücklich.

3. Die Fahrkarte ist nur _____ (*die Stadt*) gültig.

4. Sie geht _____ (*die Kälte*) ohne Mantel spazieren.

5. _____ (*die Fahrt*) höre ich Musik.

6. _____ (*Öffnungszeiten, Pl.*) können Sie eine Nachricht hinterlassen.

7. _____ (*der Unterricht*) sprach niemand.

8   Genitiv oder Dativ? Ergänzen Sie die Endungen (wenn nötig).

In d____ Raum____ gibt es Tische, Stühle und ein Büffet. Über d____ Tisch____ hängen Lampen

und Luftballons. Die Getränke stehen in d____ Badewanne____. Ich mache die Party wegen

mein____ Geburtstag____. Ich feiere mit ein____ Freundin____ zusammen. Unsere Gäste dürfen

leider nur auf d____ Balkon____ außerhalb d____ Zimmer____ rauchen. Vor d____ Fest____

hatte ich viel Arbeit, aber auch während d____ Party____ habe ich sicher noch viel zu tun.

> der Raum
> der Tisch
> die Badewanne
> der Geburtstag
> die Freundin
> der Balkon
> das Zimmer
> das Fest
> die Party

78 Innerhalb, außerhalb, in, nach, vor, seit, bei *und* während

Temporale Präpositionen 2

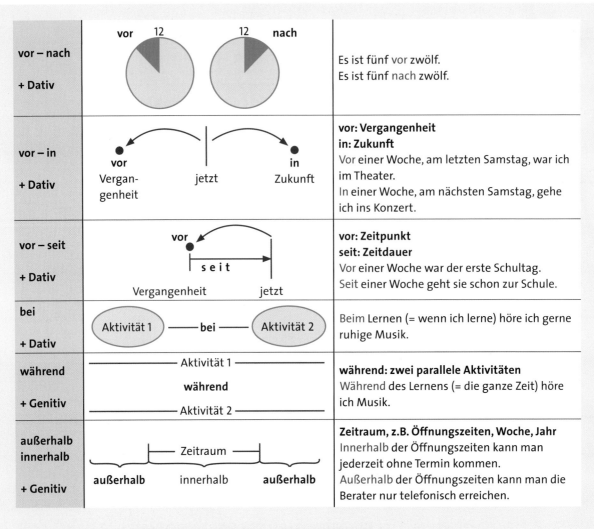

Während wird in der gesprochenen Sprache auch mit dem Dativ benutzt.

---

1   *Vor* oder *nach*? Ergänzen Sie die richtige Präposition.

1. _____ dem Gespräch mit meiner Chefin war ich sehr nervös. Ich wusste nicht, was sie von mir wollte.

2. _____ dem Gespräch mit ihr war ich sehr zufrieden. Sie hatte mir mehr Geld angeboten.

3. Man sagt „Es ist fünf _____ zwölf", wenn etwas sehr dringend ist.

4. Wenn man sagt „Es ist fünf _____ zwölf", dann ist es schon zu spät.

2   *Vor* oder *in*? Ergänzen Sie die richtige Präposition.

1. Haben Sie den Auftrag schon bearbeitet? – Ja, den habe ich schon _____ einer Woche weggeschickt.

2. Sie haben bald Urlaub? – Ja, ich fahre _____ drei Tagen in die Türkei.

3. Ich muss zurzeit viel lernen, weil ich _____ einem Monat die Prüfung machen möchte.

4. Er ist _____ einer Stunde zu uns gekommen, er muss aber _____ einer Stunde schon wieder weiterfahren.

3 *Vor* oder *seit*? Ergänzen Sie die richtige Präposition.

1. Sie haben _____ einem Jahr geheiratet. _____ der Hochzeit wohnen sie in einem wunderschönen

   Haus mit Garten.

2. Sie kennen sich schon _____ acht Jahren. Sie haben sich auf einer Party _____ acht Jahren

   kennengelernt.

3. Er hat _____ einem Monat schwimmen gelernt. Jetzt kann er schon _____ vier Wochen alleine

   schwimmen.

4. Sie hat sich _____ einem Jahr um die Stelle beworben. Jetzt arbeitet sie schon _____ sechs

   Monaten bei der Firma.

4 Schreiben Sie Nebensätze mit *bei* wie im Beispiel.

1. Wenn ich esse, will ich nicht an meine Arbeit
   denken. (*das Essen*)
2. Wenn es regnet, gehen wir ins Hallenbad.
   (*Regen*)
3. Wenn man Computer spielt, muss man sich
   konzentrieren. (*das Computerspielen*)
4. Wenn meine Freunde fernsehen, essen sie gerne
   Chips. (*das Fernsehen*)
5. Wenn ich arbeite, trinke ich viel Kaffee.
   (*die Arbeit*)

> 1. *Beim Essen will ich nicht an meine Arbeit denken.*

5 Schreiben Sie Sätze mit *während* wie im Beispiel.

1. Ich höre ein Konzert. Ich vergesse alles.
   (*das Konzert*)
2. Ich arbeite. Ich darf nicht privat im Internet surfen.
   (*die Arbeit*)
3. Er ist im Unterricht. Er hat viel Gelegenheit,
   Deutsch zu sprechen. (*der Unterricht*)
4. Sie hat Ferien. Sie joggt jeden Tag. (*Ferien, Pl.*)
5. Sie joggt, sie hört Musik. (*das Joggen*)

> 1. *Während des Konzerts vergesse ich alles.*

6 *Innerhalb* oder *außerhalb*? Ergänzen Sie die richtige Präposition.

1. _____ der offenen Sprechstunde können Sie jederzeit vorbeikommen. _____

   der offenen Sprechstunde müssen Sie telefonisch einen Termin vereinbaren.

2. _____ der Arbeitszeit darf man in den meisten Firmen nicht privat im Internet surfen.

3. Diese Rechnung müssen Sie _____ der nächsten zehn Tage bezahlen. Wenn Sie später

   zahlen, wird es teurer.

4. _____ der Schulzeit ist die Schulbibliothek geschlossen.

79 Deutsches Bier

Adjektivdeklination mit und ohne Artikel

B1

	maskulin	neutral	feminin	Plural
Nominativ	der Mann der nette Mann ein netter Mann kein netter Mann – netter Mann	das Kind das nette Kind ein nettes Kind kein nettes Kind – nettes Kind	die Frau die nette Frau eine nette Frau keine nette Frau – nette Frau	die Leute die netten Leute – nette Leute keine netten Leute – nette Leute
Akkusativ	den Mann den netten Mann einen netten Mann keinen netten Mann – netten Mann	das Kind das nette Kind ein nettes Kind kein nettes Kind – nettes Kind	die Frau die nette Frau eine nette Frau keine nette Frau – nette Frau	die Leute die netten Leute – nette Leute keine netten Leute – nette Leute
Dativ	dem Mann dem netten Mann einem netten Mann keinem netten Mann – nettem Mann	dem Kind dem netten Kind einem netten Kind keinem netten Kind – nettem Kind	der Frau der netten Frau einer netten Frau keiner netten Frau – netter Frau	den Leuten den netten Leuten – netten Leuten keinen netten Leuten – netten Leuten
Genitiv	des Mannes des netten Mannes eines netten Mannes keines netten Mannes ⚠ netten Mannes	des Kindes des netten Kindes eines netten Kindes keines netten Kindes ⚠ netten Kindes	der Frau der netten Frau einer netten Frau keiner netten Frau – netter Frau	der Leute der netten Leute – netter Leute keiner netten Leute – netter Leute

Nach dem Possessivartikel *mein, dein, ...* dieselbe Endung wie nach *kein*.

▶ mehr zum System der Adjektivendungen siehe Kapitel 36 und 37

1a **Nominativ. Ergänzen Sie das Adjektiv in der richtigen Form.**

gut	der _____ Kaffee	ein _____ Kaffee	_____ Kaffee
saftig	das _____ Kotelett	ein _____ Kotelett	_____ Kotelett
lecker	die _____ Marmelade	eine _____ Marmelade	_____ Marmelade
neu	die _____ Kartoffeln (Pl.)		_____ Kartoffeln (Pl.)

1b Akkusativ. Ergänzen Sie das Adjektiv in der richtigen Form.

leicht	den _____ Wein	einen _____ Wein	_____ Wein
kalt	das _____ Bier	ein _____ Bier	_____ Bier
frisch	die _____ Milch	eine _____ Milch	_____ Milch
alkoholisch	die _____ Getränke (Pl.)		_____ Getränke (Pl.)

1c Dativ. Ergänzen Sie das Adjektiv in der richtigen Form.

lang	mit dem _____ Mantel	mit einem _____ Mantel	mit _____ Mantel
schick	mit dem _____ Kleid	mit einem _____ Kleid	mit _____ Kleid
elegant	mit der _____ Krawatte	mit einer _____ Krawatte	mit _____ Krawatte
schwarz	mit den _____ Schuhen (Pl.)		mit _____ Schuhen

1d Genitiv. Ergänzen Sie das Adjektiv in der richtigen Form.

heftig	trotz des _____ Regens	wegen eines _____ Regens	wegen _____ Regens
stark	wegen des _____ Gewitters	wegen eines _____ Gewitters	wegen _____ Gewitters
groß	trotz der _____ Hitze	trotz einer _____ Hitze	trotz _____ Hitze
unerwartet	trotz der _____ Stürme		trotz _____ Stürme

2 *Der, die* oder *das*? Lesen Sie das Adjektiv und schreiben Sie den Artikel zum Nomen.

großes Schnitzel (_das_ Schnitzel)   Suche günstigen Laptop. (_____ Laptop)

echte italienische Pizza (_____ Pizza)   Suche gebrauchtes Fahrrad. (_____ Fahrrad)

knuspriger Braten (_____ Braten)   Verkaufe neue Küchenmaschine.

(_____ Küchenmaschine)

3 In der Zeitung. Ergänzen Sie die Endungen.

Außergewöhnlich____ Polizeieinsatz

Mehr als zwanzig besorgt____ Nachbarn riefen kurz vor Mitternacht die Polizei: „Hier schreit ein klein____

Kind um Hilfe, bitte kommen sie schnell!" Die Polizisten klingelten an der Wohnungstür. Ein ängstlich____

9-jährig____ Mädchen öffnete ihnen. Der Grund seiner Panik: Es hatte Angst vor einer groß____ , schwarz____

Spinne in seinem Zimmer. Das Mädchen hatte zwar alle Nachbarn durch seine laut____ Schreie geweckt,

die Eltern des Kindes schliefen jedoch fest. Die hilfsbereit____ Beamten brachten die Spinne ins Freie.

4 Eine Fahrt nach Berlin. Ergänzen Sie die Endungen (wenn nötig).

Am letzten Wochenende waren wir mit der ganz____ Familie in Berlin. Berlin ist wirklich eine toll____ Stadt.

Die Kinder waren auch ganz begeistert____ . Wegen der unterschiedlich____ Interessen haben wir uns

manchmal auch getrennt. Am Samstag waren Laura und Sara shoppen und haben sich zehn neu____ T-Shirts

gekauft. Max war den ganz____ Tag auf der Funkmesse und hat sich die neuest____ Geräte angeschaut und wir

Erwachsene sind in eine berühmt____ Ausstellung von modern____ Kunst gegangen. Abends haben wir uns in

einem gemütlich____ chinesisch____ Restaurant getroffen und haben lecker____ frisch____ Fisch gegessen.

Danach sind die Jugendlichen in eine toll____ Disco gegangen und wir sind in unser nett____ klein____ Hotel

zurückgefahren.

Singende Vögel und fliegende Fische

Partizip 1 als Adjektiv

fallende Blätter   *singende Vögel*

eine joggende Frau

ein spielendes Kind

ein bellender Hund

Partizip 1 = Verb im Infinitiv + **d** + Adjektivendung

Bedeutung: aktiv und gleichzeitig

Ein bellender Hund ist ein Hund, der jetzt bellt.

Ein spielendes Kind ist ein Kind, das gerade spielt.

Eine joggende Frau ist eine Frau, die gerade joggt.

Singende Vögel sind Vögel, die jetzt singen.

Das Partizip 1 kann nur vor einem Nomen benutzt werden. ~~Die Frau ist joggend.~~

⚠ Einige Partizipien sind Adjektive geworden. Sie können alleine stehen:

Der Film ist spannend. Die Arbeit ist anstrengend. Der Termin ist dringend.

---

1   Bilden Sie das Partizip 1 und ergänzen Sie.

1. Ein Flugzeug, das startet, ist ein _____es Flugzeug.

2. Die Sonne, die aufgeht, ist die _____e Sonne.

3. Eine Kerze, die brennt, ist eine _____e Kerze.

4. Temperaturen, die sinken, sind _____e Temperaturen.

5. Wasser, das kocht, ist _____es Wasser.

6. Preise, die steigen, sind _____e Preise.

7. Ein Bus, der ankommt, ist ein _____er Bus.

8. Fische, die fliegen, sind _____e Fische.

9. Eine Mutter, die ihr Kind alleine erzieht, ist eine allein _____e Mutter.

2   Ordnen Sie zu und bilden Sie das Partizip 1. Es gibt mehrere Möglichkeiten.

~~fahren~~ • sprechen • lesen • fließen • kochen • fliegen

~~das Auto~~ • der Mann • das Wasser • der Vogel • das Flugzeug

das fahrende Auto

3   Wer oder was ist das? Schreiben Sie.

> spielen • ~~weinen~~ • schlafen • lachen • fliegen • singen • ticken • parken

ein weinendes Kind _____   _____   _____   _____

_____   _____   _____   _____

_____   _____   _____   _____

4   Meine Urlaubsreise. Ergänzen Sie das Partizip 1 mit der richtigen Adjektivendung.

Nach vielen _____ (_anstrengen_) Wochen bei der Arbeit hatte ich endlich Urlaub und wollte verreisen. Meine Reise begann bei _____ (_strömen_) Regen. Am Bahnhof sah ich gleich viele _____ (_warten_) Menschen. Als der Zug ankam, drückten sich sofort viele Leute durch die sich gerade _____ (_öffnen_) Tür. Ich musste während der ganzen Fahrt zwischen _____ (_streiten_) Jugendlichen stehen. Nachdem ich ausgestiegen war und dem _____ (_abfahren_) Zug nachsah, bemerkte ich, dass ich meinen Koffer vergessen hatte. Aber schon vom Bahnhof aus konnte ich den See und die _____ (_aufgehen_) Sonne sehen! Es war dann noch ein sehr _____ (_entspannen_) Urlaub.

5   Ein Rätsel: Wo bin ich? Ergänzen Sie die Verben im Partizip 1.

> schimpfen • laufen • hupen • schlafen • spielen • stehen • laufen

Ich höre _____ Autos und laut _____ Leute. Vor, neben und hinter mir sehe ich _____ Autos, manche mit _____ Motor. Im Auto hinter mir sitzt ein _____ Kind neben seiner _____ Mutter. Ich konzentriere mich auf das _____ Radio. ich möchte wissen, wann es endlich weiter geht.

Lösung: Ich stehe im _____

Partizip 1: _Infinitiv + d_
aktiv und gleichzeitig

Im Schwimmbad ist viel los. Was sehen Sie? Bilden Sie zu den lila Nummern Partizipien wie im Beispiel. Kontrollieren Sie dann Ihren Partner mit den grünen Nummern.

Was sehen Sie? Ihr Partner kontrolliert Sie.

> Blumen, blühen • Menschen, tauchen • ein Kind, weinen •
> ein Hund, rennen • ein Mann, springen • eine Frau, schwimmen •
> Leute, warten

Nummer 2 ist ein springender Mann.

Was sieht Ihr Partner? Kontrollieren Sie ihn.

1. ein lesender Mann
3. spielende Kinder
5. ein Eis essendes Kind
7. ein schlafender Mann
9. eine duschende Frau
11. ein singender Vogel
13. ein rauchender Mann

Partnerseite 11: Partizip 1
Partner B

B1

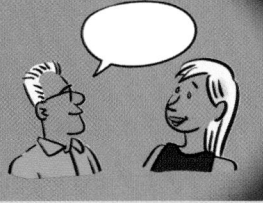

Im Schwimmbad ist viel los. Was sehen Sie? Bilden Sie zu den lila Nummern Partizipien wie im Beispiel. Kontrollieren Sie dann Ihren Partner mit den grünen Nummern.

Was sehen Sie? Ihr Partner kontrolliert Sie.

Vögel, singen • ein Mann, rauchen • ein Kind, Eis essen • ein Mann, lesen • eine Frau, duschen • Kinder, spielen • ein Mann, schlafen

Nummer 1 ist ein lachendes Kind.

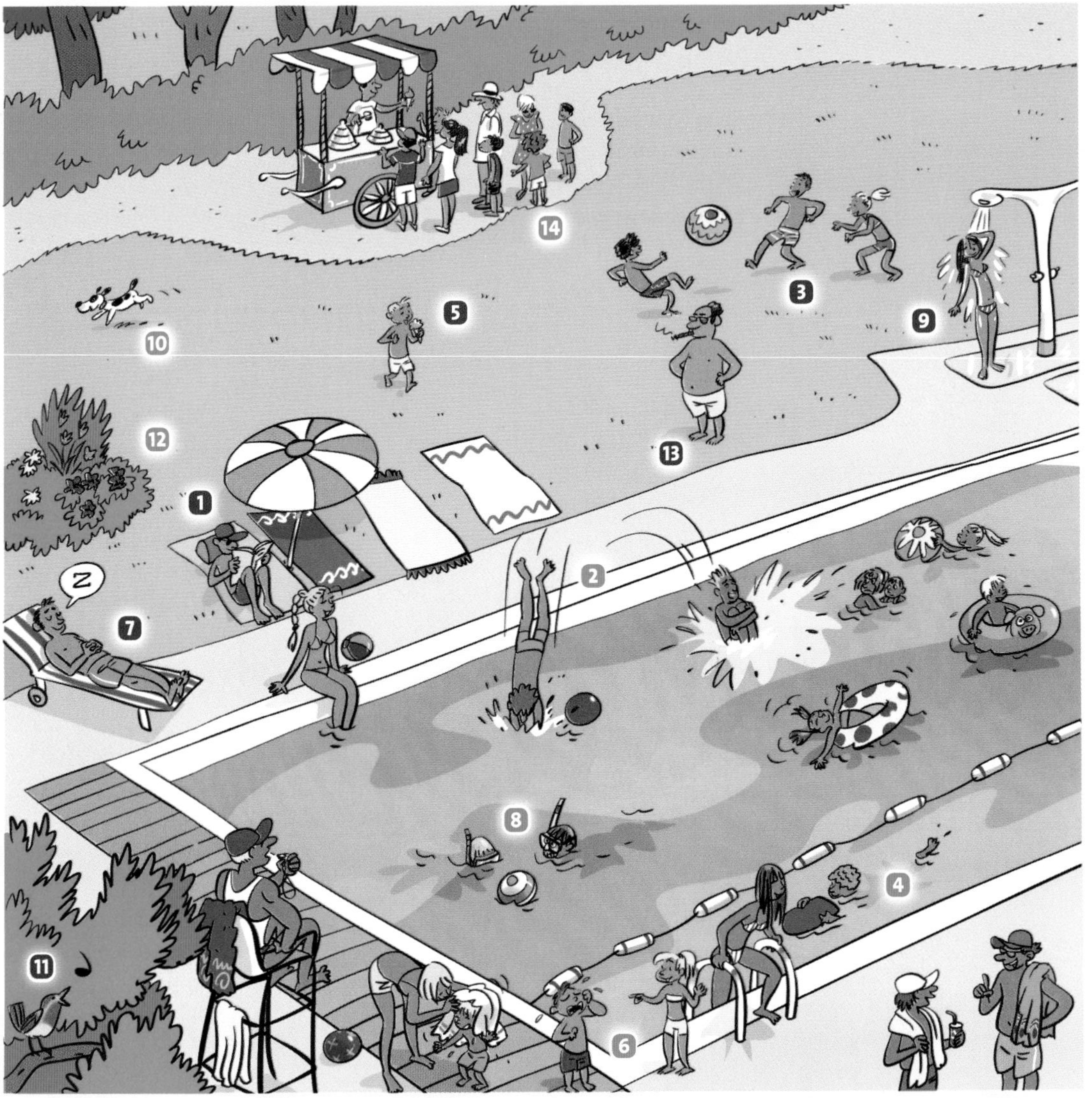

Was sieht Ihr Partner? Kontrollieren Sie ihn.

2. ein springender Mann
4. eine schwimmende Frau
6. ein weinendes Kind
8. tauchende Menschen
10. ein rennender Hund
12. blühende Blumen
14. wartende Leute

Konjugation Präsens 🔊 2+3

Übung 1

Beispiel:

Er wohnt in Hamburg. Und Sie? *Ich wohne auch in Hamburg.*

Er wohnt in Hamburg. Und Sie? Ich wohne auch in Hamburg.

Sie kommen aus Kanada. Und Sie? Ich komme auch aus Kanada.

Wir verstehen Deutsch. Und Sie? Ich verstehe auch Deutsch.

Sie arbeitet viel. Und Sie? Ich arbeite auch viel.

Wir tanzen gerne. Und Sie? Ich tanze auch gerne.

Sie trinkt viel Kaffee. Und Sie? Ich trinke auch viel Kaffee.

Er lernt gerne Deutsch. Und Sie? Ich lerne auch gerne Deutsch.

Sie schreiben gerne. Und Sie? Ich schreibe auch gerne.

Übung 2

Beispiel:

Wir kommen aus China. *Er kommt nicht aus China.*

Wir kommen aus China. Er kommt nicht aus China.

Wir wohnen in Berlin. Er wohnt nicht in Berlin.

Ich arbeite bei der Post. Er arbeitet nicht bei der Post.

Du verstehst alles. Er versteht nicht alles.

Maria hört gerne CDs. Er hört nicht gerne CDs.

Ich mache gerne Hausaufgaben. Er macht nicht gerne Hausaufgaben.

Wir tanzen Tango. Er tanzt nicht Tango.

Sie gehen in die Disko. Er geht nicht in die Disko.

 sein und *haben* 🔊 4

Beispiel 1:

Wir haben Spaß. Und Sie? *Ich habe auch Spaß.*

Beispiel 2:

Er ist Lehrer. Und Sie? *Ich bin auch Lehrer.*

Wir haben Spaß. Und Sie? Ich habe auch Spaß.

Er ist Lehrer. Und Sie? Ich bin auch Lehrer.

Sie hat ein Wörterbuch. Und Sie? Ich habe auch ein Wörterbuch.

Wir haben Geld. Und Sie? Ich habe auch Geld.

Sie ist glücklich. Und Sie? Ich bin auch glücklich.

Er hat viel Arbeit. Und Sie? Ich habe auch viel Arbeit.

Wir sind in Deutschland. Und Sie? Ich bin auch in Deutschland.

Sie ist verheiratet. Und Sie? Ich bin auch verheiratet.

 Verben mit Vokalwechsel 🔊 5

Beispiel:

Ich fahre nach Berlin. *Er fährt auch nach Berlin.*

Ich fahre nach Berlin. Er fährt auch nach Berlin.

Ich schlafe viel. Er schläft auch viel.

Ich laufe viel. Er läuft auch viel.

Ich helfe gerne. Er hilft auch gerne.

Ich nehme einen Kaffee.
Ich esse Spaghetti.
Ich lese Zeitung.
Ich spreche Deutsch.
Ich sehe gerne Fußball.

Er nimmt auch einen Kaffee.
Er isst auch Spaghetti.
Er liest auch Zeitung.
Er spricht auch Deutsch.
Er sieht auch gerne Fußball.

5 Modalverben 🔊 6̄

Beispiel:
Wir können nicht tanzen. Und du?
Wir können nicht tanzen. Und du?
Wir müssen nicht arbeiten. Und du?
Wir wollen nicht fernsehen. Und du?
Wir müssen nicht einkaufen. Und du?
Wir wollen nicht essen. Und du?
Wir sollen nicht viel sprechen. Und du?
Wir dürfen hier nicht parken. Und du?
Wir müssen nicht früh aufstehen. Und du?

Ich kann tanzen.
Ich kann tanzen.
Ich muss arbeiten.
Ich will fernsehen.
Ich muss einkaufen.
Ich will essen.
Ich soll viel sprechen.
Ich darf hier parken.
Ich muss früh aufstehen.

7 Trennbare Verben 7+8

Übung 1

Beispiel:
Kommen Sie mit?
Kommen Sie mit?
Kaufen Sie ein?
Stehen Sie auf?
Fangen Sie an?
Gehen Sie aus?
Kommen Sie zurück?
Räumen Sie auf?
Rufen Sie an?
Sehen Sie fern?

Nein, ich komme heute nicht mit.
Nein, ich komme heute nicht mit.
Nein, ich kaufe heute nicht ein.
Nein, ich stehe heute nicht auf.
Nein, ich fange heute nicht an.
Nein, ich gehe heute nicht aus.
Nein, ich komme heute nicht zurück.
Nein, ich räume heute nicht auf.
Nein, ich rufe heute nicht an.
Nein, ich sehe heute nicht fern.

Übung 2

Beispiel:
Möchten Sie mitkommen?
Möchten Sie mitkommen?
Müssen Sie umsteigen?
Möchten Sie reinkommen?
Wollen Sie ausgehen?
Können Sie anfangen?
Wollen Sie aussteigen?
Müssen Sie zurückkommen?
Wollen Sie einkaufen?
Möchten Sie fernsehen?

Ja, ich komme mit.
Ja, ich komme mit.
Ja, ich steige um.
Ja, ich komme rein.
Ja, ich gehe aus.
Ja, ich fange an.
Ja, ich steige aus.
Ja, ich komme zurück.
Ja, ich kaufe ein.
Ja, ich sehe fern.

9 Fragen mit Fragewort 🔊 9̄

Beispiel:
Er heißt Weinbauer.
Er heißt Weinbauer.
Er kommt aus Freiburg.

Entschuldigung, wie heißt er?
Entschuldigung, wie heißt er?
Entschuldigung, woher kommt er?

Sprechtraining

Er wohnt in Dresden.
Er ist Chemie-Ingenieur von Beruf.
Er möchte einen Tee.
Sie heißt Schmidtjohann.
Sie kommt aus Kiel.
Sie lebt in Heidelberg.
Sie ist Lehrerin von Beruf.
Sie möchte einen Cappuccino.

Entschuldigung, wo wohnt er?
Entschuldigung, was ist er von Beruf?
Entschuldigung, was möchte er?
Entschuldigung, wie heißt sie?
Entschuldigung, woher kommt sie?
Entschuldigung, wo lebt sie?
Entschuldigung, was ist sie von Beruf?
Entschuldigung, was möchte sie?

 ## 10 Ja/Nein-Fragen 🔊 ⒑

Beispiel:
Sie kommt aus Berlin.
Sie kommt aus Berlin.
Sie hat zehn Katzen.
Sie fliegt nach Peking.
Sie spricht fünf Sprachen.
Sie ist schon lange in Deutschland.

Sie spielt Gitarre.
Sie geht gerne ins Theater.
Sie arbeitet als Fußballtrainerin.

Stimmt das? Kommt sie wirklich aus Berlin?
Stimmt das? Kommt sie wirklich aus Berlin?
Stimmt das? Hat sie wirklich zehn Katzen?
Stimmt das? Fliegt sie wirklich nach Peking?
Stimmt das? Spricht sie wirklich fünf Sprachen?
Stimmt das? Ist sie wirklich schon lange in Deutschland?
Stimmt das? Spielt sie wirklich Gitarre?
Stimmt das? Geht sie wirklich gerne ins Theater?
Stimmt das? Arbeitet sie wirklich als Fußballtrainerin?

 ## 11 Wörter im Satz 1 🔊 ⒒

Beispiel:
Montag: Er geht ins Kino.
Montag: Er geht ins Kino.
Dienstag: Er geht ins Fitness-Studio.
Mittwoch: Er arbeitet lange.
Donnerstag: Er bleibt zu Hause.
Freitag: Er geht zu Freunden.
Wochenende: Er muss nicht arbeiten.
Samstag: Er muss einkaufen gehen.
Sonntag: Er kann lange schlafen.

Am Montag geht er ins Kino.
Am Montag geht er ins Kino.
Am Dienstag geht er ins Fitness-Studio.
Am Mittwoch arbeitet er lange.
Am Donnerstag bleibt er zu Hause.
Am Freitag geht er zu Freunden.
Am Wochenende muss er nicht arbeiten.
Am Samstag muss er einkaufen gehen.
Am Sonntag kann er lange schlafen.

14 Artikel: definit, indefinit, kein Artikel 🔊 ⑫

Beispiel:
Möchten Sie eine Banane?
Möchten Sie eine Banane?
Möchten Sie einen Apfel?
Möchten Sie ein Bier?
Möchten Sie eine Suppe?
Möchten Sie ein Brötchen?
Möchten Sie ein Eis?
Möchten Sie eine Orange?

Ja! ... Mhm, die Banane ist lecker.
Ja! ... Mhm, die Banane ist lecker.
Ja! ... Mhm, der Apfel ist lecker.
Ja! ... Mhm, das Bier ist lecker.
Ja! ... Mhm, die Suppe ist lecker.
Ja! ... Mhm, das Brötchen ist lecker.
Ja! ... Mhm, das Eis ist lecker.
Ja! ... Mhm, die Orange ist lecker.

Möchten Sie Kartoffeln?	Ja! ... Mhm, die Kartoffeln sind lecker.
Möchten Sie Nudeln?	Ja! ... Mhm, die Nudeln sind lecker.

15 Negation  $\overline{13}$

Beispiel:

Ich komme aus Japan.	*Ich komme nicht aus Japan.*
Ich komme aus Japan.	Ich komme nicht aus Japan.
Ich bin 52 Jahre alt.	Ich bin nicht 52 Jahre alt.
Ich wohne in Bonn.	Ich wohne nicht in Bonn.
Ich bin verheiratet.	Ich bin nicht verheiratet.
Ich habe Kinder.	Ich habe keine Kinder.
Das sind meine Kinder.	Das sind nicht meine Kinder.
Ich habe Zeit.	Ich habe keine Zeit.
Ich trinke einen Kaffee.	Ich trinke keinen Kaffee.
Ich bin müde.	Ich bin nicht müde.

16 Akkusativ  $\overline{14-16}$

Übung 1

Beispiel:

Haben Sie keinen Computer?	*Doch, ich habe natürlich einen Computer.*
Haben Sie keinen Computer?	Doch, ich habe natürlich einen Computer.
Haben Sie keine Kreditkarte?	Doch, ich habe natürlich eine Kreditkarte.
Haben Sie keinen Schirm?	Doch, ich habe natürlich einen Schirm.
Haben Sie kein Auto?	Doch, ich habe natürlich ein Auto.
Haben Sie keinen Laptop?	Doch, ich habe natürlich einen Laptop.
Haben Sie keine Jacke?	Doch, ich habe natürlich eine Jacke.
Haben Sie kein Handy?	Doch, ich habe natürlich ein Handy.
Haben Sie keine Tasche?	Doch, ich habe natürlich eine Tasche.
Haben Sie keine Bücher?	Doch, ich habe natürlich Bücher.
Haben Sie keine Stifte?	Doch, ich habe natürlich Stifte.

Übung 2

Beispiel:

Wie findest du den Computer?	*Der ist gut. Den kaufe ich.*
Wie findest du den Computer?	Der ist gut. Den kaufe ich.
Wie findest du das Auto?	Das ist gut. Das kaufe ich.
Wie findest du die Tasche?	Die ist gut. Die kaufe ich.
Wie findest du das Handy?	Das ist gut. Das kaufe ich.
Wie findest du die Kamera?	Die ist gut. Die kaufe ich.
Wie findest du den Schirm?	Der ist gut. Den kaufe ich.
Wie findest du die Zeitung?	Die ist gut. Die kaufe ich.
Wie findest du das Fahrrad?	Das ist gut. Das kaufe ich.
Wie findest du den Laptop?	Der ist gut. Den kaufe ich.
Wie findest du die Bücher?	Die sind gut. Die kaufe ich.
Wie findest du die Stifte?	Die sind gut. Die kaufe ich.

Übung 3

Beispiel:

Der Computer ist schön.	*Ich kaufe den Computer.*
Der Computer ist schön.	Ich kaufe den Computer.
Das Fahrrad ist gut.	Ich kaufe das Fahrrad.
Die Tasche ist schick.	Ich kaufe die Tasche.
Die Bücher sind interessant.	Ich kaufe die Bücher.

Sprechtraining

Die Kamera ist neu.	Ich kaufe die Kamera.
Der Laptop ist praktisch.	Ich kaufe den Laptop.
Das Handy ist günstig.	Ich kaufe das Handy.
Die Stifte sind gut.	Ich kaufe die Stifte.
Die Zeitung ist interessant.	Ich kaufe die Zeitung.
Der Schirm ist elegant.	Ich kaufe den Schirm.

 Dativ 🔊 17

Beispiel:

Nimmst du das Auto?	*Ja, ich fahre mit dem Auto.*
Nimmst du das Auto?	Ja, ich fahre mit dem Auto.
Nimmst du die U-Bahn?	Ja, ich fahre mit der U-Bahn.
Nimmst du den Bus?	Ja, ich fahre mit dem Bus.
Nimmst du die S-Bahn?	Ja, ich fahre mit der S-Bahn.
Nimmst du den Zug?	Ja, ich fahre mit dem Zug.
Nimmst du die Straßenbahn?	Ja, ich fahre mit der Straßenbahn.
Nimmst du das Taxi?	Ja, ich fahre mit dem Taxi.
Nimmst du das Fahrrad?	Ja, ich fahre mit dem Fahrrad.

 Possessivartikel 🔊 18+19

Übung 1

Beispiel:

Ich trinke den Tee, ok?	*Nein, das ist mein Tee.*
Ich trinke den Tee, ok?	Nein, das ist mein Tee.
Ich esse die Suppe, ok?	Nein, das ist meine Suppe.
Ich esse das Brötchen, ok?	Nein, das ist mein Brötchen.
Ich trinke den Kaffee, ok?	Nein, das ist mein Kaffee.
Ich trinke das Bier, ok?	Nein, das ist mein Bier.
Ich trinke die Milch, ok?	Nein, das ist meine Milch.
Ich esse das Eis, ok?	Nein, das ist mein Eis.
Ich trinke den Saft, ok?	Nein, das ist mein Saft.
Ich esse die Pommes, ok?	Nein, das sind meine Pommes.
Ich esse die Spaghetti, ok?	Nein, das sind meine Spaghetti.

Übung 2

Beispiel:

Vater und Sohn	*der Vater und sein Sohn*
Vater und Sohn	der Vater und sein Sohn
Mutter und Tochter	die Mutter und ihre Tochter
Vater und Tochter	der Vater und seine Tochter
Mutter und Sohn	die Mutter und ihr Sohn
Eltern und Kinder	die Eltern und ihre Kinder
Kinder und Eltern	die Kinder und ihre Eltern
Bruder und Schwester	der Bruder und seine Schwester
Schwester und Bruder	die Schwester und ihr Bruder

19 Artikel: interrogativ und demonstrativ 🔊 20

Beispiel:

Das Auto ist schön.	Welches Auto meinst du?
Das Auto ist schön.	Welches Auto meinst du?
Die Jacke ist schick.	Welche Jacke meinst du?
Der Mantel ist elegant.	Welchen Mantel meinst du?
Die Hose ist bequem.	Welche Hose meinst du?
Die Schuhe sind teuer.	Welche Schuhe meinst du?
Der Park ist groß.	Welchen Park meinst du?
Das Bild ist interessant.	Welches Bild meinst du?
Die Disco ist gut.	Welche Disco meinst du?
Die Blumen sind schön.	Welche Blumen meinst du?

20 Personalpronomen 🔊 21+22

Übung 1

Beispiel:

Siehst du das Auto?	*Nein, ich sehe es nicht.*
Siehst du das Auto?	Nein, ich sehe es nicht.
Verstehst du den Lehrer?	Nein, ich verstehe ihn nicht.
Brauchst du das Handy?	Nein, ich brauche es nicht.
Siehst du die Tasche?	Nein, ich sehe sie nicht.
Kaufst du den Computer?	Nein, ich kaufe ihn nicht.
Magst du die Suppe?	Nein, ich mag sie nicht.
Kennst du das Restaurant?	Nein, ich kenne es nicht.
Bezahlst du die Getränke?	Nein, ich bezahle sie nicht.
Trinkst du den Kaffee?	Nein, ich trinke ihn nicht.
Liest du die Bücher?	Nein, ich lese sie nicht.

Übung 2

Beispiel 1:	
Wie geht es Ihnen?	*Danke, es geht mir gut.*
Beispiel 2:	
Wie geht es Ihrem Vater?	*Danke, es geht ihm gut.*
Wie geht es Ihnen?	Danke, es geht mir gut.
Wie geht es Ihrem Vater?	Danke, es geht ihm gut.
Wie geht es Ihrer Mutter?	Danke, es geht ihr gut.
Wie geht es Ihren Eltern?	Danke, es geht ihnen gut.
Wie geht es Ihnen und Ihrer Frau?	Danke, es geht uns gut.
Wie geht es dir?	Danke, es geht mir gut.
Wie geht es dir und deinem Mann?	Danke, es geht uns gut.
Wie geht es deiner Tochter?	Danke, es geht ihr gut.
Wie geht es deinem Sohn?	Danke, es geht ihm gut.
Wie geht es Ihren Kindern?	Danke, es geht ihnen gut.

22 Verben mit Dativ 🔊 23

Beispiel 1:	
Wie findest du das Kleid?	*Das Kleid gefällt mir gut.*
Beispiel 2:	
Wie findest du die Schuhe?	*Die Schuhe gefallen mir gut.*
Wie findest du das Kleid?	Das Kleid gefällt mir gut.

Sprechtraining

Wie findest du die Schuhe?	Die Schuhe gefallen mir gut.
Wie findest du die Bluse?	Die Bluse gefällt mir gut.
Wie findest du den Mantel?	Der Mantel gefällt mir gut.
Wie findest du das Hemd?	Das Hemd gefällt mir gut.
Wie findest du die T-Shirts?	Die T-Shirts gefallen mir gut.
Wie findest du den Anzug?	Der Anzug gefällt mir gut.
Wie findest du die Handschuhe?	Die Handschuhe gefallen mir gut.

 23 Präteritum: *sein* und *haben* 🔊))) 24

Beispiel 1:
Heute bin ich alt.   *Früher war ich jung.*
Beispiel 2:
Heute hat er ein Auto.   *Früher hatte er kein Auto.*

Heute bin ich alt.	Früher war ich jung.
Heute hat er ein Auto.	Früher hatte er kein Auto.
Heute bin ich reich.	Früher war ich arm.
Heute haben wir ein Haus.	Früher hatten wir kein Haus.
Heute habt ihr Geld.	Früher hattet ihr kein Geld.
Heute hast du eine Familie.	Früher hattest du keine Familie.
Heute ist sie glücklich.	Früher war sie nicht glücklich.
Heute hat man ein Handy.	Früher hatte man kein Handy.

 24 Perfekt mit *haben* 🔊))) 25–27

Übung 1

Beispiel:
Was hast du gemacht?   *Ich habe nichts gemacht.*

Was hast du gemacht?	Ich habe nichts gemacht.
Was hast du getrunken?	Ich habe nichts getrunken.
Was hast du gegessen?	Ich habe nichts gegessen.
Was hast du gelesen?	Ich habe nichts gelesen.
Was hast du gesehen?	Ich habe nichts gesehen.
Was hast du gesagt?	Ich habe nichts gesagt.
Was hast du verstanden?	Ich habe nichts verstanden.
Was hast du gefragt?	Ich habe nichts gefragt.
Was hast du bezahlt?	Ich habe nichts bezahlt.

Übung 2

Beispiel:
Haben Sie schon oft Pizza gegessen?   *Ich esse nie Pizza.*

Haben Sie schon oft Pizza gegessen?	Ich esse nie Pizza.
Haben Sie schon oft Wodka getrunken?	Ich trinke nie Wodka.
Haben Sie schon oft Filme gesehen?	Ich sehe nie Filme.
Haben Sie schon oft den Lehrer gefragt?	Ich frage nie den Lehrer.
Haben Sie schon oft telefoniert?	Ich telefoniere nie.
Haben Sie schon oft die Rechnung bezahlt?	Ich bezahle nie die Rechnung.
Haben Sie schon oft Freunde getroffen?	Ich treffe nie Freunde.

Haben Sie schon oft in der Klasse geschlafen?
Haben Sie schon die Hausaufgabe gemacht?

Ich schlafe nie in der Klasse.
Ich mache nie die Hausaufgabe.

Übung 3

Beispiel:

Essen Sie nie Pizza?

Essen Sie nie Pizza?
Trinken Sie nie Wodka?
Lesen Sie nie die Zeitung?
Sehen Sie nie Filme?
Fragen Sie nie den Lehrer?
Telefonieren Sie nie?
Bezahlen Sie nie die Rechnung?
Besuchen Sie nie Freunde?
Schlafen Sie nie im Unterricht?

Doch, ich habe schon oft Pizza gegessen.

Doch, ich habe schon oft Pizza gegessen.
Doch, ich habe schon oft Wodka getrunken.
Doch, ich habe schon oft die Zeitung gelesen.
Doch, ich habe schon oft Filme gesehen.
Doch, ich habe schon oft den Lehrer gefragt.
Doch, ich habe schon oft telefoniert.
Doch, ich habe schon oft die Rechnung bezahlt.
Doch, ich habe schon oft Freunde besucht.
Doch, ich habe schon oft im Unterricht geschlafen.

 ## 25 Perfekt mit *sein* 28+29

Übung 1

Beispiel 1:

Steht er bald auf?

Beispiel 2:

Schläft das Baby bald ein?

Steht er bald auf?
Schläft das Baby bald ein?
Fährt sie bald?
Kommen die Leute bald?
Kommt der Zug bald an?
Gehen die Gäste bald?
Wacht das Kind bald auf?
Fliegt er bald?
Fliegt das Flugzeug bald ab?

Er ist schon aufgestanden.

Das Baby ist schon eingeschlafen.

Er ist schon aufgestanden.
Das Baby ist schon eingeschlafen.
Sie ist schon gefahren.
Die Leute sind schon gekommen.
Der Zug ist schon angekommen.
Die Gäste sind schon gegangen.
Das Kind ist schon aufgewacht.
Er ist schon geflogen.
Das Flugzeug ist schon abgeflogen.

Übung 2

Beispiel 1:

Schreiben Sie bitte einen Test!

Beispiel 2:

Fahren Sie bitte nach Hamburg!

Schreiben Sie bitte einen Test!
Fahren Sie bitte nach Hamburg!
Fragen Sie bitte den Chef!
Gehen Sie bitte zum Arzt!
Bezahlen Sie bitte die Rechnung!
Lesen Sie bitte den Brief!
Fliegen Sie bitte nach Rom!
Kommen Sie bitte zum Sport!
Kaufen Sie bitte das Buch!

Ich habe schon letzte Woche einen Test geschrieben.

Ich bin schon letzte Woche nach Hamburg gefahren

Ich habe schon letzte Woche einen Test geschrieben.
Ich bin schon letzte Woche nach Hamburg gefahren.
Ich habe schon letzte Woche den Chef gefragt.
Ich bin schon letzte Woche zum Arzt gegangen.
Ich habe schon letzte Woche die Rechnung bezahlt.
Ich habe schon letzte Woche den Brief gelesen.
Ich bin schon letzte Woche nach Rom geflogen.
Ich bin schon letzte Woche zum Sport gekommen.
Ich habe schon letzte Woche das Buch gekauft.

 ## 26 Partizip Perfekt 30

Beispiel 1:

abholen

Beispiel 2:

ankommen

abholen

ich habe abgeholt

ich bin angekommen

ich habe abgeholt

Sprechtraining

ankommen	ich bin angekommen
anfangen	ich habe angefangen
aussteigen	ich bin ausgestiegen
bekommen	ich habe bekommen
denken	ich habe gedacht
einladen	ich habe eingeladen
empfehlen	ich habe empfohlen
essen	ich habe gegessen
fliegen	ich bin geflogen
fallen	ich bin gefallen
gewinnen	ich habe gewonnen
kennen	ich habe gekannt
laufen	ich bin gelaufen
mitbringen	ich habe mitgebracht
nehmen	ich habe genommen
schlafen	ich habe geschlafen
schwimmen	ich bin geschwommen
trinken	ich habe getrunken
sehen	ich habe gesehen
verlieren	ich habe verloren

27 Präteritum: Modalverben 31

Beispiel:

Heute muss ich arbeiten.	*Gestern musste ich nicht arbeiten.*
Heute muss er arbeiten.	Gestern musste er nicht arbeiten.
Heute können wir lange schlafen.	Gestern konnten wir nicht lange schlafen.
Heute darf man hier rauchen.	Gestern durfte man hier nicht rauchen.
Heute soll sie viel Wasser trinken.	Gestern sollte sie nicht viel Wasser trinken.
Heute will ich fernsehen.	Gestern wollte ich nicht fernsehen.
Heute möchte ich ins Kino gehen.	Gestern wollte ich nicht ins Kino gehen.
Heute muss sie kochen.	Gestern musste sie nicht kochen.
Heute möchte er viel essen.	Gestern wollte er nicht viel essen.
Heute kann er Fußball spielen.	Gestern konnte er nicht Fußball spielen.

29 Reflexive Verben 32

Beispiel 1:

Lisa ärgert sich. Und du?	*Ich ärgere mich auch.*

Beispiel 2:

Lisa beschwert sich. Und Tom?	*Er beschwert sich auch.*
Lisa ärgert sich. Und du?	Ich ärgere mich auch.
Lisa beschwert sich. Und Tom?	Er beschwert sich auch.
Lisa entschuldigt sich. Und ihr?	Wir entschuldigen uns auch.
Lisa langweilt sich. Und das Baby?	Es langweilt sich auch.
Lisa schminkt sich. Und Nina?	Sie schminkt sich auch.
Lisa meldet sich an. Und du?	Ich melde mich auch an.
Lisa wäscht sich. Und ihr?	Wir waschen uns auch.

Lisa stellt sich vor. Und Michael?	Er stellt sich auch vor.
Lisa zieht sich an. Und Monika?	Sie zieht sich auch an.
Lisa freut sich. Und du?	Ich freue mich auch.

31 Präpositionen mit Dativ 🔊 33

Beispiel:

die Kollegen:	*Wo sind Sie?*	*bei den Kollegen*
	Wohin gehen Sie?	*zu den Kollegen*
	Woher kommen Sie?	*von den Kollegen*
die Kollegen:	Wo sind Sie?	bei den Kollegen
	Wohin gehen Sie?	zu den Kollegen
	Woher kommen Sie?	von den Kollegen
der Arzt:	Wo sind Sie?	beim Arzt
	Wohin gehen Sie?	zum Arzt
	Woher kommen Sie?	vom Arzt
Susanne:	Wo sind Sie?	bei Susanne
	Wohin gehen Sie?	zu Susanne
	Woher kommen Sie?	von Susanne
die Chefin:	Wo sind Sie?	bei der Chefin
	Wohin gehen Sie?	zur Chefin
	Woher kommen Sie?	von der Chefin
Thomas:	Wo sind Sie?	bei Thomas
	Wohin gehen Sie?	zu Thomas
	Woher kommen Sie?	von Thomas
die Studenten:	Wo sind Sie?	bei den Studenten
	Wohin gehen Sie?	zu den Studenten
	Woher kommen Sie?	von den Studenten

34 Wechselpräpositionen mit Dativ und Akkusativ 🔊 34+35

Übung 1

Beispiel:

Gehst du ins Kino?	*Ich war schon im Kino.*
Gehst du ins Kino?	Ich war schon im Kino.
Gehst du in die Disco?	Ich war schon in der Disco.
Gehst du ins Theater?	Ich war schon im Theater.
Gehst du ans Meer?	Ich war schon am Meer.
Gehst du an den Strand?	Ich war schon am Strand.
Gehst du auf den Berg?	Ich war schon auf dem Berg.
Gehst du auf den Sportplatz?	Ich war schon auf dem Sportplatz.
Gehst du in den Supermarkt?	Ich war schon im Supermarkt.
Gehst du ins Museum?	Ich war schon im Museum.
Gehst du in die Schule?	Ich war schon in der Schule.

Übung 2

Beispiel:

Warst du schon im Kino?	*Nein, ich gehe jetzt ins Kino.*
Warst du schon im Kino?	Nein, ich gehe jetzt ins Kino.
Warst du schon im Museum?	Nein, ich gehe jetzt ins Museum.
Warst du schon in der Schule?	Nein, ich gehe jetzt in die Schule.
Warst du schon auf dem Berg?	Nein, ich gehe jetzt auf den Berg.
Warst du schon am Strand?	Nein, ich gehe jetzt an den Strand.
Warst du schon auf dem Sportplatz?	Nein, ich gehe jetzt auf den Sportplatz.

Sprechtraining

Warst du schon im Supermarkt?   Nein, ich gehe jetzt in den Supermarkt.
Warst du schon in der Disco?   Nein, ich gehe jetzt in die Disco.
Warst du schon im Theater?   Nein, ich gehe jetzt ins Theater.
Warst du schon am Meer?   Nein, ich gehe jetzt ans Meer.

35 Lokale Präpositionen 36

Beispiel 1:
Ich bin im (Kino).   *Wo bist du?*
Beispiel 2:
Ich fahre nach (Wien).   *Wohin fährst du?*
Ich bin im (Kino).   Wo bist du?
Ich fahre nach (Wien).   Wohin fährst du?
Ich komme vom (Arzt).   Woher kommst du?
Ich bin am (Strand).   Wo bist du?
Ich bin im (Supermarkt).   Wo bist du?
Ich gehe zum (Friseur).   Wohin gehst du?
Ich komme aus der (Disco).   Woher kommst du?
Ich fahre in die (USA).   Wohin fährst du?
Ich bin bei (Walter).   Wo bist du?

36 Adjektivdeklination Nominativ und Akkusativ 37+38

Übung 1

Beispiel:
Ist das der nette Lehrer?   *Ja, das ist ein netter Lehrer.*
Ist das der nette Lehrer?   Ja, das ist ein netter Lehrer.
Ist das die neue Tasche?   Ja, das ist eine neue Tasche.
Ist das das bequeme Sofa?   Ja, das ist ein bequemes Sofa.
Sind das die günstigen Tassen?   Ja, das sind die günstigen Tassen.
Ist das der gute Computer?   Ja, das ist ein guter Computer.
Ist das das intelligente Kind?   Ja, das ist ein intelligentes Kind.
Sind das die dummen Leute?   Ja, das sind die dummen Leute.
Ist das der neue Freund?   Ja, das ist ein neuer Freund.
Sind das die freundlichen Kollegen?   Ja, das sind die freundlichen Kollegen.

Übung 2

Beispiel:
Das ist ein bequemes Sofa.   *Kaufst du das bequeme Sofa?*
Das ist ein bequemes Sofa.   Kaufst du das bequeme Sofa?
Das ist ein guter Computer.   Kaufst du den guten Computer?
Das ist eine schöne Tasche.   Kaufst du die schöne Tasche?
Das sind günstige Stühle.   Kaufst du die günstigen Stühle?
Das ist eine tolle Bluse.   Kaufst du die tolle Bluse?
Das ist ein großer Tisch.   Kaufst du den großen Tisch?
Das sind wunderbare Schuhe.   Kaufst du die wunderbaren Schuhe?
Das ist ein schönes Kleid.   Kaufst du das schöne Kleid?
Das ist ein guter Stift.   Kaufst du den guten Stift?

37 Adjektivdeklination Nominativ, Akkusativ und Dativ 🔊 39

Beispiel:

Wen bringt er mit? Eine schöne Frau?	*Ja, er kommt mit einer schönen Frau.*
Wen bringt er mit? Eine schöne Frau?	Ja, er kommt mit einer schönen Frau.
Wen bringt er mit? Einen neuen Freund?	Ja, er kommt mit einem neuen Freund.
Wen bringt er mit? Ein kleines Kind?	Ja, er kommt mit einem kleinen Kind.
Wen bringt er mit? Nette Kollegen?	Ja, er kommt mit netten Kollegen.
Wen bringt er mit? Eine hübsche Freundin?	Ja, er kommt mit einer hübschen Freundin.
Wen bringt sie mit? Deutsche Nachbarn?	Ja, sie kommt mit deutschen Nachbarn.
Wen bringt sie mit? Ein süßes Baby?	Ja, sie kommt mit einem süßen Baby.
Wen bringt sie mit? Einen sympathischen Mann?	Ja, sie kommt mit einem sympathischen Mann.
Wen bringt sie mit? Alte Freunde?	Ja, sie kommt mit alten Freunden.

 38 Komparativ 🔊 40

Beispiel:

Das Restaurant ist gut.	*Das andere ist besser.*
Das Restaurant ist gut.	Das andere ist besser.
Die Stadt ist groß.	Die andere ist größer.
Der Mann ist jung.	Der andere ist jünger.
Das Haus ist hoch.	Das andere ist höher.
Die Tasche ist teuer.	Die andere ist teurer.
Der Film ist interessant.	Der andere ist interessanter.
Das Auto ist schnell.	Das andere ist schneller.
Der Wein ist alt.	Der andere ist älter.
Der Schauspieler ist bekannt.	Der andere ist bekannter.
Das Buch ist gut.	Das andere ist besser.

 39 Superlativ 🔊 41

Beispiel 1:

Der erste ist nett.	*Der zweite ist netter und der dritte ist am nettesten.*
Beispiel 2:	
Der erste ist gut.	*Der zweite ist besser und der dritte ist am besten.*
Der erste ist nett.	Der zweite ist netter und der dritte ist am nettesten.
Der erste ist gut.	Der zweite ist besser und der dritte ist am besten.
Der erste kocht gern.	Der zweite kocht lieber und der dritte kocht am liebsten.
Der erste ist schnell.	Der zweite ist schneller und der dritte ist am schnellsten.
Der erste kauft viel.	Der zweite kauft mehr und der dritte kauft am meisten.
Das erste ist teuer.	Das zweite ist teurer und das dritte ist am teuersten.
Der erste ist intelligent.	Der zweite ist intelligenter und der dritte ist am intelligentesten.
Der erste ist schön.	Der zweite ist schöner und der dritte ist am schönsten.

Sprechtraining

 42 Nebensätze 🔊 42–45

Übung 1

Beispiel:

Der Film ist aus.	*Schade, dass der Film aus ist.*
Der Film ist aus.	Schade, dass der Film aus ist.
Sie ist krank.	Schade, dass sie krank ist.
Es regnet stark.	Schade, dass es stark regnet.
Er ärgert sich.	Schade, dass er sich ärgert.
Sie kommt immer zu spät.	Schade, dass sie immer zu spät kommt.
Er muss viel arbeiten.	Schade, dass er viel arbeiten muss.
Sie hat keine Zeit.	Schade, dass sie keine Zeit hat.
Sie können nicht mitkommen.	Schade, dass sie nicht mitkommen können.
Sie kann nicht schwimmen.	Schade, dass sie nicht schwimmen kann.

Übung 2

Beispiel:

Ihr fahrt nicht? Ist das Wetter schlecht?	*Ja, wir fahren nicht, weil das Wetter schlecht ist.*
Ihr fahrt nicht? Ist das Wetter schlecht?	Ja, wir fahren nicht, weil das Wetter schlecht ist.
Ihr geht nicht? Ist der Film langweilig?	Ja, wir gehen nicht, weil der Film langweilig ist.
Ihr kommt nicht? Habt ihr keine Zeit?	Ja, wir kommen nicht, weil wir keine Zeit haben.
Ihr kauft das nicht? Habt ihr kein Geld?	Ja, wir kaufen das nicht, weil wir kein Geld haben.
Ihr esst nicht? Schmeckt das Essen nicht gut?	Ja, wir essen nicht, weil das Essen nicht gut schmeckt.
Ihr geht zum Arzt? Seid ihr krank?	Ja, wir gehen zum Arzt, weil wir krank sind.
Ihr fahrt Fahrrad? Habt ihr kein Auto?	Ja, wir fahren Fahrrad, weil wir kein Auto haben.
Ihr arbeitet nicht? Habt ihr Urlaub?	Ja, wir arbeiten nicht, weil wir Urlaub haben.

Übung 3

Beispiel:

Hoffentlich scheint bald die Sonne.	*Ich bin auch froh, wenn die Sonne scheint.*
Hoffentlich scheint bald die Sonne.	Ich bin auch froh, wenn die Sonne scheint.
Hoffentlich kommt er bald.	Ich bin auch froh, wenn er kommt.
Hoffentlich kauft er das Auto.	Ich bin auch froh, wenn er das Auto kauft.
Hoffentlich schmeckt das Essen.	Ich bin auch froh, wenn das Essen schmeckt.
Hoffentlich haben wir bald Urlaub.	Ich bin auch froh, wenn wir Urlaub haben.
Hoffentlich ist das Wetter schön.	Ich bin auch froh, wenn das Wetter schön ist.
Hoffentlich kann ich schlafen.	Ich bin auch froh, wenn ich schlafen kann.
Hoffentlich muss ich nicht arbeiten.	Ich bin auch froh, wenn ich nicht arbeiten muss.

Übung 4

Beispiel:

Er geht ins Theater.	*Wenn er ins Theater geht, gehe ich auch.*
Er geht ins Theater.	Wenn er ins Theater geht, gehe ich auch.
Sie fährt in Urlaub.	Wenn sie in Urlaub fährt, fahre ich auch.
Sie gehen ins Kino.	Wenn sie ins Kino gehen, gehe ich auch.
Er schläft.	Wenn er schläft, schlafe ich auch.
Sie fahren nach Hawaii.	Wenn sie nach Hawaii fahren, fahre ich auch.
Sie kommt nach Hause.	Wenn sie nach Hause kommt, komme ich auch.
Er geht in die Disco.	Wenn er in die Disco geht, gehe ich auch.
Sie beginnt jetzt.	Wenn sie jetzt beginnt, beginne ich auch.
Sie kochen etwas.	Wenn sie etwas kochen, koche ich auch.

43 Positions- und Direktionaladverbien 🔊 46

Beispiel:

Er steht oben.	*Er soll nach unten kommen.*
Er steht oben.	Er soll nach unten kommen.
Sie steht hinten.	Sie soll nach vorne kommen.
Er steht rechts.	Er soll nach links kommen.
Er steht vorne.	Er soll nach hinten kommen.
Sie steht unten.	Sie soll nach oben kommen.
Sie steht rechts.	Sie soll nach links kommen.
Er steht links.	Er soll nach rechts kommen.
Sie steht oben.	Sie soll nach unten kommen.
Sie steht vorne.	Sie soll nach hinten kommen.
Er steht unten.	Er soll nach oben kommen.

47 Zusammengesetzte Verben 🔊 47

Beispiel:

Ist der Fernseher an?	*Nein, er ist aus.*
Ist der Fernseher an?	Nein, er ist aus.
Ist die Lehrerin da?	Nein, sie ist weg.
Bist du dafür?	Nein, ich bin dagegen.
Ist die Tür auf?	Nein, sie ist zu.
Ist der Chef weg?	Nein, er ist da.
Ist das Fenster zu?	Nein, es ist auf.
Ist er dagegen?	Nein, er ist dafür.
Ist der Herd aus?	Nein, er ist an.

49 Präteritum 🔊 48–59

Beispiel:

Heute weiß ich das.	*Gestern wusste ich das noch nicht.*
Heute weiß ich das.	Gestern wusste ich das noch nicht.
Heute geht das.	Gestern ging das noch nicht.
Heute gibt es das.	Gestern gab es das noch nicht.
Heute finde ich das gut.	Gestern fand ich das noch nicht gut.
Heute wissen wir das.	Gestern wussten wir das noch nicht.
Heute finden wir das gut.	Gestern fanden wir das noch nicht gut.
Heute geht es ihm gut.	Gestern ging es ihm noch nicht gut.
Heute gibt es viel.	Gestern gab es noch nicht viel.

Sprechtraining

Übung 2: Rhythmusliste unregelmäßige Verben

a – i – a

fangen	fing – gefangen
lassen	ließ – gelassen
fallen	fiel – gefallen
halten	hielt – gehalten
raten	riet – geraten

a – u – a

waschen	wusch – gewaschen
wachsen	wuchs – gewachsen
laden	lud – geladen
schlagen	schlug – geschlagen
tragen	trug – getragen
fahren	fuhr – gefahren

e – a – e

essen	aß – gegessen
vergessen	vergaß – vergessen
lesen	las – gelesen
geben	gab – gegeben
sehen	sah – gesehen
geschehen	geschah – geschehen
treten	trat – getreten

e – a – o

nehmen	nahm – genommen
helfen	half – geholfen
sprechen	sprach – gesprochen
erschrecken	erschrak – erschrocken
bewerben	bewarb – beworben
empfehlen	empfahl – empfohlen
treffen	traf – getroffen
werfen	warf – geworfen
brechen	brach – gebrochen
stehlen	stahl – gestohlen
sterben	starb – gestorben

i – a – u

springen	sprang – gesprungen
trinken	trank – getrunken
finden	fand – gefunden
klingen	klang – geklungen
singen	sang – gesungen
sinken	sank – gesunken
verschwinden	verschwand – verschwunden

i – o – o

ziehen	zog – gezogen
verlieren	verlor – verloren
schließen	schloss – geschlossen
fliegen	flog – geflogen
biegen	bog – gebogen
bieten	bot – geboten
riechen	roch – gerochen

ei – ie – ie

steigen	stieg – gestiegen
schreiben	schrieb – geschrieben
bleiben	blieb – geblieben
treiben	trieb – getrieben
entscheiden	entschied – entschieden
leihen	lieh – geliehen
scheinen	schien – geschienen
vergleichen	verglich – verglichen
streiten	stritt – gestritten

i – a – o

beginnen	begann – begonnen
gewinnen	gewann – gewonnen
schwimmen	schwamm – geschwommen

i – a – e

bitten	bat – gebeten
liegen	lag – gelegen
sitzen	saß – gesessen

e – a – a

denken	dachte – gedacht
bringen	brachte – gebracht
kennen	kannte – gekannt
nennen	nannte – genannt
brennen	brannte – gebrannt

und

gehen	ging – gegangen
stehen	stand – gestanden
laufen	lief – gelaufen
wissen	wusste – gewusst
tun	tat – getan

51 Reflexivpronomen im Dativ  60

Beispiel:

Er wünscht sich ein Auto.   *Ich wünsche mir auch ein Auto.*
Er wünscht sich ein Auto.   Ich wünsche mir auch ein Auto.
Sie kauft sich ein Haus.   Ich kaufe mir auch ein Haus.
Er nimmt sich viel vor.   Ich nehme mir auch viel vor.
Sie wäscht sich die Haare.   Ich wasche mir auch die Haare.
Er zieht sich die Schuhe aus.   Ich ziehe mir auch die Schuhe aus.
Sie putzt sich die Zähne.   Ich putze mir auch die Zähne.
Er sucht sich viel aus.   Ich suche mir auch viel aus.
Sie kämmt sich die Haare.   Ich kämme mir auch die Haare.

52 Trennbare und untrennbare Verben 61

Beispiel 1:
Musst du einkaufen?   *Nein, ich kaufe nicht ein.*
Beispiel 2:
Willst du bestellen?   *Nein, ich bestelle nicht.*

Musst du einkaufen?   Nein, ich kaufe nicht ein.
Willst du bestellen?   Nein, ich bestelle nicht.
Musst du anrufen?   Nein, ich rufe nicht an.
Kannst du das empfehlen?   Nein, ich empfehle das nicht.
Musst du aufräumen?   Nein, ich räume nicht auf.
Musst du das verbieten?   Nein, ich verbiete das nicht.
Kannst du das mitbringen?   Nein, ich bringe das nicht mit.
Willst du das erzählen?   Nein, ich erzähle das nicht.

53 Verben mit Präpositionen 62

Beispiel 1:
Ich freue mich über die Blumen.   *Wie bitte? Worüber freust du dich?*
Beispiel 2:
Ich denke an meinen Bruder.   *Wie bitte? An wen denkst du?*
Ich freue mich über die Blumen.   Wie bitte? Worüber freust du dich?
Ich denke an meinen Bruder.   Wie bitte? An wen denkst du?
Ich träume von meinem Urlaub.   Wie bitte? Wovon träumst du?
Ich warte auf meinen Freund.   Wie bitte? Auf wen wartest du?
Ich warte auf den Bus.   Wie bitte? Worauf wartest du?
Ich freue mich auf den Urlaub.   Wie bitte? Worauf freust du dich?
Ich interessiere mich für Musik.   Wie bitte? Wofür interessierst du dich?
Ich ärgere mich über den Verkäufer.   Wie bitte? Über wen ärgerst du dich?

54 Präpositionaladverbien und Präpositionalpronomen 63

Beispiel 1:
Interessieren Sie sich für Fußball?   *Ja, ich interessiere mich dafür.*
Beispiel 2:
Interessierst du dich für Marilyn Monroe? *Ja, ich interessiere mich für sie.*
Interessieren Sie sich für Fußball?   Ja, ich interessiere mich dafür.
Interessierst du dich für Marilyn Monroe?   Ja, ich interessiere mich für sie.

Erinnern Sie sich an Ihren Lehrer?	Ja, ich erinnere mich an ihn.
Ärgerst du dich über das Wetter?	Ja, ich ärgere mich darüber.
Freuen Sie sich auf Ihre Gäste?	Ja, ich freue mich auf sie.
Freust du dich auf den Urlaub?	Ja, ich freue mich darauf.
Warten Sie auf den Arzt?	Ja, ich warte auf ihn.
Wartest du auf die U-Bahn?	Ja, ich warte darauf.

55 Konjunktiv 2 64+65

Übung 1

Beispiel:

Hast du viel Geld?	*Nein, aber ich hätte gerne viel Geld.*
Hast du viel Geld?	Nein, aber ich hätte gerne viel Geld.
Bist du reich?	Nein, aber ich wäre gerne reich.
Fährst du in Urlaub?	Nein, aber ich würde gerne in Urlaub fahren.
Fliegst du nach Hawaii?	Nein, aber ich würde gerne nach Hawaii fliegen.
Hast du viel Zeit?	Nein, aber ich hätte gerne viel Zeit.
Lernst du schnell?	Nein, aber ich würde gerne schnell lernen.
Bist du ein Genie?	Nein, aber ich wäre gerne ein Genie.
Kaufst du viel ein?	Nein, aber ich würde gerne viel einkaufen.

Übung 2

Beispiel:

Würdest du ein Haus kaufen, wenn du viel Geld hättest?	*Ja, wenn ich viel Geld hätte, würde ich ein Haus kaufen.*
Würdest du ein Haus kaufen, wenn du viel Geld hättest?	Ja, wenn ich viel Geld hätte, würde ich ein Haus kaufen.
Würdest du umziehen, wenn du einen neuen Job hättest?	Ja, wenn ich einen neuen Job hätte, würde ich umziehen.
Würdest du eine Weltreise machen, wenn du Zeit hättest?	Ja, wenn ich Zeit hätte, würde ich eine Weltreise machen.
Würdest du ein tolles Auto kaufen, wenn du reich wärst?	Ja, wenn ich reich wäre, würde ich ein tolles Auto kaufen.
Würdest du in die Disco gehen, wenn du tanzen könntest?	Ja, wenn ich tanzen könnte, würde ich in die Disco gehen.
Würdest du ihm helfen, wenn du Zeit hättest?	Ja, wenn ich Zeit hätte, würde ich ihm helfen.
Würdest du in Hollywood leben, wenn du ein Star wärst?	Ja, wenn ich ein Star wäre, würde ich in Hollywood leben.
Würdest du bei einer Expedition mitmachen, wenn du teilnehmen dürftest?	Ja, wenn ich teilnehmen dürfte, würde ich bei einer Expedition mitmachen.

57 Passiv 1 66+67

Übung 1

Beispiel:

Informiert man ihn gut?	*Ja, er wird gut informiert.*
Informiert man ihn gut?	Ja, er wird gut informiert.
Untersucht man ihn?	Ja, er wird untersucht.
Behandelt man ihn gut?	Ja, er wird gut behandelt.
Operiert man ihn morgen?	Ja, er wird morgen operiert.
Besucht man ihn?	Ja, er wird besucht.
Holt man ihn ab?	Ja, er wird abgeholt.
Bringt man ihn nach Hause?	Ja, er wird nach Hause gebracht.

Übung 2

Beispiel:

Soll ich das Paket senden?	***Ja, das Paket muss gesendet werden.***
Soll ich das Paket senden?	Ja, das Paket muss gesendet werden.
Soll ich die Sachen einpacken?	Ja, die Sachen müssen eingepackt werden.
Soll ich die Akten kopieren?	Ja, die Akten müssen kopiert werden.
Soll ich die Geräte ausstellen?	Ja, die Geräte müssen ausgestellt werden.
Soll ich die E-Mails schreiben?	Ja, die E-Mails müssen geschrieben werden.
Soll ich die Dame anrufen?	Ja, die Dame muss angerufen werden.
Soll ich den Termin notieren?	Ja, der Termin muss notiert werden.
Soll ich den Kopierer ausmachen?	Ja, der Kopierer muss ausgemacht werden.

58 Passiv 2))) 68

Beispiel:

Ist der Brief geschrieben worden?	***Ja, der wurde schon geschrieben.***
Ist der Brief geschrieben worden?	Ja, der wurde schon geschrieben.
Sind die Bremsen schon repariert worden?	Ja, die wurden schon repariert.
Ist der Mitarbeiter schon informiert worden?	Ja, der wurde schon informiert.
Ist der Motor eingebaut worden?	Ja, der wurde schon eingebaut.
Ist der Wagen geputzt worden?	Ja, der wurde schon geputzt.
Sind die Bremsen getestet worden?	Ja, die wurden schon getestet.
Sind die Teile bestellt worden?	Ja, die wurden schon bestellt.
Sind die Teile geliefert worden?	Ja, die wurden schon geliefert.
Ist das Auto verkauft worden?	Ja, das wurde schon verkauft.

59 Futur 1))) 69

Beispiel:

Glaubst, dass es heute schneit?	***Ja, es wird wohl heute schneien.***
Glaubst, dass es heute schneit?	Ja, es wird wohl heute schneien.
Denkst du, dass er gleich kommt?	Ja, er wird wohl gleich kommen.
Denkst du, dass er Zeit hat?	Ja, er wird wohl Zeit haben.
Glaubst du, dass sie mitkommt?	Ja, sie wird wohl mitkommen.
Meinst du, dass sie zu Hause sind?	Ja, sie werden wohl zu Hause sein.
Denkst du, dass sie einen Job finden?	Ja, sie werden wohl einen Job finden.
Glaubst du, dass der Bus bald kommt?	Ja, er wird wohl bald kommen.
Meinst du, dass sie einkauft?	Ja, sie wird wohl einkaufen.

61 Das Verb *lassen*))) 70+71

Übung 1

Beispiel:

Erlauben Sie Ihrer Tochter, alleine in den Urlaub zu fahren?	***Ja, ich lasse meine Tochter alleine in den Urlaub fahren.***
Erlauben Sie Ihrer Tochter, alleine in den Urlaub zu fahren?	Ja, ich lasse meine Tochter alleine in den Urlaub fahren.
Erlauben Sie Ihren Mitarbeitern, früher zu gehen?	Ja, ich lasse meine Mitarbeiter früher gehen.
Erlauben Sie Ihren Freunden, im Haus zu rauchen?	Ja, ich lasse meine Freunde im Haus rauchen.
Erlauben Sie Ihrer Katze, im Bett zu schlafen?	Ja, ich lasse meine Katze im Bett schlafen.
Erlauben Sie Ihrem Sohn, in die Disko zu gehen?	Ja, ich lasse meinen Sohn in die Disko gehen.
Erlauben Sie Ihrem Kind, fernzusehen?	Ja, ich lasse mein Kind fernsehen.
Erlauben Sie Ihrer Sekretärin, länger im Urlaub zu bleiben?	Ja, ich lasse meine Sekretärin länger im Urlaub bleiben.

Sprechtraining

Übung 2

Beispiel:

Kocht er seinen Kaffee selbst?

Kocht er seinen Kaffee selbst?	**Nein, er lässt seinen Kaffee kochen.**
Kocht er seinen Kaffee selbst?	Nein, er lässt seinen Kaffee kochen
Repariert er sein Auto selbst?	Nein, er lässt sein Auto reparieren.
Schneidet er seine Haare selbst?	Nein, er lässt seine Haare schneiden.
Renoviert er seine Wohnung selbst?	Nein, er lässt seine Wohnung renovieren.
Putzt er seine Fenster selbst?	Nein, er lässt seine Fenster putzen.
Bügelt er seine Hemden selbst?	Nein, er lässt seine Hemden bügeln.
Weckt er sich selbst?	Nein, er lässt sich wecken.
Holt er sein Auto selbst ab?	Nein, er lässt sein Auto abholen.

62 Positions- und Direktionsverben 🔊 72+73

Übung 1

Beispiel:

Hast du die Zeitung auf den Tisch gelegt?

Hast du die Zeitung auf den Tisch gelegt?	**Ja, sie liegt doch auf dem Tisch.**
Hast du die Teller in den Schrank gestellt?	Ja, sie stehen doch im Schrank.
Hast du das Kind in den Stuhl gesetzt?	Ja, es sitzt doch auf dem Stuhl.
Hast du das Buch ins Regal gestellt?	Ja, es steht doch im Regal.
Hast du den Mantel an die Garderobe gehängt?	Ja, er hängt doch an der Garderobe.
Hast du den Löffel neben den Teller gelegt?	Ja, er liegt doch neben dem Teller.
Hast du die Schuhe unter das Bett gestellt?	Ja, sie stehen doch unter dem Bett.
Hast du die Decke auf das Bett gelegt?	Ja, sie liegt doch auf dem Bett.

Übung 2

Beispiel:

Die Zeitung liegt nicht auf dem Tisch.

Die Zeitung liegt nicht auf dem Tisch.	**Aber ich habe sie doch auf den Tisch gelegt.**
Die Teller stehen nicht im Schrank.	Aber ich habe sie doch auf den Tisch gelegt.
Das Kind sitzt nicht auf dem Stuhl.	Aber ich habe sie doch in den Schrank gestellt.
Das Buch steht nicht im Regal.	Aber ich habe es doch auf den Stuhl gesetzt.
Der Mantel hängt nicht an der Garderobe.	Aber ich habe es doch ins Regal gestellt.
Der Löffel liegt nicht neben dem Teller.	Aber ich habe ihn doch an die Garderobe gehängt.
Die Schuhe stehen nicht unter dem Bett.	Aber ich habe ihn doch neben den Teller gelegt.
Die Decke liegt nicht auf dem Bett.	Aber ich habe sie doch unter das Bett gestellt.
	Aber ich habe sie doch auf das Bett gelegt.

63 Genitiv 🔊 74

Beispiel:

Das ist ein Buch von meinem Vater.

Das ist ein Buch von meinem Vater.	**Oh, ein Buch deines Vaters, toll!**
Das ist ein Buch von meinem Vater.	Oh, ein Buch deines Vaters, toll!
Das ist ein Bild von meinen Kindern.	Oh, ein Bild deiner Kinder, toll!
Das ist ein Film von meiner Frau.	Oh, ein Film deiner Frau, toll!
Das ist ein Lied von meinem Kind.	Oh, ein Lied deines Kindes, toll!
Das ist das Auto von meinem Freund.	Oh, das Auto deines Freundes, toll!
Das ist das Smartphone von meiner Freundin.	Oh, das Smartphone deiner Freundin, toll!
Das ist die Villa von meinen Eltern.	Oh, die Villa deiner Eltern, toll!
Das ist der Computer meines Bruders.	Oh, der Computer deines Bruders, toll!

66 Adjektive als neutrale Nomen 75

Beispiel:

Ich habe Paula eine hübsche Kette gekauft.

Ich habe Paula eine hübsche Kette gekauft.

Ich habe Paula neue Sportschuhe gekauft.

Ich habe Paula schöne Ohrringe gekauft.

Ich habe Paula frisches Obst gekauft.

Ich habe Paul eine praktische Hose gekauft.

Ich habe Paul eine coole Kappe gekauft.

Ich habe Paul ein kleines Souvenir gekauft.

Ich habe Paul ein schickes Hemd gekauft.

Ich möchte ihr auch etwas Hübsches kaufen.

Ich möchte ihr auch etwas Hübsches kaufen.

Ich möchte ihr auch etwas Neues kaufen.

Ich möchte ihr auch etwas Schönes kaufen.

Ich möchte ihr auch etwas Frisches kaufen.

Ich möchte ihm auch etwas Praktisches kaufen.

Ich möchte ihm auch etwas Cooles kaufen.

Ich möchte ihm auch etwas Kleines kaufen.

Ich möchte ihm auch etwas Schickes kaufen.

67 Indirekte Fragen 76+77

Übung 1

Beispiel:

Wo ist der Bahnhof?

Wo ist der Bahnhof?

Wann beginnt das Konzert?

Akzeptiert man hier Kreditkarten?

Kommt der Zug pünktlich?

Warum ist es hier so laut?

Wohin fährt dieser Zug?

Gibt es hier ein gutes Restaurant?

Wie wird das Wetter morgen?

Tut mir leid, ich weiß nicht, wo der Bahnhof ist.

Tut mir leid, ich weiß nicht, wo der Bahnhof ist.

Tut mir leid, ich weiß nicht, wann das Konzert beginnt.

Tut mir leid, ich weiß nicht, ob man hier Kreditkarten akzeptiert.

Tut mir leid, ich weiß nicht, ob der Zug pünktlich kommt

Tut mir leid, ich weiß auch nicht, warum es hier so laut ist.

Tut mir leid, ich weiß auch nicht, wohin dieser Zug fährt.

Tut mir leid, ich weiß auch nicht, ob es hier ein gutes Restaurant gibt.

Tut mir leid, ich weiß auch nicht, wie das Wetter morgen wird.

Übung 2

Beispiel:

Weißt du, wer einen Oscar gewonnen hat?

Weißt du, wer einen Oscar gewonnen hat?

Weißt du, wann die Oscar-Nacht ist?

Weißt du, wie lange die Veranstaltung dauert?

Weißt du, wie viel der Eintritt kostet?

Weißt du, wer kommt?

Weißt du, wohin wir danach gehen?

Weißt du, welche Getränke es gibt?

Weißt du, warum wir dahin gehen?

Nein, ich weiß auch nicht, wer.

Nein, ich weiß auch nicht, wer.

Nein, ich weiß auch nicht, wann.

Nein, ich weiß auch nicht, wie lange.

Nein, ich weiß auch nicht, wie viel.

Nein, ich weiß auch nicht, wer.

Nein, ich weiß auch nicht, wohin.

Nein, ich weiß auch nicht, welche.

Nein, ich weiß auch nicht, warum.

68 Infinitiv mit *zu*   78

Beispiel:

Tanzt du gerne?

Tanzt du gerne?

Gehst du gerne in die Disko?

Gehst du gerne aus?

Kaufst du gerne viel ein?

Gehst du gerne im Wald spazieren?

Kochst du gerne?

Lernst du gerne Leute kennen?

Spielst du gerne Tennis?

Ja, es macht mir Spaß, zu tanzen.

Ja, es macht mir Spaß, zu tanzen.

Ja, es macht mir Spaß, in die Disko zu gehen.

Ja, es macht mir Spaß, auszugehen.

Ja, es macht mir Spaß, viel einzukaufen.

Ja, es macht mir Spaß, im Wald spazieren zu gehen.

Ja, es macht mir Spaß, zu kochen.

Ja, es macht mir Spaß, Leute kennenzulernen.

Ja, es macht mir Spaß, Tennis zu spielen.

Sprechtraining

69 Infinitiv mit und ohne *zu* 79

Beispiel 1:
Essen? Das ist hier verboten!

Warum ist es verboten, hier zu essen?

Beispiel 2:
Essen? Das will ich jetzt nicht.

Warum willst du jetzt nicht essen?

Essen? Das ist hier verboten!	Warum ist es verboten, hier zu essen?
Essen? Das will ich jetzt nicht.	Warum willst du jetzt nicht essen?
Schwimmen? Das ist hier nicht erlaubt.	Warum ist es nicht erlaubt, hier zu schwimmen?
Schwimmen? Das darf man hier nicht!	Warum darf man hier nicht schwimmen?
Einkaufen? Dazu habe ich keine Lust!	Warum hast du keine Lust einzukaufen?
Einkaufen? Das will ich nicht.	Warum willst du nicht einkaufen?
Ein Haus kaufen? Das ist nicht möglich!	Warum ist es nicht möglich, ein Haus zu kaufen?
Ein Haus kaufen? Das kann ich nicht!	Warum kannst du kein Haus kaufen?

70 Relativsätze 1 80

Beispiel:
Da steht ein Mann. Ist das dein Nachbar?

Ja, der Mann, der da steht, ist mein Nachbar.

Da steht ein Mann. Ist das dein Nachbar?	Ja, der Mann, der da steht, ist mein Nachbar.
Da sitzt eine Frau, ist das deine Kollegin?	Ja, die Frau, die da sitzt, ist meine Kollegin.
Da kommt ein Kind. Ist das deine Tochter?	Ja, das Kind, das da kommt, ist meine Tochter.
Da stehen Leute. Sind das deine Freunde?	Ja, die Leute, die da stehen, sind meine Freunde.
Da fährt ein Mann. Ist das dein Chef?	Ja, der Mann, der da fährt, ist mein Chef.
Da ruft eine Frau an. Ist das deine Ärztin?	Ja, die Frau, die da anruft, ist meine Ärztin.
Da weint ein Kind. Ist das deine Schülerin?	Ja, das Kind, das da weint, ist meine Schülerin.
Da beschweren sich Leute. Sind das deine Kunden?	Ja, die Leute, die sich da beschweren, sind meine Kunden.

71 Relativsätze 2 81

Beispiel:
Ich gehe mit einem Freund ins Kino.

Wie heißt der Freund, mit dem du ins Kino gehst?

Ich gehe mit einem Freund ins Kino.	Wie heißt der Freund, mit dem du ins Kino gehst?
Ich gehe zu einem neuen Friseur.	Wie heißt der Friseur, zu dem du gehst?
Ich kaufe Blumen für eine Kollegin.	Wie heißt die Kollegin, für die du Blumen kaufst?
Ich arbeite bei einer bekannten Firma.	Wie heißt die Firma, bei der du arbeitest?
Ich spiele mit meinen Freunden Tennis.	Wie heißen die Freunde, mit denen du Tennis spielst?
Ich kaufe in einem guten Geschäft ein.	Wie heißt das Geschäft, in dem du einkaufst?
Ich fahre in ein schickes Hotel.	Wie heißt das Hotel, in das du fährst?
Ich wohne bei netten Leuten.	Wie heißen die Leute, bei denen du wohnst?

72 Temporale Nebensätze mit *als* und *wenn* 82

Beispiel:
Kochst du gerne?

Ja, wenn ich Zeit habe, koche ich gerne.

Kochst du gerne?	Ja, wenn ich Zeit habe, koche ich gerne.
Gehst du gerne spazieren?	Ja, wenn ich Zeit habe, gehe ich gerne spazieren.

Gehst du gerne aus?	Ja, wenn ich Zeit habe, gehe ich gerne aus.
Triffst du gerne Freunde?	Ja, wenn ich Zeit habe, treffe ich gerne Freunde.
Fährst du gerne Fahrrad?	Ja, wenn ich Zeit habe, fahre ich gerne Fahrrad.
Machst du gerne weite Reisen?	Ja, wenn ich Zeit habe, mache ich gerne weite Reisen.
Lässt du dich gerne massieren?	Ja, wenn ich Zeit habe, lasse ich mich gerne massieren.
Kaufst du gerne ein?	Ja, wenn ich Zeit habe, kaufe ich gerne ein.

74 Finalsätze  83

Beispiel:

Wozu macht er Sport? Will er fit werden?	*Ja, er macht Sport, um fit zu werden.*
Wozu macht er Sport? Will er fit werden?	Ja, er macht Sport, um fit zu werden.
Wozu macht sie Sport? Will sie sich entspannen?	Ja, sie macht Sport, um sich zu entspannen.
Wozu machen sie Sport? Wollen sie abnehmen?	Ja, sie machen Sport, um abzunehmen.
Wozu geht er in die Disko? Will er tanzen?	Ja, er geht in die Disko, um zu tanzen.
Wozu geht sie in die Disko? Will sie einen Freund finden?	Ja, sie geht in die Disko, um einen Freund zu finden.
Wozu gehen sie in die Disko? Wollen sie Freunde treffen?	Ja, sie gehen in die Disko, um Freunde zu treffen.
Wozu geht er auf den Sportplatz? Will er Fußball spielen?	Ja, er geht auf den Sportplatz, um Fußball zu spielen.
Wozu geht er auf den Sportplatz? Will er das Spiel sehen?	Ja, er geht auf den Sportplatz, um das Spiel zu sehen.

79 Adjektivdeklination mit und ohne Artikel  84

Beispiel:

Ist das Bier gut?	*Ja, das ist gutes Bier.*
Ist das Bier gut?	Ja, das ist gutes Bier.
Ist der Wein süß?	Ja, das ist süßer Wein.
Sind die Getränke kalt?	Ja, das sind kalte Getränke.
Ist die Milch frisch?	Ja, das ist frische Milch.
Sind die Kartoffeln frisch?	Ja, das sind frische Kartoffeln.
Ist der Kaffee heiß?	Ja, das ist heißer Kaffee.
Ist das Essen lecker?	Ja, das ist leckeres Essen.
Ist die Schokolade bitter?	Ja, das ist bittere Schokolade.

80 Partizip 1)) 85

Beispiel:

Da schwimmt ein Elefant!	*Oh, ein schwimmender Elefant.*
Da schwimmt ein Elefant!	Oh, ein schwimmender Elefant.
Da landet ein Flugzeug.	Oh, ein landendes Flugzeug!
Da brennt ein Baum.	Oh, ein brennender Baum!
Da singt eine Katze.	Oh, eine singende Katze!
Da fliegt ein Stern.	Oh, ein fliegender Stern!
Da joggt ein Opa.	Oh, ein joggender Opa!
Da spricht ein Vogel.	Oh, ein sprechender Vogel!
Da fährt mein Bus ab.	Oh, ein abfahrender Bus!

Wichtige Verben mit Akkusativ und Dativ

anbieten	Darf ich Ihnen einen Tee anbieten?
bezahlen	Er hat uns die Getränke bezahlt.
bestellen	Er hat uns Kaffee bestellt.
bringen	Bitte bringen Sie mir einen Kaffee.
empfehlen	Ich kann Ihnen ein Restaurant empfehlen.
erklären	Können Sie mir das Problem erklären?
erzählen	Meine Oma hat uns immer schöne Geschichten erzählt.
geben	Bitte geben Sie mir die Rechnung.
holen	Er holt uns die Getränke.
kaufen	Ich möchte meinem Sohn einen Laptop kaufen.
kochen	Wer kocht uns heute das Mittagessen?
leihen	Sie hat ihm ein Buch geliehen.
liefern	Die Firma liefert uns die Möbel am Freitag.
mitbringen	Sie bringen ihm aus dem Urlaub ein Souvenir mit.
renovieren	Wir renovieren unseren Freunden die Wohnung.
reparieren	Die Werkstatt kann uns das Auto erst nächste Woche reparieren.
reservieren	Bitte reservieren Sie uns einen Tisch für 20:00 Uhr.
sagen	Hast du ihm die Neuigkeit gesagt?
schenken	Sie schenkt ihrem Vater eine Krawatte.
schicken	Können Sie uns bitte Informationen schicken?
schneiden	Der Friseur hat ihr die Haare super geschnitten.
schreiben	Sie schreibt ihm eine E-Mail.
servieren	Sie serviert ihren Gästen Kaffee und Kuchen.
verkaufen	Er verkauft seinem kleinen Bruder seinen alten iPod.
wünschen	Ich wünsche dir viel Glück!
zeigen	Die Frau zeigt ihnen die Sehenswürdigkeiten in der Stadt.

Wichtige Verben mit Dativ

antworten	Er konnte ihr nicht sofort antworten.
danken	Ich danke Ihnen.
fehlen	Was fehlt Ihnen?
gefallen	Der Hut gefällt mir gut.
(gut/schlecht) gehen	Wie geht es dir?
gehören	Wem gehört der Schlüssel?
glauben	Ich glaube dir.
gratulieren	Sie gratulieren ihm zum Geburtstag.
helfen	Kann ich Ihnen helfen?
leidtun	Entschuldigung, das tut mir leid.
passen	Die Hose passt mir leider nicht. / Der Termin passt mir nicht.
schmecken	Die Torte schmeckt uns.
stehen	Das Kleid steht ihr gut.
wehtun	Der Kopf tut mir weh.
zuhören	Bitte hören Sie mir genau zu.

Wichtige Verben mit Präposition + Akkusativ	Wichtige Verben mit Präposition + Dativ
achten auf	ausgehen von
sich anmelden für	sich beschäftigen mit
antworten auf	bestehen aus
aufpassen auf	diskutieren mit
sich ärgern über	einladen zu
sich beschweren über	erzählen von
sich bewerben um	fragen nach
bitten um	gehören zu
denken an	sich gewöhnen an
diskutieren über	gratulieren zu
sprechen über	sprechen mit
sich engagieren für	sprechen von
sich entscheiden für	reden mit
sich entschuldigen für	reden von
sich erinnern an	teilnehmen an
sich freuen auf	telefonieren mit
sich freuen über	träumen von
sich informieren über	sich treffen mit
sich interessieren für	sich trennen von
sich kümmern um	sich unterhalten mit
lach über	sich verabreden mit
nachdenken über	
reden über	
sprechen über	
sich streiten über	
sich unterhalten über	
sich verlassen auf	
sich verlieben in	
sich vorbereiten auf	
warten auf	

Unregelmäßige Verben

Infinitiv	Präsens er/sie/es/man	Präteritum er/sie/es/man	Perfekt er/sie/es/man
abfahren	fährt ab	fuhr ab	ist abgefahren
abfliegen	fliegt ab	flog ab	ist abgeflogen
abgeben	gibt ab	gab ab	hat abgegeben
abschließen	schließt ab	schloss ab	hat abgeschlossen
anbieten	bietet an	bot an	hat angeboten
anfangen	fängt an	fing an	hat angefangen
ankommen	kommt an	kam an	ist angekommen
anrufen	ruft an	rief an	hat angerufen
ansehen	sieht an	sah an	hat angesehen
anziehen	zieht an	zog an	hat angezogen
aufstehen	steht auf	stand auf	ist aufgestanden
ausgeben	gibt aus	gab aus	hat ausgegeben
ausgehen	geht aus	ging aus	ist ausgegangen
aussehen	sieht aus	sah aus	hat ausgesehen
aussteigen	steigt aus	stieg aus	ist ausgestiegen
ausziehen	zieht aus	zog aus	ist/hat ausgezogen
backen	bäckt/backt	buk/backte	hat gebacken
beginnen	beginnt	begann	hat begonnen
behalten	behält	behielt	hat behalten
bekommen	bekommt	bekam	hat bekommen
bewerben	bewirbt	bewarb	hat beworben
biegen	biegt	bog	hat gebogen
bieten	bietet	bot	hat geboten
bitten	bittet	bat	hat gebeten
bleiben	bleibt	blieb	ist geblieben
braten	brät	briet	hat gebraten
brechen	bricht	brach	ist gebrochen
brennen	brennt	brannte	hat gebrannt
bringen	bringt	brachte	hat gebracht
denken	denkt	dachte	hat gedacht
einfallen	fällt ein	fiel ein	ist eingefallen
einladen	lädt ein	lud ein	hat eingeladen
einschlafen	schläft ein	schlief ein	ist eingeschlafen
einsteigen	steigt ein	stieg ein	ist eingestiegen
einziehen	zieht ein	zog ein	ist eingezogen
empfehlen	empfiehlt	empfahl	hat empfohlen
entscheiden	entscheidet	entschied	hat entschieden
essen	isst	aß	hat gegessen
fahren	fährt	fuhr	ist gefahren
fallen	fällt	fiel	ist gefallen
fangen	fängt	fing	hat gefangen
fernsehen	sieht fern	sah fern	hat ferngesehen
finden	findet	fand	hat gefunden
fliegen	fliegt	flog	ist geflogen
geben	gibt	gab	hat gegeben
gefallen	gefällt	gefiel	hat gefallen
gehen	geht	ging	ist gegangen

Infinitiv	Präsens er/sie/es/man	Präteritum er/sie/es/man	Perfekt er/sie/es/man
geschehen	geschieht	geschah	ist geschehen
gewinnen	gewinnt	gewann	hat gewonnen
haben	hat	hatte	hat gehabt
halten	hält	hielt	hat gehalten
hängen	hängt	hing	hat gehängt/gehangen
heißen	heißt	hieß	hat geheißen
helfen	hilft	half	hat geholfen
kennen	kennt	kannte	hat gekannt
klingen	klingt	klang	hat geklungen
kommen	kommt	kam	ist gekommen
laden	lädt	lud	hat geladen
lassen	lässt	ließ	hat gelassen
laufen	läuft	lief	ist gelaufen
leidtun	tut leid	tat leid	hat leidgetan
leihen	leiht	lieh	hat geliehen
lesen	liest	las	hat gelesen
liegen	liegt	lag	hat gelegen
losfahren	fährt los	fuhr los	ist losgefahren
mitbringen	bringt mit	brachte mit	hat mitgebracht
mitkommen	kommt mit	kam mit	ist mitgekommen
mitnehmen	nimmt mit	nahm mit	hat mitgenommen
mögen	mag	mochte	hat gemocht
nehmen	nimmt	nahm	hat genommen
nennen	nennt	nannte	hat genannt
raten	rät	riet	hat geraten
riechen	riecht	roch	hat gerochen
rufen	ruft	rief	hat gerufen
scheinen	scheint	schien	hat geschienen
schlafen	schläft	schlief	hat geschlafen
schlagen	schlägt	schlug	hat geschlagen
schließen	schließt	schloss	hat geschlossen
schneiden	schneidet	schnitt	hat geschnitten
schreiben	schreibt	schrieb	hat geschrieben
schwimmen	schwimmt	schwamm	ist geschwommen
sehen	sieht	sah	hat gesehen
sein	ist	war	ist gewesen
singen	singt	sang	hat gesungen
sinken	sinkt	sank	ist gesunken
sitzen	sitzt	saß	hat/ist gesessen
spazieren gehen	geht spazieren	ging spazieren	ist spazieren gegangen
sprechen	spricht	sprach	hat gesprochen
springen	springt	sprang	ist gesprungen
stattfinden	findet statt	fand statt	hat stattgefunden
stehen	steht	stand	hat/ist gestanden
stehlen	stiehlt	stahl	hat gestohlen
steigen	steigt	stieg	ist gestiegen
sterben	stirbt	starb	ist gestorben

Unregelmäßige Verben

Infinitiv	Präsens er/sie/es/man	Präteritum er/sie/es/man	Perfekt er/sie/es/man
streiten	streitet	stritt	hat gestritten
teilnehmen	nimmt teil	nahm teil	hat teilgenommen
tragen	trägt	trug	hat getragen
treiben	treibt	trieb	hat getrieben
treffen	trifft	traf	hat getroffen
treten	tritt	trat	hat getreten
trinken	trinkt	trank	hat getrunken
tun	tut	tat	hat getan
übertragen	überträgt	übertrug	hat übertragen
überweisen	überweist	überwies	hat überwiesen
umsteigen	steigt um	stieg um	ist umgestiegen
umziehen	zieht um	zog um	hat/ist umgezogen
unterhalten	unterhält	unterhielt	hat unterhalten
unternehmen	unternimmt	unternahm	hat unternommen
unterschreiben	unterschreibt	unterschrieb	hat unterschrieben
verbringen	verbringt	verbrachte	hat verbracht
vergessen	vergisst	vergaß	hat vergessen
vergleichen	vergleicht	verglich	hat verglichen
verlieren	verliert	verlor	hat verloren
verschieben	verschiebt	verschob	hat verschoben
verschwinden	verschwindet	verschwand	ist verschwunden
versprechen	verspricht	versprach	hat versprochen
verstehen	versteht	verstand	hat verstanden
vorschlagen	schlägt vor	schlug vor	hat vorgeschlagen
vorstellen	stellt vor	stellte vor	hat vorgestellt
wachsen	wächst	wuchs	ist gewachsen
waschen	wäscht	wusch	hat gewaschen
weggehen	geht weg	ging weg	ist weggegangen
wegwerfen	wirft weg	warf weg	hat weggeworfen
wehtun	tut weh	tat weh	hat wehgetan
werden	wird	wurde	ist geworden
werfen	wirft	warf	hat geworfen
wissen	weiß	wusste	hat gewusst
ziehen	zieht	zog	hat gezogen
zurechtkommen	kommt zurecht	kam zurecht	ist zurechtgekommen
zurückkommen	kommt zurück	kam zurück	ist zurückgekommen

Ordinalzahlen

Ordinalzahlen

1.	der/die/das erste	**1.–19.** *-te*
2.	der/die/das zweite	
3.	der/die/das dritte	
4.	der/die/das vierte	
5.	der/die/das fünfte	
6.	der/die/das sechste	
7.	der/die/das siebte	
8.	der/die/das achte	
9.	der/die/das neunte	
10.	der/die/das zehnte	
11.	der/die/das elfte	
12.	der/die/das zwölfte	
13.	der/die/das dreizehnte	
14.	der/die/das vierzehnte	
…		
20.	der/die/das zwanzigste	**ab 20.** *-ste*
21.	der/die/das einundzwanzigste	
…		
30.	der/die/das dreißigste	
…		
40.	der/die/das vierzigste	
…		
50.	der/die/das fünfzigste	
…		
60.	der/die/das sechzigste	
…		
70.	der/die/das siebzigste	
…		
80.	der/die/das achtzigste	
…		
90.	der/die/das neunzigste	
…		
100.	der/die/das (ein)hundertste	
101.	der/die/das (ein)hunderterste	
102.	der/die/das (ein)hundertzweite	
…		
112.	der/die/das (ein)hundertzwölfte	
…		
745.	der/die/das siebenhundertfünfundvierzigste	

Lösungen

 1 Personalpronomen

1 1. Wir – 2. Sie – 3. du – 4. Er

2 1. er, sie, Sie – 2. du, Ich – 3. ihr, Wir – 4. Sie, ich

3 1. Sie – 2. Sie – 3. Sie, Ich – 4. du, ich

4 1. Er – 2. Es – 3. Sie – 4. Sie – 5. sie – 6. er

5 Sie, Er, Er, wir – Sie, Wir, Er, ich, du, ich

6 1. du – 2. Sie – 3. ihr – 4. Sie

7 Frau Peneva – Anne – Anne und Lukas – Frau Peneva – Frau Peneva – die Blumen – Frau Peneva – Frau Peneva

 2 Konjugation Präsens

1 kommst, komme, kommt, wohnt, wohnen, arbeitest, arbeite – heißen, heiße, kommen, komme, kommt, wohnen

2 1. E, F – 2. A, C – 3. C, D – 4. B, G – 5. B, C, D, G – 6. C, D

3a 1. heißt – 2. Kommt – 3. kommt, Gehen – 4. antwortest – 5. Tanzt
A tanzt – B heiße – C verstehe – D arbeite/besucht – E kommt/bringe

3b 1 B – 2 D – 3 E – 4 C – 5 A

4 kommt – kommen – lernen – schreibt – hört – lernt – machen – gehen – tanzt – reden – trinken – tanzen

5 komme – kennst – kommt – Arbeitet – studiert – lernt – kenne – machen – tanzen – gehen – tanzt – kenne – freue

6 komme – schalte – öffne – beantworte – kommt – bringt – reden – telefonieren – schreiben – gehen – trinken – macht – erzählen – frage – arbeitet

 3 *Sein, haben* und besondere Verben

1 ist, ist, Sind, bin, Sind, bin

2 Ich bin / Du bist / Er ist 15 Jahre alt. Ich bin / Du bist / Er ist in München. Ich bin / Du bist / Er ist Herr Wang.
Ich bin / Du bist / Er ist Lehrer. Ich bin / Du bist / Er ist glücklich. Ich bin / Du bist / Er ist im Büro. Ich bin /
Du bist / Er ist aus Japan.
Sie ist 15 Jahre alt. Sie ist in München. Sie ist glücklich. Sie ist im Büro. Sie ist aus Japan.
Sie sind / Wir sind / Ihr seid 15 Jahre alt. Sie sind / Wir sind / Ihr seid in München. Sie sind / Wir sind / Ihr seid Lehrer.
Sie sind / Wir sind / Ihr seid glücklich. Sie sind / Wir sind / Ihr seid im Büro. Sie sind / Wir sind / Ihr seid aus Japan.
Frau Tannberg ist in München. Frau Tannberg ist glücklich. Frau Tannberg ist im Büro.
Mein Name ist Kolakowski. Das ist Herr Wang. Das ist ein Wörterbuch.

3 1. Hast, habe, hast, habe – 2. Habt, haben – 3. hat, hat

4 1. sind, sind, haben, ist – 2. sind, bin – 3. Sind, bin, habe – 4. Haben, haben – 5. Hast, ist

5 ist, ist, ist, hat, ist, hat, sind, haben, ist, bin

6 1. möchten, möchten, möchte, möchtest, möchte – 2. möchten, möchte, möchte

7 Ich mag (keinen) Kaffee, (keine) Kartoffeln, (keinen) Käse, (keinen) Fisch.
Meine Freundin mag (keinen) Kaffee, (keine) Kartoffeln, (keinen) Käse, (keinen) Fisch.
Mein Freund mag (keinen) Kaffee, (keine) Kartoffeln, (keinen) Käse, (keinen) Fisch.
Meine Eltern mögen (keinen) Kaffee, (keine) Kartoffeln, (keinen) Käse, (keinen) Fisch.
Wir mögen (keinen) Kaffee, (keine) Kartoffeln, (keinen) Käse, (keinen) Fisch.

8 1. Wissen, weiß, weiß – 2. weiß – 3. Weißt – 4. wissen

9 1. tut, tun, tun, tun – 2. tust, tue, tun

Verben mit Vokalwechsel

1 1. geben – 2. laufen – 3. helfen – 4. nehmen – 5. waschen – 6. sehen – 7. sprechen – 8. vergessen – 9. empfehlen – 10 lesen – 11. essen – 12. fahren

2 1. Esst, essen, isst, essen, Isst, esse, isst – 2. lest, lese, liest, lese, liest – 3. nehmen, nehme, nehmt, nehmen, nimmst, nehme – 4. schlafen, schlafen, schläfst, schlafe – 5. Fahren, fahre, fahrt, fahre, fährt

3 isst, liest, fahren, trägt, läuft, fährt, nimmt, wäscht, hilft, gibt, spricht, lesen, sehen, sieht

4 1. lebt – 2. kauft – 3. macht – 4. liest – 5. geht – 6. wäscht – 7. läuft – 8. gibt – 9. versteht

5 lade ... ein – fährst ... zurück – schläfst – nimmst ... mit – laufen – ansehen – gefällt – kommst ... an

 ## Modalverben: Konjugation

1 1. möchtest, möchte, möchte, möchte, möchte, möchtet, möchten, möchten

2. kann, kannst, kann, könnt können, kann, können

3. müssen, musst, müsst, müssen, muss, muss

4. wollt, wollen, willst, will, will, wollen

5. darfst, darf, darf, dürft, dürft, dürfen, dürfen

6. soll, sollst, soll, Sollen

2 ich: möchte, kann, muss – er, sie, es, man: möchte, kann, muss – wir: wollen, können – ihr: dürft, müsst – sie, Sie: wollen, können

3 1. Am Sonntag können wir lange schlafen.

2. Meine Tochter will eine Freundin besuchen.

3. Mein Mann möchte Fußball sehen.

4. Am Sonntag muss ich leider auch kochen.

5. Am Nachmittag möchten wir zusammen spazieren gehen.

4 Ich möchte meine Aufenthaltserlaubnis verlängern. – Sie müssen in den dritten Stock in Zimmer 325 gehen. – Kann ich meinen Hund mitnehmen? – Hunde dürfen nicht ins Haus gehen. – Wo soll der Hund bleiben?

Modalverben: Gebrauch

1 möchte – muss – kann – muss/kann – möchte/will – kann – muss – kann – möchte/kann – kann – muss

2 1. dürfen – 2. muss – 3. darf – 4. dürfen – 5. darf – 6. darf – 7. muss – 8. muss

1 H – 2 B – 3 C – 4 G – 5 D – 6 E – 7 A – 8 F

3 1. 1, 2 – 2. 1, 2 – 3. 1, 3 – 4. 2, 2, 1

4 1. möchte – 2. will, möchte – 3. möchten, möchten – 4. will/möchte, wollen – 5. wollen, möchten – 6. möchte

5 muss – musst – musst – soll – soll – sollst – soll

6 *Beispiele:* 1. Sollen wir zusammen ins Kino gehen? – 2. Soll ich Getränke kaufen? – 3. Soll ich die Musik leiser machen? – 4. Soll ich das Fenster zumachen? – 5. Sollen wir zusammen fahren?

7 können – dürfen – müssen – dürfen

können – müssen – dürfen – dürfen

müssen – dürfen – müssen

dürfen – müssen – müssen

dürfen – müssen – wollen

müssen – dürfen – dürfen

Lösungen

7 Trennbare Verben

2 1. steige … ein – 2. steige … um – 3. steige … aus – 4. komme … an – 5. mache … auf – 6. kommt rein –
7. Machen … zu – 8. mache … zu – fange … an

3 1. Ich muss immer um 6 Uhr aufstehen. / Um sechs Uhr muss ich immer aufstehen.

2. Ich fange um 7:30 Uhr mit der Arbeit an. / Um 7:30 fange ich mit der Arbeit an.

3. Ich kaufe am Montag nach der Arbeit ein. / Am Montag kaufe ich nach der Arbeit ein.

4. Ich komme am Abend um 19 Uhr nach Hause zurück. / Am Abend um 19 Uhr komme ich nach Hause zurück.

5. Heute möchte ich ausgehen. / Ich möchte heute ausgehen.

6. Möchtest du mitkommen?

4 lädt … ein – kommen … mit – fangen … an – fahren … ab – umsteigen – kommen … an – holt … ab – mitnehmen – zurückkommen

5 aufstehen – bereite … vor – wasche … ab – mache … an – einkaufen – kommen … zurück – bringen … mit – räume … auf – rufe … an – sehen … fern – hänge … auf – leere … aus

6 1. Um 8 Uhr schalte ich den Computer an.

2. Um 10 Uhr kommt eine Lieferung an.

3. Um 9 Uhr rufe ich Kunden an und muss E-Mails schreiben.

4. Ich arbeite schnell, weil das Meeting um 11 Uhr anfängt.

5. Nach dem Meeting können wir mit der Pause anfangen.

6. Pünktlich um 13 Uhr muss ich aus der Pause zurückkommen.

7. Um 17 Uhr schalte ich den Computer aus und räume den Schreibtisch auf.

8. Ich gehe schnell nach Hause zurück, weil ich heute ausgehen möchte.

9. Gehe ich alleine ins Kino oder kommen Sie mit?

8 Imperativ

1 1 Gehen Sie! Geh! Geht! – Hören Sie! Hör! Hört! – Singen Sie! Sing! Singt!

2. Kommen Sie mit! Komm mit! Kommt mit! – Gehen Sie weg! Geh weg! Geht weg! – Bringen Sie mit! Bring mit! Bringt mit! – Holen Sie ab! Hol ab! Holt ab!

3. Geben Sie! Gib! Gebt! – Nehmen Sie! Nimm! Nehmt! – Essen Sie! Iss! Esst! – Lesen Sie! Lies! Lest! – Sprechen Sie! Sprich! Sprecht!

4. Seien Sie! Sei! Seid! – Haben Sie! Hab! Habt! – Fahren Sie! Fahr! Fahrt! – Waschen Sie! Wasch! Wascht!

2 *Kursleiter:* Bitte lesen Sie einen Text. Bitte diskutieren Sie in der Gruppe. Bitte spielen Sie den Dialog. Bitte schreiben Sie an die Tafel.

Teilnehmer: Bitte wiederholen Sie. Bitte sprechen Sie langsam. Bitte erklären Sie das Wort. Bitte geben Sie ein Beispiel. Bitte schreiben Sie an die Tafel.

3 *Herr Müller:* Nehmen Sie bitte Platz. Lassen Sie sich Zeit.

Herr und Frau Müller: Nehmen Sie bitte Platz. Lassen Sie sich Zeit.

Mona und Lucas: Kommt bitte schnell. Esst doch noch etwas.

Mona: Gib mir mal den Teller. Hab doch keine Angst. Guck doch mal.

4 1 Dann geh doch nach Hause. Dann gehen Sie doch nach Hause.

2. Dann nimm doch eine Aspirin. Dann nehmen Sie doch eine Aspirin.

3. Dann arbeite doch weniger. Dann arbeiten Sie doch weniger.

4. Dann geh doch am Abend spazieren. Dann gehen Sie doch am Abend spazieren.

5. Dann mach doch Yoga. Dann machen Sie doch Yoga.

6. Dann trink doch einen Tee. Dann trinken Sie doch einen Tee.

7. Dann iss doch mehr. Dann essen Sie doch mehr.

8. Dann kauf doch eine Brille. Dann kaufen Sie doch eine Brille.

9. Dann iss doch weniger. Dann essen Sie doch weniger.

5a 1 Kaufen Sie Karteikarten.

2. Schreiben Sie die neuen Wörter auf Karteikarten.

3. Schreiben Sie auf die Rückseite einen Beispielsatz mit Lücke.

4. Mischen Sie die Karten.

5. Lesen Sie einen Beispielsatz laut.

6. Ergänzen Sie das Wort für die Lücke.

7. Richtig? Dann legen Sie die Karte in den Kasten 2.

8. Falsch? Dann legen Sie die Karte wieder in den Kasten 1.

5b 1 Kauf Karteikarten.

2. Schreib die neuen Wörter auf Karteikarten.

3. Schreib auf die Rückseite einen Beispielsatz mit Lücke.

4. Misch die Karten.

5. Lies einen Beispielsatz auf der Rückseite laut.

6. Ergänze das Wort für die Lücke.

7. Richtig? Dann leg die Karte in den Kasten 2.

8. Falsch? Dann leg die Karte wieder in den Kasten 1.

9 Fragen mit Fragewort

1 1 G – 2 A, C – 3 F – 4 C, D – 5 A, C – 6 E, – 7 B

2 1. Wie heißen Sie? – 2. Wie ist Ihr Vorname? – 3. Woher kommen Sie? – 4. Wo wohnen Sie? –
5. Was sind Sie von Beruf?

3 1. Was – 2. Was / Wie viel – 3. Wie viele – 4. Wer – 5. Um wie viel –
6. Wann / Um wie viel Uhr

4 wie – woher – Wo – wer – Wie

5 1. Wo, wo – 2. Woher, Wohin

6 1 C – 2 D – 3 A – 4 B

7 1 F – 2 A – 3 G – 4 D – 5 C – 6 B – 7 E

8 1. Wer – 2. Wen – 3. Warum – 4. Mit wem

10 Ja/Nein-Fragen

1 1. Heißen Sie Schmidt? – Nein, ich heiße nicht Schmidt. / Ja, ich heiße Schmidt.

2. Kommen Sie aus Südafrika? – Nein, ich komme nicht aus Südafrika. / Ja, ich komme aus Südafrika.

3. Sprechen Sie Englisch? – Ja, ich spreche Englisch. / Nein, ich spreche kein Englisch.

4. Sind Sie verheiratet? – Ja, ich bin verheiratet. / Nein, ich bin nicht verheiratet.

5. Haben Sie Kinder? – Ja, ich habe Kinder. / Nein, ich habe keine Kinder.

2 1. Sprechen Sie Französisch? / Sprichst du Französisch?

2. Sind Sie Deutsche? / Bist du Deutsche?

3. Ist er Lehrer (von Beruf)?

4. Wohnen Sie schon lange hier (im Haus)? / Wohnt ihr schon lange hier im Haus?

5. Haben sie Kinder?

3 1 E – 2 F – 3 B, E – 4 D – 5 C – 6 A

4 1. doch – 2. ja – 3. nein – 4. doch – 5. nein – 6. ja – 7. nein

5 1. Würden Sie mir bitte den Zucker geben? / Könnten Sie mir bitte den Zucker geben?

2. Würden Sie mir bitte den Weg zum Bahnhof sagen? / Könnten Sie mir bitte den Weg zum Bahnhof sagen?

3. Würden Sie mir bitte den Stift geben? / Könnten Sie mir bitte den Stift geben?

4. Würden Sie bitte das Radio leiser machen? / Könnten Sie bitte das Radio leiser machen?

5. Würden Sie mir bitte das Wörterbuch geben? / Könnten Sie mir bitte das Wörterbuch geben?

6. Würden Sie mir bitte die Rechnung erklären? / Könnten Sie mir bitte die Rechnung erklären?

6 1 B – 2 A – 3 D – 4 E – 5 C

Lösungen

11 Wörter im Satz 1

1
1. Er heißt Peter Schmidt.
2. Peter und seine Frau wohnen jetzt in Heidelberg.
3. Seine Adresse ist Auerstraße 12.
4. Peter ist Ingenieur von Beruf.
5. Seine Frau arbeitet im Krankenhaus.

2
1. Woher kommen Luis und Paloma?
2. Was sind sie von Beruf?
3. Wo wohnen sie jetzt?
4. Was machen sie heute Abend?

3
1. Das ist Paloma. – Ist das Paloma?
2. Sie kommt aus Peru. – Kommt sie aus Peru?
3. Paloma lernt Deutsch. – Lernt Paloma Deutsch?
4. Sie ist Mechanikerin. – Ist sie Mechanikerin?
5. Ihr Mann heißt Luis. – Heißt ihr Mann Luis?

4
1. Woher – 2. Kommt – 3. Was – 4. Ist – 5. Heißt – 6. Wie

5
1. Sind Sie heute müde?
2. Wie lange schlafen Sie immer?
3. Was trinken Sie am Morgen?
4. Trinken Sie am Morgen Kaffee?

6
1. Kommen Sie!
2. Hören Sie die Geschichte!
3. Sagen Sie jetzt nichts!
4. Erzählen Sie Ihren Freunden die Geschichte!

7
1. Ich wohne schon drei Jahre in Heidelberg. / Schon drei Jahre wohne ich in Heidelberg.
2. Ich arbeite seit zwei Jahren in Frankfurt. / Seit zwei Jahren arbeite ich in Frankfurt.
3. Ich fahre jeden Montag von Heidelberg nach Frankfurt. / Jeden Montag fahre ich von Heidelberg nach Frankfurt.
4. Ich wohne von Montag bis Freitag bei meiner Cousine. / Von Montag bis Freitag wohne ich bei meiner Cousine.
5. Ich arbeite von 9 bis 18 Uhr im Büro. / Von 9 bis 18 Uhr arbeite ich im Büro.
6. Ich esse in der Mittagspause in der Kantine. / In der Mittagspause esse ich in der Kantine.
7. Ich gehe zwei Mal pro Woche ins Fitness-Studio. / Zwei Mal pro Woche gehe ich ins Fitness-Studio.
8. Ich fahre freitags um 17 Uhr nach Heidelberg. / Freitags um 17 Uhr fahre ich nach Heidelberg.
9. Ich bin von Freitagabend bis Montagmorgen zu Hause. / Von Freitagabend bis Montagmorgen bin ich zu Hause.

12 Wörter im Satz 2

1
1. Sie wollen eine Deutschlandreise machen.
2. Sie müssen Tickets kaufen und Hotels buchen.
3. Wann sollen sie fahren?
4. Sie wollen im Sommer fahren.
5. Sie können nur zwei Wochen in Deutschland bleiben.
6. Dann müssen sie schon wieder nach Hause fahren.

2
1. Wir ziehen nach Hamburg um.
2. Jetzt räumen wir die ganze Wohnung auf.
3. Wir werfen viele Sachen weg.
4. Wer packt das Geschirr und die Gläser ein?
5. Nächste Woche Montag ziehen wir aus.
6. Am Dienstag ziehen wir in die neue Wohnung ein.

3   1. Das Wetter ist heute wunderbar.

2. Gestern war der Himmel auch blau.

3. Hoffentlich ist es morgen auch genauso schön.

4. Am Samstagmorgen gehen sie in der Stadt einkaufen.

5. Nachmittags gehen sie im Park spazieren.

6. Die Kinder gehen mit ihren Freunden schwimmen.

4   1. Pamela und Chris sprechen schon gut Deutsch.

2. Chris spielt am Abend gerne Gitarre.

3. Er hört oft stundenlang Musik.

4. Im Sommer möchte Chris Urlaub machen.

5. Pamela möchte im Urlaub Spanisch lernen.

5   1. Am letzten Wochenende ist Anna nach Berlin gefahren.

2. Sie hat ihre Freunde besucht.

3. Am Samstagabend sind sie ins Theater gegangen.

4. Am Sonntag haben sie in einem Restaurant am Wannsee gegessen.

5. Sie ist erst sehr spät nach Hause gekommen.

6   Er hat heute gearbeitet. – Er muss heute aufräumen. – Er lernt heute Deutsch. – Er kauft heute ein. – Er geht heute essen. – Er ist heute gekommen. – Er sieht heute fern.

7   1. Ich habe meinem Bruder gestern eine CD geschenkt. / Gestern habe ich meinem Bruder eine CD geschenkt. / Meinem Bruder habe ich gestern eine CD geschenkt. / Eine CD habe ich gestern meinem Bruder geschenkt.

2. Auf dem Marktplatz hat gestern Abend eine Band gespielt. / Gestern Abend hat eine Band auf dem Marktplatz gespielt. / Eine Band hat gestern Abend auf dem Marktplatz gespielt.

3. Im Park wollen Schüler heute ein Konzert geben. / Schüler wollen heute im Park ein Konzert geben. / Heute wollen Schüler im Park ein Konzert geben.

4. Ich bringe heute zum Geburtstag einen Kuchen mit. / Zum Geburtstag bringe ich heute einen Kuchen mit. / Heute bringe ich einen Kuchen zum Geburtstag mit. / Einen Kuchen bringe ich heute zum Geburtstag mit.

8   1. Er holt seine Kinder von der Schule ab.

2. Sie will heute Abend mit ihrer Freundin zur Party gehen.

3. Sie bringen einen Kartoffelsalat zur Party mit.

4. Sie haben heute Mittag den Kartoffelsalat gemacht.

13 Nomen: Plural

1   *keine Pluralendung:* der Fernseher – das Mädchen – der Schlüssel – der Lehrer – der Wagen – der Reifen – das Fläschchen – der Verkäufer

2   1. das Sofa, -s – 2. das Haar, -e – 3. die Freiheit, -en – 4. das Hobby, -s – 5. die Zeitung, -en – 6. die Information, -en – 7. das Tier, -e – 8. die Lehrerin, -nen – 9. die Sache, -n – 10. die Kiwi, -s – 11. die Sekunde, -n – 12. die Organisation, -en – 13. die Operation, -en – 14. der Name, -n – 15. die Toilette, -n – 16. die Oma, -s – 17. die Sekretärin, -nen – 18. der Junge, -n – 19. das Ticket, -s – 20. das Restaurant, -s – 21. die Lösung, -en – 22. die Krankheit, -en – 23. der Herd, -e – 24. das Kino, -s

3   1. das Bild – 2. der Mann – 3. das Brötchen – 4. das Meer – 5. das Land – 6. die Architektin – 7. der Kurs – 8. das Hotel – 9. der Arzt – 10. der Fuß – 11. das Foto – 12. die Information – 13. die Einladung – 14. der Baum

4   *kein Plural:* der Zucker – das Gepäck – das Wasser – das Fleisch – der Service – das Benzin – der Reis – der Alkohol – das Gemüse – die Polizei – die Natur

5   *kein Singular:* die Großeltern – die Eltern – die Möbel – die Alpen – die Ferien – die Leute

6   Küchenstühle – Lampen – Schränke – Sofas – Herde – Teller – Gläser – Löffel – Servierwagen – LKWs

14 Artikel: definit, indefinit, kein Artikel

1   1. Das ist ein Stuhl. Der Stuhl ist modern.

2. Das ist ein Bild. Das Bild ist teuer.

3. Das ist ein Wörterbuch. Das Wörterbuch ist praktisch.

4. Das ist ein Laptop. Der Laptop ist gut.

Lösungen

5. Das sind Stifte. Die Stifte sind neu.

6. Das sind Blumen. Die Blumen sind wunderbar.

7. Das ist eine Vase. Die Vase ist schön.

8. Das ist eine Tür. Die Tür ist offen.

2 1. einen Kuli – 2. ein Auto – 3. eine Uhr – 4. - – 5. einen Schirm – 6. einen Computer – 7. eine Katze – 8. ein Handy

3 1. die – 2. den – 3. die – 4. das – 5. die – 6. den

4 1. Sie hat Zeit. – 2. Sie hat Geld. – 3. Sie hat ein Handy. – 4. Sie mag Reis. – 5. Sie hat ein Fahrrad. – 6. Sie hat Glück.

5 1. ein, der – 2. ein, das – 3. eine, die – 4. ein, der – 5. ein, das

6 ein – Der – eine – Die – ein – Der – die – die – der – der – die – eine

15 Negation

1 1. Ich komme nicht aus Sri Lanka.

2. Ich bin nicht 23 Jahre alt.

3. Ich wohne nicht in Köln.

4. Ich bin nicht verheiratet.

5. Ich habe keine Kinder.

6. Das sind nicht meine Kinder.

7. Sie haben keinen Hunger.

8. Ich kaufe kein Brot.

9. Ich bin nicht glücklich.

2 Das ist kein Hund, das ist eine Katze. – Sie hat keine Lust zu kochen. Gehen wir ins Restaurant? – Sie hat keinen Freund, sie ist immer allein. – Sie hat keine Kinder. – Er kann nicht kochen. – Wir gehen ins Kino. – Ich kaufe nicht diese Schuhe. Die anderen sind schöner.

3 nicht – keine – keinen – nicht – nicht – nicht – nicht – keine – keine – nicht – keine – nicht – keine – kein – nicht – nicht – keine

4 1. Ich bin nicht mehr jung.

2. Ich habe keine Energie mehr.

3. Ich bin nie glücklich.

4. Ich finde nichts wunderbar.

5. Ich liebe niemand(en).

6. Ich war noch nie im Urlaub.

7. Ich nehme nichts mit Humor.

5 noch nie – nie – niemand – nichts – keine ... mehr – ohne

16 Akkusativ

1 den Wecker – den Computer – den Pass – die Kreditkarte – den Schirm – die Tasche – den MP3-Player – die Schuhe – die Socken – den Pyjama – das Waschzeug – die Zeitung

2 eine Flasche Wein – ein Glas Marmelade – ein Schwarzbrot – - Brötchen – eine Packung Milch – einen Salat – - Tomaten – Tomaten – einen Joghurt – einen Schokoladenkuchen

3 ein Auto – kein Fahrrad – ein Bett – einen Fernseher – keinen Tisch – keine Waschmaschine – ein Handy – kein Telefon – einen Computer – keinen Stuhl – einen Kühlschrank – kein Haus

4 1. Die, das, Der, die – 2. Der, die, Der, den – 3. Die, die, Der, die

5 1. Was – 2. Wen – 3. Wen – 4. Was – 5. Was – 6. Wen

6 Ich höre die/eine Oper. – Ich trinke das/ein Glas Wein. – Ich brauche den/einen Stift. – Ich sehe den/einen Film. – Ich lese die/- Bücher. – Ich kaufe ein/das Auto.

Wir hören die/eine Oper. – Wir trinken das/ein Glas Wein. – Wir brauchen den/einen Stift. – Wir sehen den/einen

Film. – Wir lesen die/- Bücher. – Wir kaufen ein/das Auto.

Meine Freunde hören die/eine Oper. – Meine Freunde trinken das/ein Glas Wein. – Meine Freunde brauchen den/einen Stift. – Meine Freunde sehen den/einen Film. – Meine Freunde lesen die/- Bücher. – Meine Freunde kaufen ein/das Auto.

7 *Akkusativ:* 1. Stühle – 2. einen Sohn und eine Tochter, die Kinder – 3. die Lehrerin – 4. Die Suppe, das Brötchen – 5. den Wein, das Essen

8 einen – Der – eine – ein – - *(kein Artikel)* – die – Den – die – das – die – die – den – der – die – die – die – Der – den – die

17 Dativ

1 1. dem – 2. dem – 3. dem – 4. der – 5. der – 6. den – 7. dem – 8. dem

2 1. einer – 2. einem – 3. – *(kein Artikel)* Freunden – 4. einem – 5. einer – 6. einem – 7. einem – 8. *(kein Artikel)* Gästen

3 1. einem, Kindern – 2. einem, Babys – 3. einem, Männern – 4. einem, Freunden – 5. einer, Kolleginnen – 6. einer, Frauen – 7. einer, Omas – 8. einem, Opas

4 einer – einem – den – den – den Freunden – der – dem – dem – den – der – einem – dem – der – den Kindern – dem

5 keinem – keiner – keiner – keinem – keiner – keinem – keiner – keinem

6 meinem – ihrem – ihrer – ihren Kindern – meinen Eltern – ihren zwei Babys

7 der – der – einem – seiner – den Freunden – dem – den Freunden – einem – einem – dem

18 Possessivartikel

1 1. mein – 2. dein – 3. seine – 4. ihre – 5. unsere – 6. eure – 7. ihre – 8. Ihre

2 *Jörg:* seine – seine – sein – seine – sein – seine
Martina: ihr – ihre – ihre – ihr – ihr – ihre
Jörg und Martina: ihre – ihre – ihr – ihr

3 euer – Unser – eure – Unsere – eure – Unsere – unsere – unser

4 Ihrer: Frau Dorns – ihren: Lisas – ihren: Lisas – Ihrer: Frau Malls – Ihre: Frau Malls – ihren: Tims und Toms – Ihr: Frau Dorns – Ihr: Frau Dorns

5 meiner – Mein – seiner – ihren – ihren – seine – ihre – Meine – meinen – unseren – ihrem – seiner – Unsere – ihre – meinen – ihre

19 Artikel: interrogativ und demonstrativ

1 1 C – 2 A – 3 D – 4 B

2 1. Dieser. – 2. Diese. – 3. Diese. – 4. Dieses. – 5. Diese. – 6. Dieses. – 7. Dieser. – 8. Diese.

3 Welche – Dieses – welcher – Dieser – dieses

4 Welche – Diese – diese – diese – welche – diese

5 1. welcher – 2. welchem – 3. welchem – 4. welcher – 5. welchem – 6. Welchem
1 B – 2 C – 3 D – 4 A – 5 F – 6 E

6 Welchen – Diesen – welche – Diese – welchem – Welches – Dieses – Welches – dieses

7 welchem – diesem – diesen – diesem – Welchen

20 Personalpronomen: Akkusativ und Dativ

1 1 F – 2 D – 3 E – 4 B – 5 A – 6 C

2 es – sie – es – ihn

3 1. ihnen – 2. ihr – 3. uns – 4. ihr – 5. euch – 6. ihnen

4 1. Es geht mir gut. – 2. Es geht ihm gut. – 3. Es geht ihr gut. – 4. Es geht ihnen gut. – 5. Es geht mir gut. – 6. Es geht uns gut.

5 ihm – Ihnen – Ihnen – mir – ihr – uns – ihm

Lösungen

6 1. Ja, nur mit dir, nie ohne dich!

2. Ja, nur mit ihr, nie ohne sie!

3. Ja, nur mit ihnen, nie ohne sie!

4. Ja, nur mit euch, nie ohne euch!

5. Ja, nur mit ihm, nie ohne es!

6. Ja, nur mit ihm, nie ohne ihn!

7. Ja, nur mit uns, nie ohne uns!

7 Er – ihn – Er – ihn – ihm – ihn – er – mir – mich – mich – er – ihn – ihn – mich – Ich – mich

21 Verben mit Akkusativ und Dativ

1 1. Der Mann schreibt seiner/der Freundin eine E-Mail.

2. Dr. König gibt der Frau Tabletten.

3. Wir zeigen unseren/den Gästen das Haus.

4. Der Vater kauft seinem/dem Sohn einen Computer.

5. Die Mutter schenkt ihrer/der Tochter eine Puppe.

6. Ich verkaufe meinem/dem Freund das/mein/ein Auto.

7. Er serviert den/seinen Freunden (einen) Kaffee.

8. Sie kocht dem/ihrem Kind eine Suppe.

2 *Nominativ (schwarz):* Ich – ich – ich – ich – Ich – ich – ich – Ich

Akkusativ (blau): einen Ring – einen Ball – eine Puppe – Süßigkeiten – meine Familie – eine E-Mail – Filme

Dativ (rot): meiner Frau – meinem Sohn – meinem Töchterchen – Meinen beiden Kindern – meinem Vater

3 *nur ein Subjekt:* kommen – lachen – wohnen – schlafen – gehen – sein

ein Subjekt und ein Objekt: essen – trinken – lesen – treffen – lieben – besuchen – haben – möchten – finden

ein Subjekt, ein Objekt und eine Person: kochen – schenken – kaufen – servieren – verkaufen – geben – bringen – zeigen

4 der – den Kindern – die – Den – Die – den – die – den Kindern – dem – eine – der – eine – Die – die – die – die – Die – ein – den – die

5 Mein – meinem – einen – Mein – den – Meine – meinem – ihr – meine – ihrem – eine – die – Die – meinen – den – den – Meine – einen – Die – den – Der – Mein – seine – die – Meine – meinen – seine – Meine – die – meine – meinen

6 ihn – ihm – sie – Ihnen – sie – ihm

22 Verben mit Dativ

1 1. Der Mann antwortet der Frau. – 2. Der Mann gratuliert der Frau. – 3. Das Kind hilft dem Mann. – 4. Die Kinder hören der Oma zu.

2 1. Das Haus gefällt den Leuten. – 2. Der Wein schmeckt dem Mann nicht. – 3. Die Schuhe passen der Frau gut. – 4. Das Auto gehört dem Chef. – 5. Die Jacke steht dem Mädchen nicht gut. – 6. Der Film gefällt den Freunden. 7. Der Kopf tut der Frau weh.

3 1. Er antwortet mir.

2. Wir gratulieren ihr.

3. Ich helfe dir.

4. Die Kinder hören ihm zu.

4 1. Es tut mir leid. – 2. Es tut ihm leid. – 3. Es tut ihnen leid. – 4. Es tut ihr leid. – 5. Es tut dir leid. – 6. Es tut uns leid. – 7. Es tut ihm leid. – 8. Es tut euch leid.

5 1. Morgen Abend passt mir nicht. – 2. Frankfurt gefällt uns. – 3. Ulrike geht es schlecht. – 4. Die Suppe schmeckt wunderbar! – 5. Die Uhr gehört mir nicht. – 6. Die Hose passt mir nicht. – 7. Der Hals tut mir weh.

6 er – ihn – mir – Er – ihm – ihn – ihn – ihm – ihm – ihm – mir – ihn – mir

7 1a Der Mann schenkt der Frau Blumen. – 1b Die Blumen gefallen der Frau.

2a Der Ober serviert den Gästen das Essen. – 2b Das Essen schmeckt den Gästen.

3a Der Chef fragt die Sekretärin. – 3b Die Sekretärin antwortet dem Chef.

4a Das Mädchen schreibt dem Freund eine E-Mail. – 4b Der Freund liest den Brief.

5a Die Mutter kauft dem Kind eine Jacke. – 5b Die Jacke passt dem Kind.

6a Der Vater repariert dem Sohn das Fahrrad. – 6b Der Sohn hilft dem Vater.

7a Der Fuß tut dem Mann weh. – 7b Der Arzt hilft dem Mann.

 ## 23 Präteritum: *sein* und *haben*

1 warst – war – war – hatten – hatten – hattet – waren

2 Ich war müde / im Büro / in Paris. – Ich hatte keine Zeit / Probleme / eine Party.

Thomas war müde / im Büro / in Paris. – Thomas hatte keine Zeit / Probleme / eine Party.

Herr und Frau Müller waren müde / im Büro / in Paris. – Herr und Frau Müller hatten keine Zeit / Probleme / eine Party.

Ihr wart müde / im Büro / in Paris.

Du warst müde / im Büro / in Paris.

Meine Schwester und ich waren müde / im Büro / in Paris. – Meine Schwester und ich hatten keine Zeit / Probleme / eine Party.

3 warst – Hattest – war – waren – hatten – Wart – waren – Hattet – hatte – war – hatte – hatten

4 war – hatte – bin – ist – war – waren – waren – sind – sind

5 1. waren – 2. war – 3. hatten, hatten – 4. war – 5. hatte – 6. war, war – 7. hatte – 8. waren, war, war – 9. waren, bin – 10. habe

6 1. Früher hatte ich keine Kinder.

2. Früher war ich jung.

3. Früher hatten wir keine Autos.

4. Früher waren wir arm / nicht reich.

5. Früher hatte er kein Haus.

6. Früher hatten die Kinder keine Computer.

7. Früher waren nicht viele Leute allein.

8. Früher hattest du keine Familie.

9. Früher hattet ihr kein Geld.

10. Früher war sie nicht glücklich. / Früher war sie unglücklich.

11. Früher hatte ich Zeit.

12. Früher war der Mann jung.

13. Früher hatte man kein Handy.

7 Waren – war – hatten – waren – war – hatte – hatten

 ## 24 Perfekt mit *haben*

1 1. Er hat am letzten Wochenende gearbeitet.

2. Ich habe meine Freunde lange nicht gesehen.

3. Was hast du getrunken?

4. Habt ihr schon die Zeitung gelesen?

5. Haben Sie die Grammatik verstanden?

6. Wir haben ihn noch nicht gefragt.

2a 1. trinken – 2. lernen – 3. lesen – 4. sehen – 5. essen und trinken

2b 1. Heute trinkt er auch ein Mineralwasser.

2. Heute lernt er auch mit Freunden Deutsch.

3. Heute liest sie auch die Zeitung.

4. Heute sehen sie auch zusammen einen Film.

5. Heute essen und trinken sie auch im Restaurant.

Lösungen

3   1. Ich habe eine Pizza gegessen.
2. Ich habe einen Kaffee getrunken.
3. Ich habe eine Zeitung gelesen.
4. Ich habe einen Film gesehen.
5. Ich habe das Wort nicht verstanden.

4   1. Er hat eine Anzeige in der Zeitung gelesen. – 2. Er hat mit der Frau telefoniert. – 3. Er hat am Samstag die Frau getroffen. – 4. Sie haben in einem Café einen Cocktail getrunken. – 5. Sie haben viel gegessen. – 6. Er hat alles bezahlt. – 7. Sie hat „Danke schön" gesagt. – 8. Er hat sie nicht wiedergesehen. – 9. Er hat keine Anzeigen in der Zeitung mehr gelesen.

5   habe ... kennengelernt – habe ... getroffen – haben ... gegessen – haben ... getrunken – hat ... gefragt – habe ... geschlafen

25 Perfekt mit *sein*

1   ist – ist – bin – sind – ist – ist – sind – sind – sind – ist

2   Ich bin nach Rom geflogen. / jeden Tag früh aufgestanden. / im Vatikan gewesen. / eine Woche geblieben. / jeden Tag drei bis vier Stunden gelaufen. / oft Taxi gefahren.
Ich habe im Hotel gewohnt. / Spaghetti gegessen. / das Collosseum gesehen. / viel Spaß gehabt. / 20 Postkarten geschrieben. / viele Souvenirs gekauft.

3   bin – habe – bin – habe – bin – bin – habe

4   ist – habe – bin – habe – habe – bin – ist – haben – habe – hat – habe – bin – bin

5   1. Letztes Jahr haben wir drei Wochen Urlaub auf Hawaii gemacht.
2. Das Flugzeug ist um 8 Uhr in Frankfurt gestartet.
3. Wir sind um 15 Uhr in Hawaii angekommen.
4. Wir sind gleich ins Hotel gefahren.
5. Wir haben unsere Koffer ausgepackt.
6. Wir sind dann ins Bett gegangen.
7. Nach vier Stunden sind wir aufgewacht.
8. Dann haben wir die Stadt besichtigt.
9. Wir haben in einem schönen Restaurant gegessen.

26 Partizip Perfekt

1   1. abholen – 2. ankommen – 3. anfangen – 4. aussteigen – 5. bekommen – 6. denken – 7. einladen – 8. empfehlen – 9. essen – 10. fliegen – 11. fallen/gefallen – 12. gewinnen – 13. kennen – 14. laufen – 15. mitbringen – 16. nehmen – 17. schlafen – 18. schwimmen – 19. trinken – 20. sehen – 21. verlieren

2   1. angerufen – 2. eingestiegen – 3. geantwortet – 4. aufgemacht – 5. gebracht – 6. entschuldigt – 7. versucht – 8. gewaschen – 9. gegeben – 10. bestellt – 11. erzählt – 12. umgezogen

3   studiert – explodiert – diskutiert – probiert – repariert – gratuliert

4   *ge..........t:* gearbeitet, gefragt – *... ge .... t:* ausgemacht, angeklickt – *..............t:* besucht, diskutiert – *ge ....en:* gekommen, gefahren – *.....ge.....en:* abgeflogen, ferngesehen – *............en:* begonnen, vergessen

5   gemacht – teilgenommen – geflogen – geschlafen – angekommen – gefahren – ausgepackt – losgefahren – besichtigt – gelaufen – gemacht – gegessen – gegangen – angesehen – gewartet – eingekauft – probiert – besucht – eingeschlafen – zurückgekommen

27 Präteritum: Modalverben

1 musste – durfte – wollte – musstest – durfte – wollte – musstest – sollte – sollte – wollte – durfte – wollte – wollte – konntest – konnte – konnte – wollten – durften

2 wollte – durfte – konnte – musste – konnte – musste – konnte – musste – wollte – konnte – konnte – durfte

3 1. Aber noch vor drei Monaten musstest du arbeiten.

2. Aber früher konntest du nicht jeden Tag lang schlafen.

3. Aber letztes Jahr, mit fünf Jahren, konnte sie noch nicht lesen.

4. Aber vor drei Jahren konnte sie noch nicht Auto fahren.

5. Letztes Jahr durfte er noch nicht heiraten.

6. Aber früher wollte ich rauchen.

7. Aber bis 2006 durften die Gäste im Restaurant rauchen.

8. Und früher wolltest du keine Schokolade essen.

 28 Zeitengebrauch

1 Präsens – Präteritum – Präteritum – Perfekt – Präteritum – Präteritum – Perfekt – Perfekt – Perfekt – Präteritum – Präteritum – Präsens

2 war – wollte – hatten – haben ... gekauft – mussten – waren – haben ... gegessen und getrunken – bin ... gefahren – war – habe ... geschlafen

3 Gestern war ich glücklich. Ich musste nicht arbeiten. Ich hatte Zeit und ich konnte machen, was ich wollte. Ich habe meine Freundin angerufen. Sie hat mich besucht. Dann haben wir zusammen eingekauft. Danach haben wir einen Spaziergang am Main gemacht und in einem schönen Restaurant gegessen. Am Abend haben wir uns noch einen Film im Kino angesehen. Im Bett habe ich noch ein bisschen gelesen, dann habe ich geschlafen.

4 *Vergangenheit:* Letztes Jahr wollten wir im Urlaub nach Kanada fahren. – Wir hatten Glück, denn wir hatten Freunde in Toronto. – Wir konnten bei ihnen übernachten und mussten kein Hotel bezahlen. – Dort haben wir viele Museen besichtigt und sind abends ausgegangen. – Und ich habe in New York natürlich eingekauft. – Wir sind am Samstag zurückgekommen und leider musste ich am Montag wieder arbeiten.
Gegenwart: Wir fliegen nach Toronto und bleiben zwei Wochen da. – Deshalb können wir noch eine Woche Urlaub in New York machen. – Mein Mann ist gerne in Kneipen und mir machen die Museen Spaß.

29 Reflexive (und reziproke) Verben

1 1. uns, mich, dich, mich – 2. sich, sich, uns, sich

2 1. uns, sich – 2. euch, uns, euch, sich

3 1. es, mich – 2. ihn, dich – 3. sie, sich – 4. sie, sich – 5. sie, sich – 6. sie, uns – 7. sie, sich

4 1. Er ist noch im Bad, weil er sich rasieren will.

2. Sie steht vor dem Spiegel, weil sie sich schminkt.

3. Ich glaube nicht, dass die Kinder sich über die Geschenke gefreut haben.

4. Ich kann nicht kommen, weil ich mich anmelden muss.

5. Was macht ihr, wenn ihr euch bei der Arbeit geärgert habt?

5 1. sich ,- – 2. -, sich, sich, - – 3. sich, -

6 1. Jutta hat sich auf das Wochenende gefreut.

2. Sie hat sich an ein Restaurant erinnert.

3. Sie hat sich schick angezogen.

4. Sie hat sich mit Paolo getroffen.

5. Aber Paolo und Jutta haben sich über das schlechte Essen geärgert.

6. Sie haben sich beim Kellner beschwert.

7. Der Kellner hat sich entschuldigt und ihnen ein Glas Sekt gebracht.

Lösungen

30 Temporale Präpositionen

1 *obere Zeile:* im – am – am – - - um – im
untere Zeile: im – am – um – am – am

2 um – Von ... bis – Am – um – am – Nach – am – am – Am – in – im – vom ... bis zum – Im

3 *Beispiele:* 1. Im Winter, im Januar. – 2. Am Abend, in der Nacht. – 3. Um fünf Uhr. – 4. Am Wochenende. –
5. Um sieben Uhr. – 6. Bis elf Uhr. – 7. Am Abend, am Wochenende. – 8. Am Nachmittag, im Frühling, am
Sonntag. – 9. Im Herbst, im Winter.

4 zwischen – um – vor – um – von – bis – am – nach – Im – am – im – am

5 seit – im – im – in der – am – am – um – um – - - im

6 seit – im – seit – vor – nach – bis – ab

31 Präpositionen mit Dativ

1 aus dem – nach – zum – mit dem – von – bei – seit

2 mit – mit – mit – bei

3 1. zum, beim, vom – 2. zum, vom – 3. zur, bei der, von der – 4. zu den, bei den

4 1. nach – 2. nach, zum – 3. zum, nach

5 zum – seit – nach

6 aus – seit – mit – nach – zu – von – von – mit – mit – bei – mit – nach – Von – seit

32 Präpositionen mit Akkusativ

1 1. um – 2. durch – 3. für – 4. ohne – 5. gegen

2 1. um – 2. gegen – 3. durch – 4. um

3 1. gegen das – 2. durch den – 3. um den – 4. für meinen – 5. ohne ihre

4 1. für – 2. gegen – 3. um – 4. durch

5 sie – einer – meiner – die – den – den – einer – ihr – die – die – den

33 Wechselpräpositionen im Dativ

1

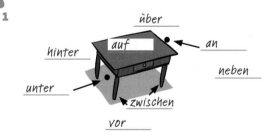

2 1. in – 2. auf – 3. an – 4. auf – 5. in – 6. an – 7. an – 8. auf

3 meinem – der – meinem – meinem – der – den – der – der – dem – Im – dem

4 1. Der Schrank ist an der Wand.

2. Die Lampe ist auf dem Schreibtisch.

3. Der Zettel ist am Bildschirm.

4. Der Computer ist unter dem Schreibtisch.

5. Das Telefon ist auf dem Telefonbuch.

6. Die Tastatur ist vor dem Bildschirm.

7. Die Bonbons sind hinter den Büchern.

8. Die Bücher sind im Schrank.

9. Der Bildschirm ist auf dem Schreibtisch.

10. Die Stifte sind auf dem Papier.

11. Die Maus ist zwischen der Tastatur und dem Telefonbuch.

12. Der Drucker ist neben dem Schreibtisch.

5 1. in der – 2. In welchem, im – 3. auf dem – 4. auf der – 5. am – 6. vor dem, am – 7. am – 8. im

34 Wechselpräpositionen mit Dativ und Akkusativ

1 *erste Zeile:* Auf das Buch. – Unter das Buch. – Hinter das Buch. – Über das Buch. – Vor das Buch.

zweite Zeile: An das Buch. – Neben das Buch. – Zwischen die Bücher. – In das Buch.

2 *Wohin?* gehen, bringen, fahren, steigen, fliegen

Wo? studieren, sein, sitzen, stehen, essen, spielen

3 1. F, G – 2. A – 3. D – 4. B, C, F, G – 5. B, F – 6. E – 7. B, F

4 1. Wo? – 2. Wohin? – 3. Wohin? – 4. Wo? – 5. Wohin? – 6. Wo? – 7. Wo? – 8. Wohin?

5 1. ans, am, die, einen, den, die – 2. ins, im, ein

6 1. unter dem Tisch, auf den Tisch – 2. auf dem Bett, auf den Tisch – 3. auf dem Stuhl, auf den Tisch – 4. auf dem Tisch, in den Schrank – 5. auf dem Boden, ins Regal – 6. auf dem Herd, neben das Sofa

35 Lokale Präpositionen

1 1. an / am – 2. in – 3. auf – 4. in / im – 5. bei – 6. bei / beim – 7. bei – 8. in – 9. an / am – 10. in / im – 11. auf – 12. in – 13 zu – 14. in / im – 15. im

2 1. in / ins – 2. zu / zum – 3. zu / zur – 4. an – 5. auf – 6. zu – 7. in – 8. nach – 9. in – 10. nach – 11. auf – 12. nach

3 *aus kann man sagen:* aus der Schule – aus Thailand – aus dem Krankenhaus – aus dem Kaufhaus – aus dem Schwimmbad

4 *in:* in das / ins Kino – in das / ins Meer – in den Park – in die Oper – in die Türkei – in das / ins Krankenhaus – in die Alpen

nach: nach Madrid – nach Hause

an: an das Meer / ans Meer – an den Strand

auf: auf den Berg – auf den Spielplatz – auf die Straße

zu: zu der / zur Chefin – zu Johannes – zu dem / zum Picknick

auch möglich: zu dem / zum Krankenhaus – zu dem / zum Spielplatz – zu dem / zum Meer – zu dem / zum Park – zur Oper – zu dem / zum Strand

5 *woher?* aus China – aus der Schweiz – aus dem Kino – vom Strand – vom Sportplatz – von Ikea – vom Arzt

wo? in China – in der Schweiz – im Kino – am Strand – auf dem Sportplatz – bei Ikea – beim Arzt

wohin? nach China – in die Schweiz – ins Kino – an den Strand / zum Strand – auf den Sportplatz / zum Sportplatz – zu Ikea – zum Arzt

6 vom – in den / zum – aus der / von der – aus dem – auf dem – zu – aus dem

aus – am – in – im – in die – zu – bei den – bei – bei – in – am – an den – im – ins

36 Nominativ und Akkusativ

1 1. nette, netter – 2. neue, neue – 3. bequeme, bequemes – 4. günstigen, günstige – 5. gute, guter – 6. intelligente, intelligentes – 8. dummen, dumme

2 1. bequemes, bequeme – 2. große, große – 3. schöne, schönen – 4. guten, guten

3 *Nominativ maskulin:* dumm – intelligenter – intelligente – intelligenter

Nominativ neutral: süß – weißes – süße – süßes

Nominativ feminin: faul – faule – faule – faule

Nominativ Plural: schön – freien – Freie – traurigen

Lösungen

Akkusativ: intelligenten – süße – faule – freien – intelligenten – süßes – faule – freie – intelligenten – süßes – faule – schönen

4 roten – roten – kurzen roten – kurze – weiße – gelbe – gelbe – schönes – blaue – schwarze – schwarze – roten

5 neue – teuer – großes – kleinen – moderne – schöne – süßes – neue

37 Dativ, Nominativ und Akkusativ

1 1. am zwölften Mai – 2. am zweiten November – 3. am vierten Januar – 4. am zehnten August – 5. am dritten Juli – 6. am nächsten Sonntag – 7. am übernächsten Freitag – 8. am letzten Samstag – 9. am nächsten Wochenende – 10. am vorletzten Wochenende

2 1. intelligenten – faulen – süßen – vielen kleinen
2. intelligenten – faulen – süßen – kleinen

3 1. netten, neuen – 2. spanischen, schönen – 3. neuen, neuen – 4. kleinen, kleinen – 5. sympathischen, sympathischen – 6. kleinen, kleinen

4 nächsten – große – schönen – guten – neuen – großes – tollen – ersten – neue – bekannten – neuer – nett – gutes – interessante

5 schönes – großen – lieben – reichen – einsam – junge – langen – großen – wunderbar – attraktiven – jungen – schönen – jungen – jungen – schön – großer – sportlicher – nächsten – übernächsten – überübernächsten – vierten – schöne – kleiner – grüner – hässlicher

38 Komparativ und Vergleichssätze

1 1. kleiner – 2. langsamer – 3. interessanter – 4. schlechter – 5. älter – 6. gesünder – 7. größer – 8. höher – 9. besser – 10. mehr – 11. lieber – 12. teurer

2 größer – kleiner – mehr – teurer – höher – mehr – bekannter

3 Ich trinke lieber Kaffee als Tee.
Meine Tochter liebe ich genauso sehr wie meinen Sohn.
Deutsch lernen macht so viel Spaß wie surfen, eine Party machen, Sport treiben.
Ich kann das genauso gut wie du.
Ich kenne den Sohn besser als den Vater.
Sie geht öfter ins Kino als ins Theater.
Sie sprechen fast genauso gut Deutsch wie ein Deutscher.
Der Film heute war besser als der Film letzte Woche.

4 1. Mezut und Sami laufen genauso schnell.
2. Marco läuft schneller als Mezut und Sami.
3. In meiner Tasse ist genauso viel Kaffee wie in deiner Tasse.
4. In Marias Tasse ist mehr Kaffee als in meiner und deiner Tasse.
5. Lena und Jonas schlafen genauso lange.
6. Mia schläft länger als Lena und Jonas.
7. In Frankfurt ist der Kirchturm genauso groß wie das Hochhaus.
8. Der Messeturm ist größer als der Kirchturm.

5 1. Ja, besser als dein Pudding.
2. Ja, lieber als einen Tee.
3. Ja, besser als das Brot.
4. Ja, lieber als Milch.
5. Ja, lieber als Fußball.
6. Ja, besser als die Hose.

6   1. ältere, alt, jüngeren, älteren

2. lieber, teureren, besser, billigeren

3. ältere, jüngere

39 Superlativ

1   1. freundlich, freundlicher, am freundlichsten, der freundlichste Mann

2. nett, netter, am nettesten, die netteste Frau

3. groß, größer, am größten, der größte Mann

4. viel, mehr, am meisten, die meisten Leute

5. gut, besser, am besten, das beste Kleid

6. hoch, höher, am höchsten, das höchste Haus

7. teuer, teurer, am teuersten, die teuersten Schuhe

2   1. schnellste / am schnellsten

2. teuersten, besten / am teuersten, am besten

3. meisten / am meisten

3   1. längste – 2. höchsten – 3. größte, zweitgrößte, drittgrößte – 4. größte – 5. bekanntesten

4   1. längste – 2. tiefste – 3. trockenste – 4. höchste – 5. meisten

5   1. am liebsten mag ich Tee

2. am besten finde ich Fußball.

3. am liebsten gehe ich ins Kino

4. am interessantesten findet sie die gelben Schuhe

6   1. am – 2. der – 3. die – 4. am – 5. am – 6. das – 7. am – 8. der

7   jünger – älter – früher – beste – größer – kleiner – größte – längere – längsten – mehr – am liebsten – schneller – besser – mehr

40 Hauptsätze verbinden (Position 0)

1   1. denn – 2. aber – 3. und – 4. oder

2   1. Am Samstag geht Lisa einkaufen und sie besucht am Sonntag ihre Freunde. / ... und am Sonntag besucht sie ihre Freunde.

2. Sie geht mit ihren Freunden in den Park oder sie sehen einen Film im Kino.

3. Am Samstag scheint die Sonne, aber am Sonntag regnet es. / ..., aber es regnet am Sonntag.

4. Am diesem Sonntag gehen sie ins Kino, denn das Wetter ist schlecht.

3   1. aber – 2. und – 3. und – 4. denn – 5. oder – 6. denn

4   1. Ich gehe gerne ins Kino und (ich gehe gerne) ins Theater.

2. Er kauft ein neues Handy und (er kauft) einen neuen Laptop.

3. Sie geht heute schwimmen und (sie) spielt Tennis.

4. Mein Bruder mag gerne Jazzmusik und ich (mag) klassische Musik.

5. Wir wollen zusammen für die Prüfung lernen und (wir wollen zusammen) in Urlaub fahren.

5   1. Gehen Sie am Samstagabend ins Kino oder (gehen Sie am Samstagabend) ins Theater?

2. Essen Sie gerne Schokolade oder (essen Sie) lieber Pizza?

3. Möchten Sie einen Kaffe oder (möchten Sie einen) Tee?

4. Möchten Sie den Kaffee mit Zucker oder (möchten Sie den Kaffee) ohne (Zucker)?

5. Soll ich das Fenster aufmachen oder ist es Ihnen zu kalt?

6   1. Ich gehe in die Stadt, denn ich möchte einkaufen.

2. Ich möchte eine Hose (kaufen) und eine Bluse kaufen.

3. Die rote Bluse ist sehr schön, aber (sie ist) zu teuer.

4. Soll ich die blaue (nehmen) oder die grüne nehmen?

5. Mir gefällt die blaue und (mir gefällt) die grüne.

6. Leider kann ich nur eine Bluse kaufen, denn ich habe nicht so viel Geld dabei.

Lösungen

41 Hauptsätze verbinden (Position 1)

1   1 C – 2 D – 3 A – 4 B

2   1 D – 2 B – 3 A – 4 C

3   1 C – 2 D – 3 A – 4 B

4   1. Deshalb habe ich meine Freunde eingeladen.
   2. Dann wollen wir in die Disko gehen.
   3. Sonst kann ich nicht tanzen.
   4. Dann haben wir viel Spaß.
   5. Deshalb möchte ich morgen lange schlafen.

5   1. Mein Kühlschrank ist leer, deshalb muss ich einkaufen gehen.
   2. Ich muss mich beeilen, sonst komme ich zu spät.
   3. Kannst du mir dein Handy leihen, sonst kann ich meinem Mann nicht Bescheid sagen.
   4. Lazaro muss heute lange arbeiten, deshalb kann er nicht kommen.
   5. Wir besichtigen die Stadt, dann gehen wir essen.
   6. Ich schreibe die E-Mail, dann schicke ich die E-Mail ab.
   7. Wir müssen einen Schirm mitnehmen, sonst werden wir nass.
   8. Meine Tochter ist krank, deshalb kann sie heute leider nicht zur Schule kommen.

6   deshalb – sonst – danach – deshalb

42 Nebensätze

1   1. Ich glaube, dass er gerne in die Disko geht. Er geht in die Disko, weil er tanzen will.
   Es macht ihm besonders viel Spaß, wenn seine Freunde mitkommen.
   2. Er geht zum Arzt, weil er Rückenschmerzen hat.
   Der Arzt sagt, dass er Gymnastik machen soll.
   Er kann auch ein Medikament nehmen, wenn die Schmerzen sehr stark sind.

2   1. Weil der Akku von meinem Handy leer ist.
   2. Weil ich so lange arbeiten musste.
   3. Weil es so warm ist.
   4. Weil sie gerade fernsieht.
   5. Weil ich nicht stören wollte.

3   Ich glaube, dass sie krank ist. – Ich denke, dass sie keine Lust hat. – Ich glaube, dass ihr Kind krank ist. – Ich glaube, dass sie arbeiten muss. – Ich denke, dass sie lange schlafen will. – Ich glaube, dass sie einkauft. – Ich denke, dass sie ihren Mann vom Flughafen abholt. – Ich denke, dass sie den Kurs vergessen hat. – Ich glaube, dass sie den Bus verpasst hat. – Ich glaube, dass sie sich ein bisschen ausruht.

4a   1. Er geht joggen, wenn die Sonne scheint.
   2. Er schläft lange, wenn er Urlaub hat.
   3. Er zieht sich schick an, wenn er sich mit seiner Freundin trifft.
   4. Er ärgert sich, wenn er länger arbeiten muss.
   5. Man darf ihn nicht stören, wenn er gerade fernsieht.

4b   1. Wenn die Sonne scheint, geht er joggen.
   2. Wenn er Urlaub hat, schläft er lange.
   3. Wenn er sich mit seiner Freundin trifft, zieht er sich schick an.
   4. Wenn er länger arbeiten muss, ärgert er sich.
   5. Wenn er gerade fernsieht, darf man ihn nicht stören.

5   1. Wann – 2. Wenn – 3. Wann, wenn – 4. Wann, Wenn

6   weil – wenn – weil – wenn – dass – dass

43 Positionsadverbien und Direktionaladverbien

1 Hinten – Vorne – Oben – Unten – Links – Rechts

2 *nach oben:* gehen, kommen, laufen, fahren
oben: sein, stehen, bleiben, wohnen

3 1. oben, nach oben – 2. unten, nach unten – 3. hinten, nach hinten – 4. vorne, nach vorne

4 1. -, nach – 2. nach – 3. -, -, nach, nach

5 1. dorthin/dahin, dort/da – 2. dorthin/dahin – 3. Dort/Da

6 1. im Juli – 2. nächste Woche – 3. im August/an meinem Geburtstag – 4. heute Abend

7 1. ◀ Kommst du auch ins Kino? ◀ Nein, da war ich gestern schon.

2. ◀ Was ist am 23. März? – Da ist Ostern.

3. ◀ Warst du schon einmal in Peru? ◀ Nein, da war ich noch nicht, aber ich möchte dorthin fahren.

◀ Fährst du im Mai mit uns nach Peru? ◀ Leider kann ich da nicht. Ich habe erst im Juli Urlaub.

44 Partikeln

2 1. Was hast du (denn) da mitgebracht?

2. Kannst du mir das (mal) zeigen?

3. Ich hatte (doch) keine Ahnung, dass du keinen Käse magst.

4. Kennst du (denn) schon die neue Nachbarin? – Ja, ich habe schon mit ihr gesprochen.

5. Bring mir (doch) eine Zeitung mit.

3 1. Nein, das ist doch viel zu spät!

2. Nein, die sind doch viel zu teuer.

3. Nein, der ist doch viel zu klein.

4. Das ist doch viel zu alt.

4 1. Wie war es denn im Urlaub?

2. Wie lange waren Sie denn in Brasilien?

3. Wie heißt du denn?

4. Wie lange sind Sie denn schon in Deutschland?

5a 1. Machen Sie doch bitte das Fenster auf.

2. Nehmen Sie doch noch ein Stück Kuchen.

3. Schreibt doch bitte eure Adresse auf.

4. Geh doch joggen.

5b 1. Ruf mal an.

2. Probier mal die Suppe.

3. Kommen Sie mal ins Sekretariat.

4. Geht mal ins Kino.

6 1. Partikel, Partikel, Antwort – 2. Partikel, Konjunktion – 3. Partikel – 4. Partikel, Partikel, Konjunktion, Antwort

45 Komposita

1 1. der Käsekuchen – 2. der Kinderarzt – 3. das Tischbein – 4. die Haarfarbe – 5. das Lehrerzimmer – 6. die Hausnummer – 7. der Fußballplatz 8. der Haustürschlüssel

2 1. der Straßenname – 2. die Toilettenbrille – 3. der Damenschuh

3 1. der Zeitungskiosk – 2. der Vertragspartner – 3. der Übernachtungspreis – 4. der Geburtstag

4 *Das kann man essen:* der Kopfsalat – das Pausenbrot – die Frühlingssuppe – der Pfannkuchen – der Blattsalat – das Wachtelei – das Hähnchenfleisch – das Dosengemüse – das Gartenobst

5 die Taschenlampe – die Balltasche – der Regenschirm – der Fußball – der Sonnenschirm – die Sonnenuhr – das Taschenbuch – das Telefonbuch – der Handball – der Lampenschirm – die Handtasche

6 A 5 – B 1 – C 6 – D 7 – E 4 – F 3 – G 2

Lösungen

46 Aus Wörtern neue Wörter machen

1 1. das Städtchen – 2. das Bäumchen – 3. das Kleidchen – 4. das Hündchen – 5. das Fingerchen – 6. das Kindchen

2 *Frauen:* die Ausländerin, -nen – die Verkäuferin, -nen – die Studentin, -nen – die Freundin, -n
Männer: der Pilot, -en – der Mathematiker, - – der Student, -en – der Freund, -e

3 1. Fernseher – 2. Reiskocher – 3. Wäschetrockner

4 1. die Lösung – 2. die Wohnung – 3. die Meinung – 4. die Vorbereitung – 5. die Erinnerung – 6. die Erklärung

5 1. Die Erklärung, erklären – 2. wohnen, Wohnung – 3. lösen, Lösung

6 1. Das Hören – 2. Das Sprechen – 3. das Lesen – 4. das Schreiben

7 1. Lesen – 2. Einkaufen – 3. Fernsehen – 4. Duschen – 5. Joggen – 6. Schreiben

47 Zusammengesetzte Verben

1 1. an – 2. aus – 3. auf – 4. zu

2 1. weg – 2. da – 3. da, weg

3 1. dafür – 2. dagegen – 3. dafür

4 1. nichts los – 2. viel los – 3. viel los – 4. nichts los

5 1. dabei – 2. an – 3. dabei – 4. an

6 1. los – 2. dabei – 3. auf – 4. zu – 5. dagegen – 6. weg – 7. aus – 8. an

7 1. Luise hat ein rotes Kleid an.
2. Was ist los?
3. Ist der Fernseher an?
4. Sie hat die Augen zu.
5. War Helmi gestern da?
6. Hast du das Buch dabei?
7. Das Licht ist nicht an.

48 Genusregeln

1 *der:* der Opel – der Frühling – der Ferrari – der Tequila – der Schnee – der Herbst
die: die Schönheit – die Emotion – die Liebe – die Konzentration – die Abteilung – die Farbe – die Arbeiterin
das: das Büro – das Fähnchen – das Häuschen – das Gefühl – Häuflein

2 1. der – 2. das – 3. der – 4. die – 5. die – 6. der

3 1. das Geschäft (Beginn Ge-) – 2. die Funktion (Ende -ion) – 3. der Wind (Wetter) – 4. das Männlein (Ende -lein) –
5 die Entschuldigung (Ende -ung) – 6. der Monat (Zeiträume) – 7. der Mercedes (Automarken) –
8. die Feindin (Ende -in) – 9. die Vase (Ende -e) – 10. die Freiheit (Ende -heit) – 11. das Fläschchen (Ende -chen) – 12.
die Yamaha (Motorradmarken) – 13. der Rum (Alkohol) – 14. das Konto (Ende -o)

4 1. die Ausstellung – 2. das Päckchen – 3. die Portion – 4. die Nachbarin – 5. die Kawasaki – 6. das Geschenk –
7. die Lampe – 8. das Radio – 9. das Kindlein – 10. die Möglichkeit – 11. der Mitsubishi – 12. der Monat

5 1. der, der, ! das, der – 2. der, ! die, der, der – 3. die, die, ! der, die – 4. ! das, der, der, der – 5. das, das, ! die, das –
6. der, ! die, der, der – 7. der, der, ! das, der – 8. das, das, das, ! die

49 Präteritum

1 traf – treffen, gewann – gewinnen, lief – laufen, blieb – bleiben, fuhr – fahren, schlief – schlafen, zog an –
anziehen, kam – kommen, dachte – denken, hieß – heißen, fing an – anfangen, brachte mit – mitbringen, ging –
gehen, verlor – verlieren, wusch – waschen

2 liebten – heirateten – lebten – arbeitete – freute – kaufte ein – verdiente – kaufte – suchte – verkaufte – wünschte – suchte

3 bekam – begann – verbrachte – ging – lag – schlief – gab

4 stand ... auf – schliefen – fand – setzte – startete – fuhr – blieb – fand – rief – brachten – schliefen

5 war – hieß – war – heiratete – brachte ... mit – musste – kochte – wusch – putzte – gab – ging – tanzte – verliebte – lief – verlor – wollte – hatte – suchte – sagten – passte – passte – lebten

50 Plusquamperfekt

1 1. ich hatte gemacht – 2. er war gefahren – 3. wir hatten gegeben – 4. Sie hatten verloren – 5. ihr wart gegangen – 6. sie hatten gearbeitet – 7. sie hatte vergessen – 8. du hattest gebracht – 9. es war geblieben

2 1C – 2A – 3D – 4B

3 Er war traurig. Seine Freunde waren weggefahren.
Er hat die Prüfung bestanden. Er hatte sich sehr gut vorbereitet.
Die Arbeit war fertig. Alle hatten mitgeholfen.
Ich war müde. Ich hatte die ganze Nacht gefeiert.
Sie hat den Film nicht richtig verstanden. Sie hatte den Anfang verpasst.
Sie war stinksauer. Er hatte Rotwein über das Kleid geschüttet.

4a 1. Wir hatten eine neue Wohnung gefunden. Wir haben das Umzugsunternehmen bestellt.
2. Wir hatten das Umzugsunternehmen bestellt. Wir haben alle Sachen in Kisten eingepackt.
3. Wir hatten alle Sachen in Kisten eingepackt. Wir haben die Kisten und Möbel in das Umzugsauto getragen.
4. Wir hatten alles in das Umzugsauto eingeladen. Wir sind zur neuen Wohnung gefahren.
5. Wir waren an der neuen Wohnung angekommen. Wir haben alles in die Wohnung getragen.
6. Wir hatten alles in die Wohnung getragen. Wir haben alle Helfer zum Essen eingeladen.

4b 1. Nachdem wir eine neue Wohnung gefunden hatten, haben wir das Umzugsunternehmen bestellt.
2. Nachdem wir das Umzugsunternehmen bestellt hatten, haben wir alle Sachen in Kisten eingepackt.
3. Nachdem wir alle Sachen in Kisten eingepackt hatten, haben wir die Kisten und Möbel in das Umzugsauto getragen.
4. Nachdem wir alles in das Umzugsauto eingeladen hatten, sind wir zur neuen Wohnung gefahren.
5. Nachdem wir an der neuen Wohnung angekommen waren, haben wir alles in die Wohnung getragen.
6. Nachdem wir alles in die Wohnung getragen hatten, haben wir alle Helfer zum Essen eingeladen.

5 1. bin, war, habe, hatte, war
2. hatte, ist, hat, war, hatte
3. hatte, hat, hatten, haben

6a 1C – 2D – 3B – 4A – 5F – 6E

6b 1. Nachdem ich auf den Wecker gesehen hatte, bin ich schnell aufgestanden.
2. Nachdem ich einen schnellen Kaffee getrunken hatte, habe ich den Mantel angezogen und die Arbeitstasche genommen.
3. Nachdem ich lange auf den Bus gewartet hatte, habe ich ein Taxi gerufen.
4. Nachdem das Taxi endlich gekommen ist, habe ich dem Taxifahrer ein Extra-Trinkgeld gegeben.
5. Nachdem ich über mehrere rote Ampeln gefahren bin, bin ich zur Firma gekommen.
6. Nachdem der Taxifahrer wieder weggefahren war, habe ich gemerkt, dass Sonntag ist.

51 Reflexivpronomen im Dativ

1 1. mich, mir – 2. dich, dir – 3. sich, sich – 4. sich, sich – 5. dich, dir – 6. uns, uns – 7. euch, euch – 8. mich, mir

2 1D – 2F – 3A – 4E – 5B – 6C

3 1. Hast du dir schon <u>eine Zeitung</u> gekauft?
2. Beim Volleyball hat er sich <u>den Finger</u> gebrochen.
3. Warum machst du dir <u>Sorgen</u>?
4. Bei uns zu Hause ziehen wir uns immer <u>die Schuhe</u> aus.
5. Er wünscht sich zum Geburtstag <u>ein neues Fahrrad</u>.
6. <u>Was</u> wünscht er sich zum Geburtstag?

Lösungen

4a 1. Er wünscht <u>sich</u> ein Pferd.

2. Er hat <u>sich</u> geschnitten.

3. Er kauft <u>sich</u> einen BMW.

4. Er macht <u>sich</u> keine Sorgen.

5. Er unterhält <u>sich</u> gut auf der Party.

6. Er lässt <u>sich</u> für ein paar Tage krankschreiben.

7. Er nimmt <u>sich</u> immer viele Dinge vor.

8. Er kann <u>sich</u> nicht vorstellen, dass es bald Sommer wird.

4b 1. Ich wünsche mir auch ein Pferd.

2. Ich habe mich auch geschnitten.

3. Ich kaufe mir auch einen BMW.

4. Ich mache mir auch keine Sorgen.

5. Ich unterhalte mich auch gut auf der Party.

6. Ich lasse mich auch für ein paar Tage krankschreiben.

7. Ich nehme mir auch immer viele Dinge vor.

8. Ich kann mir auch nicht vorstellen, dass es bald Sommer wird.

5 1. mich – 2. mir – 3. dir – 4. dich

6 1. Wir machen uns Sorgen um unsere Tochter.

2. Sie lässt sich eine neue Frisur machen.

3. Ich lasse mir den Termin bestätigen.

4. Ich lasse mir einen internationalen Führerschein ausstellen.

5. Man soll sich einen Vertrag immer genau durchlesen.

6. Man muss sich schon am ersten Tag krankmelden.

7. Krankenschwestern müssen sich häufig die Hände waschen.

7 1. euch – 2. mich, mich, mir, mir – 3. mich – 4. dich – 5. sich – 6. mir – 7. sich – 8. sich, sich – 9. mir – 10. uns

52 Trennbare und untrennbare Verben

1a verbieten – empfehlen – bezahlen – erzählen

1b Ich lade meine Nachbarin zum Essen ein.

Ich rufe die Firma an.

Ich verbiete dem Kind das Fernsehen.

Ich mache die Lampe aus.

Ich empfehle der Kollegin das Restaurant.

Ich bezahle die Rechnung.

Ich räume das Zimmer auf.

Ich erzähle die Geschichte.

2 eingestiegen – angesprungen – ausgestiegen – entschieden – bezahlt – abgefahren – angerufen – mitgeteilt – versucht – angehalten – angekommen – erklärt – verstanden – entspannt

3 1. Ich habe viel Spaß, wenn ich fernsehe.

2. Es ist gut, wenn du die Schuhe ausziehst.

3. Ich finde es toll, wenn ihr Essen zur Party mitbringt.

4. Man ist glücklich, wenn man im Lotto gewinnt.

5. Ich hasse, wenn ich im Büro einschlafe.

6. Man hat Stress, wenn man sich um einen neuen Job bewirbt.

4 Ich habe keine Lust, einkaufen zu gehen.

Ich habe keine Lust, die Wohnung aufzuräumen.

Ich habe keine Lust, meine Arbeit zu beginnen.

Ich habe keine Lust, die Waschmaschine anzumachen.

Ich habe keine Lust, die Kleidung aus der Reinigung abzuholen.

Ich habe keine Lust, das Essen vorzubereiten.

Ich habe keine Lust, die Kinder zu erziehen.

Ich habe keine Lust, aufzustehen.

Ich habe keine Lust, meinem Mann die Situation zu erklären.

5 zu verreisen – entschieden – wegzufahren – empfohlen – angefangen – schlafe … aus – erhole – gehe … aus – besichtige – abgefahren – verlassen – vergessen – zurückgefahren – erinnert – mitgenommen – losgefahren – verpasst – wegfahre – passe … auf – mitnehme

53 Verben mit Präpositionen

1 1D – 2E – 3A – 4C – 5B

2 1. Er ärgert sich über den Stau.

2. Wir sprechen über eine Party.

3. Wir sprechen mit unseren Nachbarn. / Wir sprechen über unsere Nachbarn. (Thema)

4. Er telefoniert mit seiner Freundin.

5. Sie nehmen am Deutschkurs teil.

6. Sie kümmern sich um die kranke Nachbarin.

3 warten – auf – Worauf? – Auf wen?

träumen – von – Wovon? – Von wem?

denken – an – Woran? – An wen?

fragen – nach – Wonach? – Nach wem?

diskutieren – über, mit – Worüber? Womit? – Über wen?, Mit wem?

sich interessieren – für – Wofür? – Für wen?

4 1D – 2E – 3A – 4B – 5F – 6C

5 1a. Worauf wartet ihr? / Worauf warten Sie?

1b. Auf wen wartet ihr schon lange? / Auf wen warten Sie schon lange?

2a. Worauf freuen sich die Kinder?

2b. Auf wen freuen sich die Kinder?

3a. Womit beschäftigt ihr euch? / Womit beschäftigen Sie sich?

3b. Mit wem beschäftigt ihr euch? / Mit wem beschäftigen Sie sich?

4a. Woran hat keiner gedacht?

4b. An wen hat keiner gedacht?

6 1. gratulieren zu + Dativ – 2. sich erinnern an + Akkusativ – 3. erzählen von + Dativ – 4. sich vorbereiten auf + Akkusativ – 5. sich beschweren über + Akkusativ

7 1. auf – 2. Worüber – 3. Worauf – 4. auf

8 für – auf – über – von – mit – mit – über – für – für – an – für – für

54 Präpositionaladverbien und Präpositionalpronomen

1 1. daneben – 2. dahinter – 3. davor – 4. daneben – 5. daran

2 1. Ich muss jetzt das Mittagessen kochen. Dabei höre ich immer Radio.

2. Ich räume erst noch auf. Danach können wir Kaffee trinken.

3. Ich will jetzt noch nicht putzen. Davor möchte ich mich noch ausruhen.

4. Lukas will Fußball spielen gehen. Davor muss er seine Hausaufgaben machen.

5. Erzähl mir doch von deinem Wochenende. Dabei können wir gemütlich einen Kaffee trinken.

3 über – Worüber? – darüber – Über wen? – über mich, …

um – Worum? – darum – Um wen? – um mich, …

mit – Womit? – damit – Mit wem? – mit mir, …

bei – Wobei? – dabei – Bei wem? – bei mir, …

von – Wovon? – davon – Von wem? – von mir, …

vor – Wovor? – davor – Vor wem? – vor mir, …

für – Wofür? – dafür – Für wen? – für mich, …

auf – Worauf? – darauf – Auf wen? – auf mich, …

Lösungen

4   1. dafür, wofür

2. darauf, worauf

3. damit, womit

5   1. mit ihr, mit wem

2. nach ihr, nach wem

3. auf ihn, auf wen

6   1. Ja, ich interessiere mich dafür.

2. Ja, ich interessiere mich für sie.

3. Ja, ich ärgere mich darüber.

4. Ja, ich ärgere mich über sie.

5. Ja, ich kann mich auf sie verlassen.

6. Ja, ich kann mich daran gewöhnen.

7   1. daran – 2. darüber – 3. davon – 4. darauf – 5. dafür

55 Konjunktiv 2: Formen

1   1. würde ... fliegen / würdest ...mitkommen

2. würden ... kaufen

3. Würdet ... helfen

4. würde ... ziehen

2   1. hättest – 2. wäre – 3. hätten – 4. wäre / wären – 5. wäre

3   1. müssten – 2. könnte – 3. dürften – 4. könnte – 5. sollte

4   wären – müsste ... tragen – könnten ... schwimmen – hätten – würde ... auswandern

wäre – hätte – würde ... bekommen – würde ... wissen – würde ... kaufen

5   1. Aber wenn ich viel Geld hätte, könnte ich eine Weltreise machen.

2. Aber wenn seine Freunde nicht alle in einer anderen Stadt wären, wäre er nicht so viel allein.

3. Aber wenn sie ein Sprachgenie wäre, müsste sie die Wörter nicht sehr oft wiederholen.

4. Aber wenn er nicht sehr alt wäre, könnte er so schnell laufen.

5. Aber wenn sie ein Auto hätten, müssten sie nicht mit dem Fahrrad fahren.

6   1. Konjunktiv 2 / Konjunktiv 2

2. Präteritum / Präteritum

3. Konjunktiv 2

4. Präteritum / Präteritum

5. Konjunktiv 2 / Konjunktiv 2

56 Konjunktiv 2: Gebrauch

1   1. Er wäre gerne größer.

2. Sie hätte gerne ein Elektro-Fahrrad.

3. Wir hätten gerne ein neues Auto.

4. Sie würden gerne reisen.

5. Er würde gerne besser tanzen können.

2   1G: Wenn Blumen sprechen könnten, wäre es im Garten laut.

2D: Wenn Katzen Vegetarier wären, hätten die Mäuse keine Angst.

3H: Wenn Autos fliegen könnten, würde es keinen Stau auf der Straße geben.

4E: Wenn Deutschland in Afrika liegen würde, wäre es wärmer und es würde nicht so viel regnen.

5A: Wenn Elefanten klettern könnten, wären viele Bäume kaputt.

6C: Wenn Roboter alle Arbeit machen könnten, hätten Menschen immer Freizeit.

7B: Wenn Babys lesen und schreiben könnten, müssten Kinder nicht zur Schule gehen.

8F: Wenn alle Menschen gleich gut Fußball spielen könnten, würde es keine Weltmeisterschaft geben.

3 Könnten Sie mir bitte Geld wechseln?

Könnten Sie mir bitte ein Glas Wasser geben?

Könnten Sie mir bitte mit dem Kinderwagen helfen?

Könnten Sie mich bitte vorbeilassen?

Könnten Sie bitte das Fenster schließen?

Könnten Sie mir bitte sagen, wie spät es ist?

4 1. Sie sollten weniger Schuhe kaufen.

2. Sie sollten weniger Computerspiele spielen.

3. Sie sollten es trotzdem machen.

4. Sie sollten sich gut vorbereiten.

5. Sie sollten einen Tanzkurs machen.

5 1. Du könntest ins Kino gehen.

2. Wir könnten zum Inder gehen.

3. Wir könnten zu Hause fernsehen.

4. Ich könnte dir helfen.

5. Du könntest zu mir kommen.

6. Ich könnte dir Geld leihen.

6 1C – 2D – 3E – 4A – 5B – 6A

57 Passiv Teil 1

1 1. Ein Paket wird gesendet.

2. Ich werde operiert.

3. Die Getränke werden verkauft.

4. Ihr werdet informiert.

5. Sie werden abgeholt.

6. Du wirst nach Hause gebracht.

7. Der Olympiasieg wird gefeiert.

8. Die Pizza wird bestellt.

9. Wir werden vom Arzt behandelt.

2 1. Ich muss operiert werden.

2. Die Bremsen vom Auto müssen kontrolliert werden.

3. Du willst vom Arzt behandelt werden.

4. Wir müssen untersucht werden.

5. Eis darf hier nicht gegessen werden.

3 1. Die Kleidung wird in Koffer und Taschen eingepackt.

2. Die Blumen und der Haustürschlüssel werden zu den Nachbarn gebracht.

3. Der Kühlschrank wird leer geräumt und abgestellt.

4. Die Fenster in allen Räumen werden geschlossen.

5. Die elektrischen Geräte werden ausgestellt.

6. Die Taschen und Koffer werden ins Auto gepackt.

4 1. In Deutschland isst man viele Kartoffeln.

2. In Baden isst man auch häufig Spätzle und Knödel.

3. In Wien kann man Sachertorte probieren.

4. In Argentinien isst man viel Rindfleisch.

5a 1. In Norddeutschland und in Bayern wird viel Bier getrunken.

2. In der Pfalz und in Baden-Württemberg wird viel Wein getrunken.

3. In Hessen kann Apfelsaft und Apfelwein getrunken werden.

4. Zum Frühstück wird in Deutschland viel Kaffee getrunken.

5b 1. Ich wusste (nicht), dass in Norddeutschland und Bayer viel Bier getrunken wird.

2. Ich wusste (nicht), dass in der Pfalz und in Baden-Württemberg viel Wein getrunken wird.

3. Ich wusste (nicht), dass in Hessen Apfelsaft und Apfelwein getrunken werden kann.

4. Ich wusste (nicht), dass in Deutschland zum Frühstück meistens Kaffee getrunken wird.

Lösungen

6
1. Hier darf kein Eis gegessen werden.
2. Hier darf man kein Eis essen.
3. Hier darf das Handy nicht angeschaltet werden.
4. Hier darf man das Handy nicht anschalten.
5. Hier dürfen keine Schuhe getragen werden.
6. Hier darf man keine Schuhe tragen.
7. Hier darf das Auto nicht geparkt werden.
8. Hier darf man das Auto nicht parken.

58 Passiv Teil 2

1a
1. Die Zeitung wurde gelesen. / Die Zeitung ist gelesen worden.
2. Eine Mail wurde geschrieben. / Eine Mail ist geschrieben worden.
3. Ich wurde operiert. / Ich bin operiert worden.
4. Du wurdest zur Party eingeladen. / Du bist zur Party eingeladen worden.
5. Wir wurden gut behandelt. / Wir sind gut behandelt worden.
6. Diese Kinder wurden schlecht erzogen. / Diese Kinder sind schlecht erzogen worden.
7. Sie wurden falsch informiert. / Sie sind falsch informiert worden.
8. Die Bücher wurden zu einem günstigen Preis angeboten. / Die Bücher sind zu einem günstigen Preis angeboten worden.

1b
1. Der Verletzte musste operiert werden.
2. Die Bremsen mussten repariert werden.
3. Du musstest gefragt werden.
4. Ich wollte schnell bedient werden.
5. Der Anruf konnte nicht weitergeleitet werden.

2
1945 wurde der Krieg beendet.
Nach dem Krieg wurde Deutschland in zwei Staaten geteilt.
1949 wurde der 1. Bundestag gewählt.
1961 wurde die Mauer gebaut.
Am 9. November 1989 wurde die Mauer in Berlin geöffnet.
Am 3. Oktober 1990 wurden die beiden deutschen Staaten wiedervereinigt.

3
1. Wann ist Aspirin entdeckt worden? (im 19. Jahrhundert)
2. Von wem wurde Amerika entdeckt? (Leif Eriksson, Christopher Kolumbus, vielleicht auch von dem Chinesen Zheng He)
3. Wo wurde der Buchdruck erfunden? (in China)
4. Wie lange wurde der Kölner Dom gebaut? (600 Jahre)
5. Wann wurde das erste Handy verkauft? (1983)
6. Wo wurde schon vor 3500 Jahren Glas produziert? (in Ägypten)

4
1. Die E-Mails sind schon beantwortet worden.
2. Die Geschäftspartner sind schon eingeladen worden.
3. Die Rechnungen sind schon bezahlt worden.
4. Der Vertrag ist schon unterschrieben worden.
5. Die Papiere sind schon sortiert worden.
6. Der Kaffee ist schon gekocht worden.

5
Ein Geschäftspartner musste gefunden werden.
Die Geschäftsidee musste ausprobiert werden.
Eine Finanzierung musste geplant werden.
Ein Kredit musste aufgenommen werden.
Ein Laden musste gemietet werden.

Die Räume mussten renoviert werden.

Waren mussten gekauft werden.

Der Laden musste eröffnet werden.

6 1. Die Prüfung musste gut vorbereitet werden.

2. Die Wörter sind wiederholt worden.

3. Die Dialoge sind mit einem Partner geübt worden.

4. Viele Hörtexte sind gehört worden.

5. In der kurzen Zeit konnte nicht alles perfekt gemacht werden.

6. Nach der Prüfung wird eine Party gefeiert.

7. Oft wird alles wieder vergessen.

7 1. Ein neuer Saturnmond ist entdeckt worden. / Ein neuer Saturnmond wurde entdeckt.

2. Eine Bank im Zentrum ist überfallen worden. / Eine Bank im Zentrum wurde überfallen.

3. Ein neues Schwimmbad ist eröffnet worden. / Ein neues Schwimmbad wurde eröffnet.

4. Ein Baby ist von einem Schwan gebissen worden. / Ein Baby wurde von einem Schwan gebissen.

5. Der Präsident ist mit großer Mehrheit gewählt worden. / Der Präsident wurde mit großer Mehrheit gewählt.

59 Vermutung und Zukunft mit Futur 1

1 1E – 2D – 3C – 4A – 5F – 6B

2 1. Paul wird wohl wie so oft zu spät kommen.

2. Ich werde bestimmt sehr ärgerlich auf ihn sein.

3. Wir werden uns wohl streiten.

4. Wir werden wahrscheinlich keine Lust mehr haben, ins Restaurant zu gehen.

5. Unsere Freunde werden einen wunderschönen Abend ohne uns verbringen.

6. Ich werde wahrscheinlich sehr unglücklich sein.

3 1. Es wird wahrscheinlich gleich schneien.

2. Die Straßen werden wahrscheinlich glatt sein.

3. Es wird wahrscheinlich viele Unfälle geben.

4. Wir werden das Auto wahrscheinlich stehenlassen.

5. Wir werden wahrscheinlich spät nach Hause kommen.

4 1. Ich glaube, dass sie viel Geld hat. / Sie wird wohl viel Geld haben.

2. Ich glaube, dass sie ungefähr 30 Jahre alt ist. / Sie wird wohl ungefähr 30 Jahre alt sein.

3. Ich glaube, dass sie verheiratet ist. / Sie wird wohl verheiratet sein.

4. Ich glaube, dass sie Kinder hat. / Sie wird wohl Kinder haben.

5. Ich glaube, dass sie Lehrerin oder Ärztin ist. / Sie wird wohl Lehrerin oder Ärztin sein.

5 1a. B – 1b. A – 2a. A – 2b. B – 3a. A – 3b. B

6 1. Morgen trifft er sich mit Freunden.

2. Nächste Woche zieht er um.

3. Nächsten Monat fängt er eine neue Arbeit an.

4. In einem halben Jahr heiratet er.

5. Nach der Hochzeit macht er eine Hochzeitsreise nach Südamerika.

6. In zehn Jahren hat er zwei Kinder.

7 1. Am kommenden Montag wird die Präsidentin im Parlament sprechen.

2. Morgen wird der König zu einem offiziellen Besuch in die Schweiz fliegen.

3. Nächstes Jahr werden die Deutschen ein neues Parlament wählen.

4. Nächsten Monat werden in Wien die Weltmeisterschaften stattfinden.

60 Funktionen von *werden*

1 1. Prozess – 2. Vermutung – 3. Prozess – 4. Zukunft – 5. Passiv – 6. Passiv

2a 1. wird ... besuchen – 2. werde – 3. will ... werden – 4. werden ... produziert – 5. wird – 6. werden ... geschält – 7. wird – 8. wird ... entscheiden – 9. wird ... geputzt – 10. wird ... ankommen – 11. wird ... kommen

2b Prozess: 2,3,5,7 – Passiv: 4,6,9, – Zukunft/Vermutung: 1,8,10,11

Lösungen

3a 1. Ich <u>werde</u> krank. – Der Arzt <u>wird</u> angerufen.

2. Nur Obst <u>wird</u> gegessen. – Man <u>wird</u> schlank.

3. Etwas Unangenehmes <u>wird</u> gesagt. – Man <u>wird</u> rot.

4. Es <u>wird</u> kalt. – Die Heizung <u>wird</u> angestellt.

5. Meine Tochter <u>wird</u> 18 Jahre alt! – Eine große Party <u>wird</u> gefeiert.

6. Man <u>wird</u> immer dicker. – Eine Diät <u>wird</u> gemacht.

7. Er <u>wird</u> sechs Jahre alt. – Er <u>wird</u> eingeschult.

3b 1. Ich bin krank geworden. Der Arzt ist gerufen worden.

2. Nur Obst ist gegessen worden. Man ist schlank geworden.

3. Etwas Unangenehmes ist gesagt worden. Man ist rot geworden.

4. Es ist kalt geworden. Die Heizung ist angestellt worden.

5. Meine Tochter ist 18 Jahre alt geworden. Eine große Party ist gefeiert worden.

6. Man ist immer dicker geworden. Eine Diät ist gemacht worden.

7. Er ist sechs Jahre alt geworden. Er ist eingeschult worden.

4 1. worden, Passiv – 2. geworden, Prozess – 3. worden, Passiv – 4. worden, Passiv – 5. geworden, Prozess – 6. geworden, Prozess – 7. geworden, Prozess – 8. worden, Passiv

5 werden – geworden – worden – geworden – worden – werden – geworden

61 Das Verb *lassen*

1 1. Nein, du kannst den Schirm zu Hause lassen.

2. Nein, du kannst die Brille hier lassen.

3. Nein, du kannst die Bücher in der Schule lassen.

4. Nein, du kannst die Tasche im Auto lassen.

5. Du kannst das Auto vor der Garage lassen.

2 1. Lassen Sie Ihre Tochter in die Disko gehen?

2. Lassen Sie Ihren Sohn alleine in den Urlaub fahren?

3. Lassen Sie Ihre Sekretärin früher nach Hause gehen?

4. Lassen Sie Ihren Hund im Bett schlafen?

5. Lassen Sie Ihre Freunde im Auto rauchen?

3a 1. Nein, er lässt seinen Kaffee kochen.

2. Nein, er lässt die Dokumente kopieren.

3. Nein, er lässt die Präsentation vorbereiten.

4. Nein, er lässt die Blumen für seine Frau kaufen.

5. Nein, er lässt seine Frau anrufen.

3b 1. Er hat seinen Kaffee kochen lassen.

2. Er hat die Dokumente kopieren lassen.

3. Er hat die Präsentation vorbereiten lassen.

4. Er hat die Blumen für seine Frau kaufen lassen.

5. Er hat seine Frau anrufen lassen.

4 1. nicht mitnehmen – 2. nicht selbst machen – 3. (nicht) erlauben – 4. nicht mitnehmen – 5. nicht selbst machen – 6. (nicht) erlauben

5 1. untersuchen lassen – 2. Lass – 3. lässt ... machen – 4. lassen ... drucken – 5. lässt ... sagen – 6. schneiden ... lassen

6a 1A – 2B – 3C – 4A – 5C – 6B – 7A

6b 1. Ich habe meine Tasche zu Hause gelassen.

2. Ich habe mein Kind Schokolade essen lassen.

3. Ich habe mich vom Arzt untersuchen lassen.

4. Ich habe mein Fahrrad hier gelassen.

5. Ich habe meine Waschmaschine reparieren lassen.

6. Ich hab meinen Mann lange schlafen lassen.

7. Ich habe mein Gepäck am Bahnhof gelassen.

62 Positions- und Direktionsverben

1 1. Das Buch steht. – 2. Das Buch liegt. – 3. Der Schuh steht. – 4. Der Schuh liegt. – 5. Der Hund steht. – 6. Der Hund sitzt. – 7. Die Tasche steht. – 8. Die Tasche liegt. – 9. Die Tasche hängt.

2

	Position	Direktion
Die Blumen stehen auf dem Tisch • ~~auf den Tisch~~.	x	
Er stellt das Auto ~~vor der Garage~~ • vor die Garage.		x
Die Mutter legt das Baby ~~im Bett~~ • ins Bett.		x
Der Opa liegt gemütlich auf dem Sofa • ~~auf das Sofa~~.	x	
Wir sitzen gemütlich am Tisch • ~~an den Tisch~~.	x	
Sie setzt sich ~~neben dem Freund~~ • neben den Freund.		x
Der Mantel hängt an der Garderobe • ~~an die Garderobe~~.	x	
Wir hängen die Lampe ~~über dem Tisch~~ • über den Tisch.		x

3 1. Stell, liegt – 2. setzen, stehe – 3. lege, liegt – 4. liegen, stehen – 5. stellen, sitzen

4 1. Sie hat die Kleider auf das Bett ~~gelegen~~ • gelegt.

2. Dann hat sie die Blusen an den Schrank gehängt • ~~gehangen~~.

3. Ein Koffer hat auf dem Boden ~~gestellt~~ • gestanden.

4. Sie hat sich auf das Bett gesetzt • ~~gesessen~~.

5. Ihr Mann hat neben ihr auf dem Stuhl ~~gesetzt~~ • gesessen.

6. Neben ihm hat ein Strauß Blumen auf dem Boden ~~gelegt~~ • gelegen.

7. Sein Foto hat noch über dem Bett ~~gehängt~~ • gehangen. ... Sie ist dann doch geblieben.

5 1. steht, die, gestellt – 2. gelegt, liegt, dem – 3. stehen, den, gestellt – 4. setzt, sitze

6

stehen	liegen	sitzen
die Tasse auf dem Tisch	der Stift auf dem Tisch	die Brille auf der Nase
der Teller im Schrank	das Kissen auf dem Bett	der Vogel auf dem Baum
die Blume in der Vase	das Messer auf dem Tisch	
das Buch im Regal		
die Kirche im Zentrum		
der Schrank im Zimmer		
der Fernseher auf dem Tisch		

63 Genitiv

1 1. meiner Chefin – 2. der Sekretärin – 3. des neuen Chefs – 4. meines Freundes – 5. des Geschäfts – 6. der Kaufhäuser – 7. der Straße

2 Das ist Judiths Bilderbuch. – Das ist Rudis Pfeife. – Das sind Susis Schuhe. – Das ist Susis Lippenstift. – Das sind Tobias' Schuhe. – Das ist Judiths Kleid. – Das ist Tobias' Schultasche. – Das ist Judiths Puppe.

3 die Seite des Buches – der Lehrer der Kinder – die Probleme der Eltern – der Geburtstag einer Freundin – der Ring der Königin – die Assistentin des Arztes – die Wünsche der Kunden – die Hochzeit des Jahres – die Größe des Gartens

4 1. Der Freund meiner Freundin hat schöne Augen.

2. Luisas Tasche ist schöner als meine.

3. Die Äpfel meines Chefs sind röter als unsere.

4. Thomas' Auto ist schneller als mein Motorrad.

5. Die Geschwister meiner Freunde sind netter als meine.

6. Das Haus meiner Schwester war teurer als unseres.

7. Die Tür Ihres Hauses ist moderner als die Tür unseres Hauses.

8. Das Gehalt meines Schwagers ist viel besser als das meines Mannes.

9. Aber die Probleme meiner Nachbarn sind größer als meine.

Lösungen

5 1. Das ist die Frau meines Freundes.

2. Das ist die Besitzerin des Geschäfts.

3. Bruno ist Madeleines Mann.

4. Das ist der Autor des Bestsellers.

5. Frau Blume ist die Lehrerin meines Kindes.

6. Anja ist Leonies Freundin.

7. Herr Pilz ist der Kollege meines Mannes.

8. Ich bin ...

6 1. die Temperatur des Wasser – 2. der Direktor der Bank – 3. das Bein des Tisches – 4. das Zimmer der Kinder (des Kindes) – 5. der Fahrer des Autos – 6. die Tür des Hauses – 7. die Farbe der Haare (des Haars) – 8. das Programm der Reise – 9. die Grenze des Landes – 10. die Sekretärin des Chefs

7 1. Nein, ich habe das Alter des Chefs vergessen

2. Nein, ich habe den Preis der Schuhe vergessen.

3. Nein, ich habe die Länge des Flusses vergessen.

4. Nein, ich habe den Titel des Films vergessen.

5. Nein, ich habe die Adresse unseres Lehrers vergessen.

6. Nein, ich habe die Größe des Schrank(e)s vergessen.

8 Zu Beginn des Abends war es ein bisschen langweilig. – Am Ende des Kurses bekommen Sie ein Zertifikat. – In der Mitte der Stadt ist die Einkaufsstraße. – Die beste Zeit des Jahres ist für mich der Sommer. – Fünf Prozent der Einwohner haben vier oder mehr Kinder. – In der Nähe des Bahnhofs gibt es viele Hotels.

64 Kennen Sie den Herrn?

1 der Türke, den Türken – der Schwede, den Schweden – der Ire, den Iren – der Finne, den Finnen – der Chinese, den Chinesen – der Italiener, den Italiener – der Spanier, den Spanier – der Portugiese, den Portugiesen – der Grieche, den Griechen – der Japaner, den Japaner

2 der Löwe, den Löwen – der Bär, den Bären – die Katze, die Katze – der Rabe, den Raben – der Tiger, den Tiger – der Affe, den Affen – der Ochse, den Ochsen – der Hund, den Hund

3 1. der Schüler – der Student

2. der Christ – der Moslem

3. der Automat – die Maschine

4. der Präsident – der Kanzler

5. der Mann – der Herr

6. der Kollege – der Freund

7. der König – der Prinz

8. der Arbeiter – der Bauer

9. der Engländer – der Brite

4 1. Plural, Singular – 2. Plural, Plural, Singular – 3. Singular, Singular – 4. Singular, Plural – 5. Singular, Plural

5 1. Die Dame küsst den Herrn.

2. Der Herr küsst die Dame.

3. Der Tourist fotografiert den Löwen.

4. Der Prinz gratuliert der Königin.

5. Die Königin dankt dem Prinzen.

6. Der Franzose lädt den Chinesen ein.

7. Der Nachbar füttert den Hund.

8. Der Hund sucht den Hasen.

9. Der Lieferant bringt dem Neffen einen Elefanten.

6 Herrn – Herr – Dank – Elefanten – Lieferanten – Kunde – Elefanten – Weg – Tier – Kunden – Lieferung – Elefanten

65 Adjektive für Personen als Nomen

1 angestellt – ein Angestellter – eine Angestellte – der/die Angestellte
verwandt – ein Verwandter – eine Verwandte – der/die Verwandte
bekannt – ein Bekannter – eine Bekannte – der/die Bekannte
arbeitslos – ein Arbeitsloser – eine Arbeitslose – der/die Arbeitslose
erwachsen – ein Erwachsener – eine Erwachsene – der/die Erwachsene
krank – ein Kranker – eine Kranke – der/die Kranke
verlobt – ein Verlobter – eine Verlobte – der/die Verlobte
deutsch – ein Deutscher – eine Deutsche – der/die Deutsche
verrückt – ein Verrückter – eine Verrückte – der/die Verrückte
selbstständig – ein Selbstständiger – eine Selbstständige – der/die Selbstständige

2 1. Bekannter, Bekannten, Bekannten, Bekannten – 2. Deutscher, Deutschen, Deutschen, Deutschen – 3. Deutsche, Deutsche, Deutschen, Deutschen – 4. Verrückter, Verrückten, Verrückten, Verrückten

3 Selbstständige – Angestellter – Angestellten – Angestellter – Vorgesetzter – Selbstständige – Vorgesetzter – Arbeitsloser – Angestellter

4 Freund – Bekannten – Arbeiter – Angestellten – Bruder – Verwandten – Kranken – Arzt – Deutschen – Schweizer

5 Bekannten – Ex-Verlobten – Verrückte – Verwandte – Jugendliche – Bekannten – Dumme – Ex-Verlobte

66 Adjektive als neutrale Nomen

1 Bequemes – Gute – Negatives – Ärgerliches – Altes – Neues – Teure – Positive – Hübsches

2 1C – 2D – 3E – 4A – 5F – 6B

3 Rote – Rotes – Rotes – Grünes – Grünes – Rotes – Wenige – Positives – Grüne – Rote – Beste

4 Teures – Billiges – Billiges – Teures – Schönes – Praktisches – Praktisches – Schönes – Dekoratives – Rotes – Grünes – Rotes – Gelbes – Grünes – Lebendiges

5 Großes – berühmter – große – Wichtigste – Unrealistisches – Gutes – wichtiges – starke – Schöne – Gute

67 Indirekte Fragen

1 1. Können Sie mir sagen, wie viel ein Doppelzimmer kostet?
2. Können Sie mir sagen, ob das Hotel zentral liegt?
3. Können Sie mir sagen, wie viel ein Frühstück kostet?
4. Können Sie mir sagen, von bis wann man frühstücken kann?
5. Können Sie mir sagen, ob es einen Swimmingpool gibt?
6. Können Sie mir sagen, wo ich parken kann?
7. Können Sie mir sagen, ob ich meinen Hund mitbringen kann?
8. Können Sie mir sagen, ob Sie Kreditkarten akzeptieren?
9. Können Sie mir sagen, wo der Frühstücksraum ist?

2 1. Wann beginnt die Party?
2. Wie viele Gäste kommen?
3. Ist Peter auch eingeladen?
4. Was gibt es zu essen?
5. Wo findet die Party statt?
6. Gehst du zu der Party?

3 1. Frau Stern, darf ich Sie fragen, wann wir Ihren nächsten Film sehen können?
2. Frau Stern, darf ich Sie fragen, wovon der Film handelt?
3. Frau Stern, darf ich Sie fragen, ob Sie die Hauptrolle spielen?
4. Frau Stern, darf ich Sie fragen, wie lange Sie an dem Film gearbeitet haben?
5. Frau Stern, darf ich Sie fragen, wo Sie den Film gedreht haben?
6. Frau Stern, darf ich Sie fragen, ob Sie Ihre Tochter zum Set mitnehmen konnten?
7. Frau Stern, darf ich Sie fragen, wie Ihnen die Zusammenarbeit mit dem Regisseur gefallen hat?

Lösungen

8. Frau Stern, darf ich Sie fragen, ob Sie für den Oskar nominiert werden?

9. Frau Stern, darf ich Sie fragen, wann Sie mit dem nächsten Film anfangen?

4 1. Nein, ich weiß nicht wo.

2. Nein, ich habe keine Ahnung, wann.

3. Nein, ich weiß nicht, wie lange.

4. Nein, ich kann dir nicht sagen, wie viel.

5. Nein, ich habe keine Ahnung, welche.

6. Nein, ich kann dir nicht sagen, wie.

7. Nein, ich weiß nicht, wann.

5 ob – dass – ob – ob – dass

6 1. wenn, ob – 2. ob, wenn – 3. Wenn, ob – 4. ob, wenn – 5. ob, wenn

68 Infinitiv mit *zu*

1 1B – 2D – 3A – 4C

2 1. Es macht Spaß, zu tanzen. – Es macht Spaß, in die Disco zu gehen. – Es macht Spaß, mit Leuten zu sprechen. – Es macht Spaß, Tennis zu spielen.

2. Ich habe Probleme, um 5.00 Uhr aufzustehen. – Ich habe Probleme, in der Firma anzurufen. – Ich habe Probleme, mit dem Rauchen aufzuhören

3. Es ist schön, sonntags nicht arbeiten zu müssen. – Es ist schön, lange schlafen zu können. – Es ist schön, spazieren zu gehen. – Es ist schön, gemütlich sitzen zu bleiben.

4. Ich hoffe, meine Freunde zu treffen. – Ich hoffe, am Abend fernzusehen. – Ich hoffe, besser Deutsch zu sprechen. – Ich hoffe, heute einkaufen zu können. – Ich hoffe, pünktlich anzukommen. – Ich hoffe, mein Auto zu verkaufen.

3 1. Ich habe keine Chance, Millionär zu werden.

2. Ich versuche, zu allen Leuten freundlich zu sein.

3. Ich vergesse immer, einen Schirm mitzunehmen.

4. Es ist gefährlich, nachts im Park spazieren zu gehen.

5. Mein Freund hat nie Zeit, mit mir ins Café zu gehen.

4 1. Ich habe jetzt Lust, ins Schwimmbad zu gehen.

2. Es macht Spaß, Volleyball zu spielen.

3. Er hat Probleme, Tango zu tanzen.

4. Wir haben vor, morgen ins Kino zu gehen.

5. Ich habe Angst, mit dem Fahrrad im Zentrum zu fahren.

6. Ich habe Zeit, meine Nachbarn zu besuchen.

5 1. Ich empfehle dir dieses Restaurant. / in dieses Restaurant zu gehen.

2. Er beginnt jetzt einen Kurs zu machen. / mit dem Kurs.

3. Wir versuchen immer neue Gerichte. / neue Gerichte zu kochen.

4. Es gibt Probleme mit der neuen Wohnung. / eine neue Wohnung zu finden.

5. Ich habe keine Zeit heute zu dir zu kommen. / für dich.

6 1. Ich habe das Glück, drei Kinder zu haben.

2. Ich habe das Glück, dass meine drei Kinder gesund sind.

3. Wir haben das Glück, eine glückliche Familie zu sein.

4. Wir haben den Traum, dass unsere Kinder berühmt und reich werden.

5. Meine Nachbarin hat keine Zeit; sich um ihre Kinder zu kümmern.

6. Ich schlage ihr vor, dass ihre kleine Tochter morgen zu mir kommt.

7. Hier hat sie die Chance, in Ruhe ihre Hausaufgaben zu machen.

8. Ich hoffe, ihr bei den Hausaufgaben helfen zu können.

9. Ich hoffe, dass meine Nachbarin bald weniger arbeiten muss.

 69 Infinitiv ohne *zu*

1 1. Der Mann geht Ski laufen. – 2. Sie gehen schwimmen. – 3. Das Publikum hört den Pianisten spielen. – 4. Er bleibt im Bett liegen. – 5. Die Leute sehen das Schiff kommen. – 6. Das Paar geht essen. – 7. Er lässt die Brille liegen. – 8. Das Kind lernt Fahrrad fahren.

2 1. Es ist verboten, hier zu essen. – Man darf hier nicht essen.

2. Ich will heute Abend kochen. – Ich habe Lust, heute Abend zu kochen.

3. Er erlaubt seiner Tochter, den Film zu sehen. – Er lässt seine Tochter den Film sehen.

4. Wir gehen am Sonntag tanzen. – Wir haben vor, am Sonntag tanzen zu gehen.

5. Es ist sehr schön, ihn zu sehen. – Ich sehe ihn kommen.

6. Sie hört ihren Nachbarn Klavier spielen. – Ich liebe es, dich Klavier spielen zu hören.

3 1. sitzen – 2. sitzen – 3. zu sitzen – 4. zu sitzen – 5. sitzen, sitzen – 6. zu sitzen – 7. sitzen

4 1. Ich höre meine Frau (immer nach Hause) kommen.

2. Ich lasse das Auto stehen.

3. Wir gehen essen.

4. Ich sehe Moritz Mecker Tennis spielen.

5. Sie geht tanzen.

6. Ich habe mein Buch in der Schule liegen lassen.

7. Ich höre meine Tochter singen.

8. Heute bleibe ich liegen.

9. Ich sehe meinen Freund kommen.

5 1. lange schlafen – 2. ins Kino zu gehen – 3. mit dem Rauchen aufzuhören – 4. die Hausaufgaben zu machen – 5. kommen – 6. immer lange am Computer sitzen – 7. so viel Eis essen – 8. drei Kilo abnehmen zu können – 9. deinem Nachbarn 300 € leihen – 10. durch die Prüfung zu fallen – 11. abends bis 22 Uhr ausgehen

70 Relativsätze 1

1 1A – 2B – 3B – 4A – 5C – 6D – 7C – 8D

2 1. Wo ist das Wörterbuch, das immer hier im Regal steht?

2. Wo ist mein Kuli, der gestern hier auf dem Tisch gelegen hat?

3. Wer hat meine Jacke gesehen, die hier auf dem Stuhl war?

4. Wem gehört das Handy, das auf dem Boden liegt?

3 1. der – 2. die – 3. die – 4. der – 5. die

4 1. Das ist mein Kollege Herr Schmidt, der immer schon um 7 Uhr kommt.

2. Das ist das Büro, das immer ab halb neun geöffnet ist.

3. Das ist die Sekretärin Frau Markus, die immer hilfsbereit ist.

4. Das ist Herr Möbius, der erst vor einem halben Jahr zu uns gekommen ist.

5. Das ist unser Firmenauto, das immer auf diesem Parkplatz steht.

6. Das sind Herr Meier und Herr Naumann, die normalerweise in einer anderen Abteilung arbeiten.

5 1. Meine Tante, die sehr gut Kuchen backen kann, kommt morgen zu Besuch.

2. Mein Onkel, der in Hamburg wohnt, ist nach Afrika gefahren.

3. Meine Kusinen, die Lehrerinnen werden wollen, studieren in Berlin.

4. Mein Bruder, der eigentlich immer Single bleiben wollte, heiratet nächste Woche.

5. Meine Schwester, die gerade ein Baby bekommen hat, ist in der Klinik.

6. Sie kommt mit dem Baby, das gesund und munter und total süß ist, übermorgen nach Hause.

6 1. Das ist eine Schlange, die einen Elefanten gegessen hat.

2. Das ist ein Mann mit Hut, der Fahrrad fährt.

3. Das ist eine Giraffe, die am Fenster vorbeiläuft.

4. Das ist ein Bär, der auf einen Baum klettert.

5. Das ist eine Putzfrau, die die Treppe putzt.

Lösungen

71 Relativsätze 2

1 1. der, den, dem, mit dem

2. die, die, der, von der

3. das, das, dem, mit dem

4. die, die, denen, auf die

2 1. Die Nachbarn sind erst seit zwei Wochen hier. Du hast mit den Nachbarn gesprochen.

2. Die Nachbarn sind neu hier eingezogen. Sie haben mich zum Essen eingeladen.

3. Sie kommen aus einer Stadt. Die Stadt hat mehr als elf Millionen Einwohner.

4. Die Nachbarn sprechen eine Sprache. Ich kann die Sprache nicht verstehen.

5. Die Nachbarn haben viel von den Kindern erzählt. Die Kinder sind noch bei den Großeltern.

6. Die Nachbarn haben dem Hausmeister herzlich gedankt. Der Hausmeister war sehr freundlich.

3 1. Das ist der Mann, von dem mir meine Nachbarin viel erzählt hat.

2. Das ist die Frau, die seit zwei Jahren in unserem Haus wohnt.

3. Das ist das Kind, das ich jeden Tag auf dem Spielplatz sehe.

4. Das sind die Jugendlichen, denen die Skaterbahn sehr gut gefällt.

5. Ich wünsche dem Jungen, der heute seine Abschlussprüfung machen muss, viel Glück.

4 1. maskulin, Akkusativ – 2. maskulin, zu + Dativ – 3. feminin, um + Akkusativ

5a 5b 1. Das Computerprogramm, das gestern abgestürzt ist, läuft heute wieder ohne Probleme.

2. Ich arbeite gern mit dem Laptop, den ich letzte Woche bekommen habe.

3. Der Kollege, dem ich gestern den Kopierer erklärt habe, hat mich zu einem Kaffee eingeladen.

4. Der Drucker, der im Kopierraum steht, funktioniert nicht.

5. Das ist die Tastatur, mit der ich am besten schreiben kann.

6 1. Ein Koffer ist ein Ding, in das man Kleidung packt.

2. Ein Löffel ist ein Ding, mit dem man Suppe isst.

3. Ein Rock ist ein Kleidungsstück, das Frauen und Mädchen tragen.

4. Ein ICE ist ein Zug, der mehr als 300 km/h fährt.

5. Ein Freund ist ein Mensch, dem man vertrauen kann.

6. Ein Bett ist ein Möbelstück, in dem man schlafen kann.

72 Temporale Nebensätze mit *wenn* und *als*

1 1. Wenn du heute Abend kommst, können wir gleich ins Kino gehen.

2. Wenn Sie Zeit haben, möchte ich Sie gerne zu einem Kaffee einladen.

3. wenn alles fertig ist, können wir nach Hause gehen.

4. Wenn das Auto kaputt ist, musst du es schnell in die Werkstatt bringen.

5. Als er gekommen ist, hat sie sofort den Raum verlassen.

6. Als sie die neue Stelle bekommen hat, hat sie mit ihren Freunden eine Party gemacht.

7. Als er letzte Woche den Unfall hatte, musste das Auto in die Werkstatt gebracht werden.

8. Als wir Urlaub hatten, hat es die ganze Zeit geregnet.

2 1. Wenn – 2. Als – 3. Wenn – 4. Als – 5. Als – 6. Wenn – 7. Als – 8. Wenn

3 1C, wenn – 2A, als – 3D, wenn – 4B, als

4 1. Wenn, Als – 2. Als, wenn – 3. Als, wenn – 4. Als, wenn

5 als – Als – wenn – wenn – Als – wenn - als

73 Temporale Nebensätze

1 1. Ich putze mir die Zähne bevor ich ins Bett gehe. / Bevor ich ins Bett gehe, putze ich mir die Zähne.

2. Ich schließe das Fenster, bevor ich aus dem Haus gehe. / Bevor ich aus dem Haus gehe, schließe ich das Fenster.

3. Ich packe die Koffer, bevor ich eine Reise mache. / Bevor ich eine Reise mache, packe ich die Koffer.

4. Ich muss einkaufen, bevor ich kochen kann. / Bevor ich kochen kann, muss ich einkaufen.

5. Ich hebe Geld ab, bevor ich einkaufen gehe. / Bevor ich einkaufen gehe, hebe ich Geld ab.

6. Ich küsse meinen Mann, bevor ich zur Arbeit gehe. / Bevor ich zur Arbeit gehe, küsse ich meinen Mann.

2 Während die Frau kocht, liegt der Mann auf dem Sofa und liest Zeitung.

Während die Frau in der Sonne sitzt, spielen die Kinder Ball.

Während die Frau Auto fährt, schläft der Mann.

Während er bügelt, sieht er fern.

Während der Mann / der Patient fernsieht, behandelt ihn der Arzt.

3a 1C: Nachdem ich eine Eintrittskarte gekauft habe, gehe ich ins Kino. – 2D: Nachdem er zehn Kilometer gejoggt ist, hat er großen Durst. – 3E: Nachdem wir 16 Stunden geflogen sind, kommen wir in Australien an. – 4A: Nachdem du sechs Stück Kuchen gegessen hast, hast du Bauchschmerzen. – 5B: Nachdem sie lange einkaufen gegangen ist, hat sie kein Geld mehr.

3b Nachdem ich eine Eintrittskarte gekauft hatte, bin ich ins Kino gegangen. – Nachdem er 10 Kilometer gejoggt war, hatte er großen Durst. – Nachdem wir 16 Stunden geflogen waren, sind wir in Australien angekommen. – Nachdem du sechs Stück Kuchen gegessen hattest, hattest du Bauchschmerzen. – Nachdem sie lange einkaufen gegangen war, hatte sie kein Geld mehr.

4 1. Er hat fünf Kilogramm abgenommen, seitdem er keine Schokolade mehr isst.

2. Er fühlt sich wohler, seitdem er fünf Kilogramm abgenommen hat.

3. Er ist fit und treibt Sport, seitdem er schlanker ist.

4. Er hat eine Freundin gefunden, seitdem er schlank und sportlich ist.

5. Er ist glücklich, seitdem er eine nette Freundin hat.

6. Er möchte heiraten und Kinder haben, seitdem er mit seiner Freundin glücklich ist.

5 Seit(dem) – Bevor – Während – während – nachdem

6 geklingelt hatte – geduscht hat – gegangen war – kocht – gemacht hatte – gegeben hat

74 Finalsätze

1 1. Ich lese Zeitung, um mich zu informieren. – 2. Ich lerne Deutsch, um meinen deutschen Mann zu verstehen. – 3. Sie arbeitet so viel, um Karriere zu machen. – 4. Ich brauche mein Auto, um zur Arbeit zu fahren. – 5. Ich lade meine Nachbarn ein, um sie kennenzulernen. – 6. Ich spiele Schach, um mein Gehirn zu trainieren.

2 1B: Ich ziehe aufs Land damit mein Kind in der Natur aufwächst. – 2D: Er ist ganz leise, damit sein Kind nicht aufwacht. – 3E: Er arbeitet so viel, um ein besseres Leben zu haben. – 4F: Frau Meier geht zum Zahnarzt, damit er ihr einen Zahn zieht. – 5A: Er geht ins Fitness-Studio, damit seine Frau ihn wieder attraktiv findet. – 6G: Ich kaufe mir ein teures Auto, damit meine Nachbarn denken, dass ich reich bin. – 7C: Ich lese Zeitung, um informiert zu sein.

3a 1. Ich nehme an einem Aerobic-Kurs teil. Ich möchte fit sein.

2. Ich lade meine Nachbarn ein. Ich möchte sie kennen lernen.

3. Wir gehen ins Kino. Wir wollen den neuen Film sehen.

4. Ich bereite heute schon alles vor. Wir können morgen früh schnell losgehen.

5. Ich creme meinen Sohn ein. Er soll keinen Sonnenbrand bekommen.

6. Er spielt Schach gegen den Computer. Er möchte sein Gehirn trainieren.

7. Ich schreibe dir eine E-Mail. Du sollst mich nicht vergessen.

3b 1. Ich nehme an einem Aerobic-Kurs teil, um fit zu sein.

2. Ich lade meine Nachbarn ein, um sie kennenzulernen

3. Wir gehen ins Kino, um den neuen Film zu sehen.

4. Ich bereite heute schon alles vor, damit wir morgen früh schnell losgehen können.

5. Ich creme meinen Sohn ein, damit er keinen Sonnenbrand bekommt.

6. Er spielt Schach gegen den Computer, um sein Gehirn zu trainieren.

7. Ich schreibe dir eine E-Mail, damit du mich nicht vergisst.

Lösungen

4 1. Maria lernt Deutsch, um in Deutschland zu arbeiten.

2. Sie macht jetzt ein Praktikum, um den Beruf kennenzulernen.

3. Sie arbeitet viel, damit ihr Chef zufrieden ist.

4. Abends geht sie in die Disco, um ihren Traummann zu finden.

5. Sie möchte bald heiraten, damit ihre Mutter glücklich ist.

5 1. damit – 2. weil – 3. weil – 4. damit – 5. damit – 6. weil – 7. weil – 8. damit

6 1. einzukaufen – 2. um kochen zu können – 3. zu kochen – 4. um essen zu können – 5. dick zu werden – 6. Damit, essen kann – 7. mitzunehmen – 8. Um zu bezahlen – 9. damit, warte

75 Doppelkonnektoren

1 1C – 2D – 3A – 4B

2 1. sowohl, als auch – 2. weder, noch – 3. nicht nur, sondern auch – 4. entweder, oder

3 1. Heute gehen wir sowohl ins Restaurant als auch ins Kino. / Heute gehen wir nicht nur ins Restaurant sondern auch ins Kino.

2. Elena ist sowohl schön als auch intelligent. / Elena ist nicht nur schön sondern auch intelligent.

3. Die Reise war sowohl interessant als auch entspannend. / Die Reise war nicht nur interessant sondern auch entspannend.

4 1. Liva möchte entweder studieren oder eine Ausbildung machen.

2. Jörg möchte entweder nach Island oder nach Finnland fahren.

3. Gisela trifft heute entweder Hans oder Willi.

5 1. Tatjana trinkt weder Kaffee noch Tee. Nur Coca Cola.

2. Bettina kann weder Italienisch noch Spanisch sprechen. Aber Bulgarisch, Englisch und Russisch.

3. Heiner will weder baden noch duschen. Er hasst Wasser.

6 1. Er isst sowohl Käse als auch Wurst.

2. Familie Meier hat sowohl (nicht nur) zwei Söhne als auch (sondern auch) zwei Töchter.

3. Pascal kann heute nur eines machen: Er kann entweder tanzen oder joggen.

4. Mia geht zu Fuß. Sie hat weder ein Auto noch ein Fahrrad.

5. Morgen wird das Wetter sowohl(nicht nur) sonnig als auch (sondern auch) warm

7 1. sowohl hell als auch groß – 2. sowohl modern als auch schick – 3. weder Bier noch Wein – 4. sowohl interessant als auch spannend – 5. weder gut noch günstig

8 weder – noch – entweder – oder – sowohl/nicht nur – als/sondern auch – sowohl/nicht nur – als/sondern auch – weder – noch

76 Vergleichssätze

1 1C – 2E – 3F – 4A – 5D – 6B

2 1. gesünder, wohler – 2. besser, wahrscheinlicher – 3. länger, mehr – 4. leckerer, lieber – 5. salziger, durstiger – 6. intensiver, kräftiger – 7. stärker, schwerer

3 1. Je besser sie ihn kennt, umso sympathischer findet sie ihn.

2. Je netter er/sie ist, desto verliebter ist sie/er.

3. Je mehr er sie liebt, desto nervöser ist er.

4. Je unsicherer er wird, umso süßer findet sie ihn.

5. Je öfter sie sich treffen, desto besser kennen sie sich.

6. Je länger er mit dem Heiratsantrag wartet, desto unruhiger wird sie.

7. Je besser die Hochzeit vorbereitet wird, umso schöner wird das Fest.

4 Je weniger er geschlafen hat, desto/umso müder ist er.

Je mehr Alkohol er trinkt, desto/umso betrunkener ist er.

Je mehr Autos auf der Straße fahren, desto/umso schlechter ist die Luft.

Je fleißiger er ist, desto/umso besser ist das Zeugnis.

Je mehr Kaffee er trinkt, desto/umso nervöser ist er.

Je höher er steigt, desto/umso schwerer kann er atmen.

5a 1. Je mehr man arbeitet, desto/umso mehr verdient man.

2. Je älter man ist, desto/umso mehr kann man.

3. Je länger man studiert, desto/umso besser ist das Gehalt.

4. Je intelligenter man ist, desto/umso höher ist die Position.

5. Je weniger man arbeitet, desto/umso glücklicher ist man.

6. Je mehr man isst, desto/umso dicker wird man.

6 Je mehr Sport man treibt, desto/umso schlanker ist man.

Je netter die Kollegen sind, desto/umso lieber arbeitet man.

Je mehr Freunde man hat, desto/umso glücklicher ist man.

Je mehr man lernt, desto/umso mehr kann man.

Je ärmer man ist, desto/umso mehr Probleme hat man.

7 1. Je mehr es regnet desto/umso nasser wird man.

2. Je kälter es ist, desto/umso mehr muss ich anziehen.

3. Je dunkler es ist, desto/umso schlechter kann ich sehen.

4. Je besser das Wetter ist, desto/umso fröhlicher sind die Leute.

5. Je länger ich in der Sonne liege, desto/umso brauner werde ich.

6. Je mehr es geschneit hat, desto/umso besser kann man Ski fahren.

7. Je mehr Nebel es gibt, desto/umso schlechter kann man sehen.

8. Je klarer die Nacht ist, desto/umso mehr Sterne kann man sehen.

77 Präpositionen mit Genitiv

1 1B – 2D – 3A – 4C

2 1D – 2C – 3A – 4B

3 1D – 2C – 3B – 4A

4 *wegen/trotz:* des Geschenks, der Arbeit, des Hauses, des Unterrichts, ihres Sohnes, der Reise, des Essens, meiner Freundin

während: der Arbeit, einer Stunde, des Unterrichts, der Reise, des Essens

innerhalb/außerhalb: der Arbeit, einer Stunde, des Unterrichts, des Hauses, der Region

5 1. Während – 2. trotz – 3. wegen – 4. wegen, wegen, trotz – 5. während

6 Wegen des Schnees muss man vorsichtig fahren. Während des Laufens hört er Musik. Trotz ihrer Arbeitslosigkeit kauft sie einen Mercedes. Innerhalb der Sprechzeiten können Sie uns anrufen. Außerhalb des Zentrums sind die Mieten billiger.

7 1. Wegen des Wetters – 2. Trotz des Geldes – 3. innerhalb der Stadt – 4. trotz der Kälte – 5. Während der Fahrt – 6. Außerhalb der Öffnungszeiten – 7. Während des Unterrichts

8 in dem Raum – Über den Tischen – in der Badewanne – meines Geburtstages – mit einer Freundin – auf dem Balkon – außerhalb des Zimmers – Vor dem Fest – während der Party

78 Temporale Präpositionen 2

1 1. Vor – 2. Nach – 3. vor – 4. nach

2 1. vor – 2. in – 3. in – 4. vor, in

3 1. vor, seit – 2. seit, vor – 3. vor, seit – 4. vor, seit

4 1. Beim Essen will ich nicht an meine Arbeit denken.

2. Bei Regen gehen wir ins Hallenbad.

3. Beim Computerspielen muss man sich konzentrieren.

4. Beim Fernsehen essen meine Freunde gerne Chips.

5. Bei der Arbeit trinke ich viel Kaffee.

5 1. Während des Konzerts vergesse ich alles.

2. Während der Arbeit darf ich nicht privat im Internet surfen.

3. Während des Unterrichts hat er viel Gelegenheit, Deutsch zu sprechen.

4. Während der Ferien joggt sie jeden Tag.

5. Während des Joggens hört sie Musik.

6 1. Innerhalb, außerhalb – 2. Innerhalb – 3. innerhalb – 4. Außerhalb

79 Adjektivdeklination

1a der gute Kaffee – ein guter Kaffee – guter Kaffee

das saftige Kotelett – ein saftiges Kotelett – saftiges Kotelett

die leckerer Marmelade – eine leckere Marmelade – leckere Marmelade

die neuen Kartoffeln – neue Kartoffeln

1b den leichten Wein – einen leichten Wein – leichten Wein

das kalte Bier – ein kaltes Bier – kaltes Bier

die frische Milch – eine frische Milch – frische Milch

die alkoholischen Getränke – alkoholische Getränke

1c mit dem langen Mantel – mit einem langen Mantel – mit langem Mantel

mit dem schicken Kleid – mit einem schicken Kleid – mit schickem Kleid

mit der eleganten Krawatte – mit einer eleganten Krawatte – mit eleganter Krawatte

mit den schwarzen Schuhen – mit schwarzen Schuhen

1d trotz des heftigen Regens – wegen eines heftigen Regens – wegen heftigen Regens

wegen des starken Gewitters – wegen eines starken Gewitters – wegen starken Gewitters

trotz der großen Hitze – trotz einer großen Hitze – trotz großer Hitze

trotz der unerwarteten Stürme – trotz unerwarteter Stürme

2 das Schnitzel – die Pizza – der Braten – der Laptop – das Fahrrad – die Küchenmaschine

3 Außergewöhnlicher – besorgte – kleines – ängstliches – 9-jähriges – großen – schwarzen – lauten – hilfsbereiten

4 ganzen – tolle – begeistert – unterschiedlichen – neue – ganzen – neuesten – berühmte – moderner – gemütlichen – chinesischen – leckeren – frischen – tolle – nettes – kleines

80 Partizip 1 als Adjektiv

1 startend – aufgehend – brennend – sinkend – kochend – steigend – ankommend – fliegend – erziehend

2 das fahrende Auto – der fahrende Mann – der lesende Mann – der kochende Mann – der sprechende Mann – das fließende Wasser – das kochende Wasser – der sprechende Vogel – der fliegende Vogel – das fliegende Flugzeug – das fahrende Flugzeug

3 ein weinendes Kind – ein lachender Mann – eine tickende Uhr – ein singendes Mädchen – eine spielende Katze – ein fliegender Fisch – ein parkendes Auto – ein schlafender Hund

4 anstrengenden – strömendem – wartende – öffnende – streitenden – abfahrenden – aufgehende – entspannender

5 hupende – schimpfende – stehende – laufendem – spielendes – schlafenden – laufende – Stau